家庭文化教育

张文禄 刘海明 李艳 ◎ 参编

张凯 金玲 ◎ 副主编

张立驰 ◎ 主编

北京师范大学出版集团
BEIJING NORMAL UNIVERSITY PUBLISHING GROUP
北京师范大学出版社

图书在版编目(CIP)数据

家庭文化教育/张立驰主编. —北京:北京师范大学出版社,
2018.6(2022.1重印)
ISBN 978-7-303-23594-0

Ⅰ. ①家… Ⅱ. ①张… Ⅲ. ①家庭文化-家庭教育 Ⅳ.
①G78

中国版本图书馆 CIP 数据核字(2018)第 066340 号

营 销 中 心 电 话　010-58802181　58805532
北师大出版社职业教育与教师教育图书网　http://zjfs.bnup.com
电 子 信 箱　zhijiao@bnupg.com

出版发行:北京师范大学出版社　www.bnupg.com
　　　　　北京市西城区新街口外大街 12-3 号
　　　　　邮政编码:100088
印　　刷:北京天泽润科贸有限公司
经　　销:全国新华书店
开　　本:787 mm×1092 mm　1/16
印　　张:13
字　　数:230 千字
版　　次:2018 年 6 月第 1 版
印　　次:2022 年 1 月第 3 次印刷
定　　价:33.00 元

策划编辑:王云英　　　　　责任编辑:戴　轶
美术编辑:高　霞　　　　　装帧设计:高　霞
责任校对:段立超　　　　　责任印制:马　洁

　　我国自古以来一直高度重视家庭教育，《颜氏家训》和《曾国藩家书》等都是我国古人重视家庭教育的典范。对家庭教育的重视与我国的修身齐家治国平天下的传统文化是一脉相承的。在我国传统文化和视野中，家是最小国，国是最大家，欲治国必先修身齐家。新时期以来，家庭教育同样得到各级党委、政府和教育界的重视，2015年10月11日，教育部印发《关于加强家庭教育工作的指导意见》，重申了家庭教育工作的重要意义，并进一步明确了家长在家庭教育中的主体责任。

　　在新的时期，重提家庭教育，强调父母的主体责任和家校联合教育的重要性，既是对过去教育的总结，又是对现实教育发展的反思。同时，我们希望：第一，全社会特别是家长要高度重视家庭教育，家长特别是父母要切实承担起孩子第一任老师的职责。第二，家庭教育要努力与学校教育、社会教育融合在一起，为每个孩子的健康快乐成长营造一个良好的环境。在家庭教育、学校教育、社会教育共同构成的教育系统中，教育理念的一致、教育内容的衔接、教育过程的互通和教育方法的互鉴显得至关重要。

　　本书的书名为《家庭文化教育》。之所以称"家庭文化教育"而非"家庭教育"，主要基于以下几个方面的思考：一是强调家庭教育的潜移默化和生活化。在家庭中开展教育主要是家长言传身教的坚持和积累，从生活细节做起，注重榜样示范。这种生活化教育的方式与文化育人的方式一脉相通。二是强调家庭教育的互动和系统性。家庭教育中，虽然强调父母的主体作用，但家庭教育绝非依靠父母孤立完成，而是家庭成员共同参与，彼此影响和相互教育。此外，家庭的家居布置所涉及的家庭器物、家庭成员行为规范所涉及的家庭制度、家庭成员思想价值观念所涉及的家庭精神等都是家庭教育的载体和内容。家庭教育的层级性、系统性以及各层的关系与文化中的物质文化、制度文化、精神文化极为相似。三是强调家庭教育的历史和传承性。家庭教育在我国古已有之，古人开展的家庭教育虽然在内容和方法上因当时时代之局限，有诸多不足，但仍有许多值得我们借鉴的地方。同样，古代西方的家庭教育也给予我们诸多启示。家庭教育的历史传承、现代发展与文化的历史传承、现代转换，在轨迹、路径上几乎一致。

　　中国古代社会家国一体，家庭成员的价值观念、生活方式深受当时社会主流价值观念、生活方式的影响，家庭教育也是当时社会整个主流文化的体现。因此，我们从文化的视角对家庭教育进行论述，从我国纵深的历史文化演变对家庭教育进行考察，可能更易于人们理解。我们希望人们在重视家庭教育的同时，能把家庭教育放在历史与现实的发展中去考量，放在我国文化的复杂演变中去思考，放在与社会教育、学校教育共同构成的教育系统中去开展，从而更好地把握家庭教育的内容与本质、形式与方法，创造出适合新时代儿童健康快乐成长的家庭文化教育，使今天的家庭文化教育以一种文化的方式得以传承。

　　教育是一棵树摇动一棵树，一朵云推动一朵云，一个灵魂唤醒一个灵魂，而非简单的教化说服和要求，家庭教育更是如此。当前，家庭教育中的听话教育、学校教育里的答案教育、社会上的模式化教育依然大量存在，应引起我们足够的反思。父母是家庭教育的主导者，父母的言传身教和榜样示范是家庭教育的重要方法、途径，包括家居环境、家风家训等丰富内容的家庭文化是家庭教育的灵魂。

　　我们期盼每一个儿童都是健康快乐的儿童，得到德智体美劳全面的发展。

本书来源于《家庭文化教育》课程的讲义稿。由于没有合适的教材，最初的讲义稿便是根据学生专业学习的需要，在查阅相关资料的基础上简单编纂而成的，主要由教师以专题讲座的方式开展授课。

本书成书的意愿基于两个方面：一是经过几年的讲授，讲义日益丰富，内容体系逐渐清晰；二是由于讲义过于笼统，课题组其他成员讲授难度较大，有时随意发挥，又恐题不达意，影响教学效果。所以大家提议把讲义相对固定化，以便于教学，特别是年轻教师的教学。当然，还有一个重要的原因就是在实际的教学过程中，同学们比较喜欢这门课，学习的兴趣较浓，这是成书的最大动力。

本书共分五章，依次是：第一章，家庭文化教育的形成与发展；第二章，家庭文化教育的主要内容；第三章，家庭文化教育的原则与方法；第四章，家庭文化教育的类型与特征；第五章，家庭文化教育与学校教育、社会教育。全书力争以简明的章节来描述家庭文化教育的概貌。本书之所以称为"家庭文化教育"而非"家庭教育"，主要是希望从文化的视角来观察家庭教育，联系历史和社会，便于对家庭教育发展演变的理解；同时，希望在全社会的共同努力下，家庭教育能以一种科学的范式、良好的文化有序传承。

为了便于阅读，我们在每章的开篇设有寥寥百余字的"本章导读"，告诉读者本章将要讲述哪些内容。在每章的结尾都有"本章小结""文献链接""思考与练习""实践与拓展"四个栏目。"本章小结"主要是对本章的论述进行归纳、提炼和总结，言简意赅地告诉读者本章的基本内容和观点，与"本章导读"呼应；"文献链接"是告诉读者本章主要参考的文献资料或者建议读者可以拓展阅读的一些代表性著作；"思考与练习"是以问题的方式对本章的内容进行复习、回忆以达到巩固知识点的效果；"实践与拓展"是以案例的方式来说明或验证本章的主要理论或观点，以具体事实来阐释和说明抽象理论、观点，便于读者理解巩固。

本书的最终成稿得益于每一位编委的努力，特别是张文禄，后面的二校、三校，包括大的修改完善，都是他在自己繁忙的教学科研之余协助我完成的。由于本书内容涉及教育学、心理学、文化学、历史学、社会学等诸多领域的知识，虽然课题组尽了最大努力，但仍然感到知识储备不够、捉襟见肘，具体可能体现在本书的观点、材料、体例、逻辑等各个方面，真诚地希望各位读者多包涵、多批评、多指正。

好在起点不决定终点，我们将再接再厉，在本书的基础上不断完善。

张立驰

2017 年 12 月

目 录
CONTENTS

第一章　家庭文化教育的形成与发展

[本章导读]

中国是一个高度重视家教和门风的国家。古人早就知道，家教决定孩子的出息，门风决定孩子的教养。父母总希望给孩子最好的东西，须知最好的东西就是良好的教养和优秀的品格。《战国策》中有"父母之爱子，则为之计深远"之句。如何计深远呢？就是要把做人最根本、最重要的东西，尽早地教给他们。而知好歹、懂规矩、会感恩都是为人的素质、做人的原则。教会孩子这些，才能让孩子的人生之路更顺，活得更安稳。因为只有具备这些，才能真正做好人，才能真正做好事。

家庭文化教育始于何时？家庭文化教育在中国和西方是如何发展演变的？中西方家庭文化教育差异性产生的根本原因是什么？它们的共性有哪些？在现代化进程中家庭文化教育的价值取向和意义是什么？我们将在本章的学习中探讨这些问题。

第一节　家庭的产生与家庭文化教育

家庭并不是天外来客，它是人类社会发展到一定阶段的产物。随着家庭的出现，蕴含家庭成员价值观的家庭文化教育也开始出现。本节将重点介绍家庭的产生以及家庭文化教育等相关概念。

一、家庭的产生

关于家庭的产生有不同的认识。第一种观点认为家庭与一夫一妻制几乎是同时产生的，两者都产生于黄帝时期。

这种观点有一定的合理性，但却忽视了一点：黄帝生活的时代是父系氏族公社时期，也就是原始社会的中后期，而这种"为君臣上下之义，父子兄弟之礼，夫妇匹配之合"的一夫一妻制的做法，也仅仅是从社会经济角度而言的，"一夫一妻制是不以自然条件为基础，而以经济条件为基础，即以私有制对原始的自然长成的公有制的胜利为基础的第一个家庭形式"①。而各种版本的中国古代史并没有给出有力的证据证明：在母系氏族公社时期没有出现农业和定居生活，换句话说，并没有否认母系氏族公社时期的社会经济活动。农业的发展和定居生活的稳固，为家畜饲养创造了条件，猪、狗是当时圈养的主要畜种。在华北地区还有山羊、绵羊、少量的黄牛及马，江南地区饲养水牛，在河姆渡遗址和吴县梅堰等地还发现了水牛的骨骼。中国传统的六畜在这个时期就已经出现了。② 换句话说，"家"、农业、家畜等这些社会经济活动的产物的出现，无论是从经济角度还是自然角度看，早在黄帝之前就有了。

持这种观点的人给出了两个证据，证据之一是汉字中的"家"字。"家"字上面是"宀"，象征房屋，下面是"豕"——猪，表示在居住地养猪。《说文》曰："家，居也，从宀豭省声"，反映了家产生于定居之后。而人类的定居的农牧业生活又是从黄帝开始的：黄帝"时播百谷草木，淳化鸟兽虫蛾"，据此推定家庭就产生于那时。与之相随的家庭文化教育也产生于黄帝时："黄帝为君臣上下之义，父子兄弟之礼，夫妇匹配之合。"这段文字告诉我们，黄帝时期已规定了君臣、父子兄弟和夫妇之间的礼仪道德规范，而这些礼仪道德规范内化在一个家庭中，就是家庭文化教育的内容。

第二种观点认为家庭是人类社会私有制的产物和标志。"我们中国人习惯上把以婚姻和血缘关系（包括血缘关系补充形式的收养关系）为纽带的、具有一定社会功能的生活共同体看作家庭。没有婚姻关系时，'聚生群处，知母不知父，无亲戚、兄弟、夫妻、男女之别，无上下长幼之道'，就无从组织家庭。"③毫无疑问，这个关于家庭的产生及其概念的论述是正确的。但我们知道，人类文明时代的家庭是以血缘为纽带的，而原始社会的部落也是以血缘为纽带的。同时，人类学家和历史学家也都承认，人类的发展经历了血缘婚、族外婚、对偶婚和一夫一妻几个阶段，因此，以婚姻和血缘为纽带来定义家庭的概念还有许多问题有待研究。

第三种观点认为家庭是指具有独立生产能力的由父权维系的若干代近亲构成的组织形式。在有的家庭中，人数可达数十乃至数百人，大家庭不仅是生产单位，

---

① 恩格斯：《家庭、私有制和国家的起源》，62 页，北京，人民出版社，1972。

② 参见雷依群、施铁靖等：《中国古代史》，北京，高等教育出版社，1999；朱绍侯：《中国古代史》，北京，高等教育出版社，1990。

③ 毕诚：《中国古代家庭教育》，6 页，北京，商务印书馆，1997。

也承担了教育青年的职责。① 这种观点将家庭与父权结合起来，认为只有在父权时代才有家庭，显然这种观点是将一夫一妻制作为家庭出现的标志。

第四种观点认为家庭是父母子女形成的团体。马克思、恩格斯认为，"每日都在重新生产自己生命的人们开始生产另外一些人，即繁殖。这就是夫妻之间的关系，父母和子女之间的关系，也就是家庭"②。中国社会学家费孝通也认为，家庭是父母子女形成的团体。③

上述有关家庭的概念都有其合理性，但每一个关于家庭的概念又似乎缺少一点什么，实际上，家庭有广义、狭义之分。狭义的家庭指一夫一妻制个体家庭；广义的家庭则泛指人类进化的不同阶段的各种家庭形式。迄今为止，人类经历了四种家庭形式：血缘婚家庭（在一个原始群体内，仅排除父母、子女、祖孙之间的婚姻关系，实行同一辈兄弟姐妹互为夫妻）、族外婚家庭（排除兄妹婚配，实行族外婚姻）、对偶婚家庭（在一个时期内，男子有一个主妻，女子有一个主夫，但关系松散、不持久）与一夫一妻制家庭。前三种是群婚制家庭，后一种为个体婚制家庭。群婚制家庭虽形式多样，但有其共同点：婚姻关系松散、不稳定，子女只知其母，不知其父。尽管当父亲的没能承担子女教育的责任，但我们不能就此否认这种家庭关系的存在。④ 恩格斯就指出："家庭，——摩尔根说，——是一个能动的要素；它从来不是静止不动的，而是随着社会从低级阶段向较高阶段的发展，从较低的形式进到较高的形式。""最原始的家庭形式是什么呢？那就是群婚，即整个一群男子与整个一群女子互为所有。""血缘家庭——这是家庭的第一个阶段。"⑤

综上所述，我们认为，家庭是以血缘关系为基础形成的社会组织，它包括同一血统的几辈人所构成的文化机构。家庭在母系氏族公社时期出现，到父系氏族公社时期基本成型。随着家庭的出现，家庭文化教育也潜滋暗长起来。

二、家庭文化教育

在陈述家庭文化教育之前，我们还必须要了解几个概念。

（一）文化

文化（culture）是一个非常广泛的概念，给它下一个严格和精确的定义是一件

① 滕大春：《外国教育通史（一）》，7页，济南，山东教育出版社，1990。
② 《马克思恩格斯选集》第1卷，80页，北京，人民出版社，1995。
③ 参见费孝通：《乡土中国·生育制度》，北京，北京大学出版社，1998。
④ 史凤仪：《中国古代婚姻与家庭》，3页，武汉，湖北人民出版社，1987。
⑤ 恩格斯：《家庭、私有制和国家的起源》，27、32、33页，北京，人民出版社，1972。

非常困难的事情。迄今为止我们仍没有获得一个公认的、令人满意的定义。笼统地说，文化是一种社会现象，它是人们长期创造形成的产物，同时又是一种历史现象，是社会历史的积淀物。在汉语系统中，"文化"的本义就是"以文教化"，它表示对人的性情的陶冶、品德的教养。今天我们所探讨的文化也就是专指这一个层面。

据专家考证，"文化"是中国语言系统中古已有之的词语。"文"与"化"并联使用，较早见于战国末年儒生编辑的《易·贲卦·象传》：（刚柔交错），天文也。文明以止，人文也。观乎天文，以察时变；观乎人文，以化成天下。西汉以后，"文"与"化"方合成一个整词，在《说苑·指武》篇中就有"文化不改，然后加诛"。这里的"文化"，或与天造地设的自然对举，或与无教化的"质朴""野蛮"对举。

（二）教育

"教育"一词来源于拉丁语 educare，意思是"引出"。教育伴随着人类社会的产生而产生，随着社会的发展而发展，与人类社会共始终。教育是指培养新生一代准备从事社会生活的整个过程，也是人类社会生产经验得以继承发扬的关键手段，包括家庭和学校对幼儿、儿童、少年、青年进行培养的过程。

在中国，"教育"一词最早见于《孟子·尽心上》："君子有三乐，而王天下不与存焉。父母俱存，兄弟无故，一乐也；仰不愧于天，俯不怍于人，二乐也；得天下英才而教育之，三乐也。"许慎在《说文解字》中解释，"教，上所施，下所效也"；"育，养子使作善也"。对教育的定义，各国学者认识不同。如美国的杜威说："教育即生活。"英国的斯宾塞说："教育是未来生活之准备。"中国的李壮认为："教育是强迫或引导被教育者接受特定的知识、规矩、信息、技能、技巧等。"

（三）家庭文化

"家庭文化是家庭成员通过学习与生活活动所创造和形成的精神财富、文化氛围以及承载这些精神财富、文化氛围的活动形式和物质形态。"[①]家庭文化是由家庭的各种要素组成的，从不同的角度来看可分为三个层面：一是表层文化，指可供家庭成员衣食住行的物化环境，比如家庭美化、室内装饰、服饰等，也称为"器物文化"。二是中层文化，比如家庭制度、家庭生活方式等。这里所说的家庭制度，不仅指见诸法律的家庭成员间的权利义务关系，还指家庭日常生活的一些规范；家庭生活方式包括的范围很广，比如闲暇时间的利用、家庭消费方式、家务劳动方式、家庭生活管理等都属于这一范畴，也称为"制度文化"。三是深层文化，

---

① 陈显威：《论家庭文化的教育功能》，载《重庆教育学院学报》，2005（2）。

包括精神文化和心理文化，是指凝聚家庭群体的内在情感机制，比如家庭成员的思想、情操、价值观念，以及爱情心理、道德心理等，也称为"精神文化"。

(四)家庭教育

在汉语中，家庭教育是以"家教"二字出现的。赵忠心在《家庭教育》中指出，家庭教育有狭义和广义之分。狭义的家庭教育是指在家庭生活中，由家长，即由家庭里的长者(其中主要是父母)对其子女及其他年幼者实施的教育和影响。广义的家庭教育，应该是家庭成员之间相互实施的一种教育。在家庭里，不论是父母对子女、子女对父母，还是长者对幼者、幼者对长者，一切有目的、有意识地施加的影响，都是家庭教育。台湾学者林淑玲将家庭教育界定为：为健全个人身心发展，营造幸福家庭，以建立祥和社会，而透过各种教育形式以增进个人行家庭生活所需之知识、态度与能力的教育活动。夸美纽斯将家庭教育称为母亲膝前的教育。综合各家观点：家庭教育就是家长有意在日常生活中，通过言传身教、生活方式、情感交流等方式，对子女施以一定教育影响，继而家庭成员彼此相互影响终生的一种社会活动。

汉语"家教"一词的出现时间较晚，《史记·申公列传》记载："申公耻之，归鲁，退居家教，终身不出门，复谢绝宾客。"这里的家教只是指在家教授学生的意思。到唐代，"家教"才有了家庭教育的含义。但家庭教育的开始要比这个词的诞生早得多。关于家庭教育最早的文字记载应该是写作于殷周之际的《周易》，其中有《家人》一卦，认为"家人嗃嗃，悔厉吉，妇子嘻嘻，终吝"。这句话的大概意思是：治家之道，宁严勿废。严厉看来冷酷，但有好处。管教不严，正经事也嘻嘻哈哈，最后总有一天会惹麻烦。于是，告诫人们，"闲有家，悔亡"，要制定家法家规，防患于未然，否则就会有后悔的事发生。

(五)家庭文化教育

通过以上对文化、教育、家庭文化、家庭教育等概念的阐释，我们基本上可以给家庭文化教育下这样一个定义：家庭文化教育就是将家庭内部的器物文化、制度文化和精神文化等通过形式多样的教育方式，对子女及晚辈施以一定教育影响的一种社会活动。

首先，家庭文化教育的内容很庞杂。对于家庭文化教育的内容，我们可以用一个涵盖不全面但又相对好理解的词——"家风"来概括。所谓家风，指的是一个家庭在繁衍过程中，逐步形成的较为稳定的生活作风、生活方式、传统习惯、家庭道德规范，以及待人接物、为人处世之道等。家风是通过有形的或无形的家庭文化教育一代一代传下来的，其影响深远。人们说的"家风犹存""门风不败"，就是这个意思。

　　家庭文化教育是一个社会化的过程，其核心内容随着时代的发展而不断自我扬弃。

　　中国古代家庭文化教育的中心内容与"学而优则仕"形影相随，是以"三纲五常"为核心的儒家伦理纲常体系，强调父权和服从的家长制，要求的终极目标是治国、平天下。因此，在最初的家庭文化教育中，一般的家庭都要求孩子"两耳不闻窗外事，一心只读圣贤书"，要求孩子树立"修身、齐家、治国、平天下"之志。尤其到了宋元时期，统治者通过大兴文教、弱化武术来强化皇权专制。读书人受到特殊的尊重，文人充任各级官吏，文官待遇之高为历朝所无。在这种情况下，家庭文化教育中的功名教育被更多人视为振兴门户的必经之路。但在朝代更替、战乱不断的明清时期，这种功名教育被耕读教育所代替。随着鸦片战争的爆发，更多人在家庭文化教育方面侧重于治世能力的教育。面对中国人不懂外语，在外交中受制他人的现象，李鸿章于1863年在上海设立外国语言文字学馆，积极动员家中子弟前去学习，如他致信其兄，动员自己的侄子到上海学习，"将来为国家效力，此亦我李氏所欣幸也"。他又嘱咐儿子："吾儿待国学稍有成就，可来申学习西文。余未读蟹行文字，每与外人交涉，颇感困难，吾儿他日当尽力研求之。"当今世界，随着社会分工的进一步细化、政治待遇公平性的进一步提高，人们已经完全改变了学而优则仕的观念，而将能力教育放在家庭文化教育的首要位置。

　　明清时期家庭文化教育转向耕读教育的主要原因是战乱与朝代的更迭。这一时期有关家庭文化教育中注重耕读教育的论述很多。明末清初理学大家孙奇逢，在其家训中认为："舜耕历山，伊尹耕莘野，孔明耕南阳，此是何等勋业"，据此认为"不耕无以为养……不有耕者，无以佐读者。况负薪挂角，古人何尝不兼尽于一身"，要求子孙"望汝等并耕不息"。清朝大学士、安徽桐城人张英也主张耕读并举。他在其《恒产琐言》中认为"今人动言才子名士伟丈夫，不事家人生产，究至谋生无策，犯孟子之戒而不悔，岂不深可痛惜哉"，认为世界万物都会变化直至化为乌有，"独田之为物，虽百年千年而常新"。

　　其次，家庭文化教育的场所是家庭。中国教育学会副会长兼中国教育学会家庭教育专业委员会理事长朱永新曾说："家庭是人生永远离不开的一个场所，教育永远和家庭相关。"人的一生有四个最重要的场所：第一个是母亲的子宫，通过母亲来感受外部世界的变化。可以说，家庭教育实际上从母亲的子宫里就开始了。第二个是家庭。来到世界的第一声啼哭，是人生的第一个独立宣言，这个时候的人和外部世界的交流主要是通过家庭、父母或是其他长辈来进行的。第三个是教

的表现。"①换言之,教育是社会的产物,离开了社会谈教育是站不住脚的。教育的根本属性就是培养人的一种特有的社会现象。教育的最终目的是使人社会化。作为教育分支和重要组成部分的家庭文化教育亦然:家庭文化教育也是社会的产物,具有社会性。而这种社会活动的源头在远古时代,起源于人类传授生产生活技能以及与大自然斗争经验的需要。

康有为在《教学通义》中认为,人类社会先事物后礼仪、先物质后教育是一个普遍的态势。只有解决了经济生活问题,教育才能产生和发展。教育是"老者"对"幼者"传授生产生活经验的一代代的延续过程。"教学不知所自始也?人类之生,其性善辨,其性善思,惟其智也。禽兽颛颛冥愚,不辨不思。人之所以异于禽兽者在斯。""老者传之幼者,能者告其不能者,此教之始也。幼者学于长者,不能者学于能者,此学之始也。"②

在原始社会的最初阶段,没有固定的以父亲或母亲为核心的一夫一妻(多妻)或一妻一夫(多夫)的小家庭,为了生存,人们过着群居的氏族生活。这种氏族组织是按照血缘关系组成的,实际上是一个大"家庭",在这个大"家庭"中实行儿童公有和儿童公养。

到了母系氏族社会,男女两性分工加强。这种分工也明显地反映在对儿童的教育上。男女儿童在 8 岁之前,不分性别地生活在一起,统一由妇女负责照顾。"一个婴孩属于共同喂奶并一起照护所有儿童的、该群的全体母亲,不管她们同婴孩的个人关系如何。"③8 岁以后,男孩由成年男子指导,学习男子应该做的事情,女孩则由妇女指导,学习女子应尽的职责。

随着私有财产的日益增多,一夫一妻(多妻)制小家庭成为时代的主流,社会阶级分化日益明显,儿童的教育分化也日益明显:有财富的、统治者的孩子,开始有意识地学习统治知识,而被统治者的孩子主要学习捕猎打鱼等谋生能力。家庭文化教育在教育中的地位日益突出。

原始社会时期由于时代的局限性,这种"家庭"文化教育活动具有教育机会平等性的特点,如《礼记·礼运》篇中说:"天下为公,选贤与能,讲信修睦。故人不独亲其亲,不独子其子,使老有所终,壮有所用,幼有所长……"幼儿都是氏族公社的后代,享有平等的待遇,在教育上受到同等的关怀,实行同样的公养公教。同时,这种教育还具有社会实践性的特点,教育的基本内容都是与生产劳动紧密

---

① 《毛泽东选集》第 2 卷,663~664 页,北京,人民出版社,1991。

② 康有为:《康有为全集》第 1 集,20 页,北京,中国人民大学出版社,2007。

③ 杨汉麟、周采:《外国幼儿教育史》,12 页,南宁,广西教育出版社,1993。

相关的，传授的方法也都是在社会生产实践中进行的。

《易·系辞》："神农氏制耒耜，教民农作。"

《孟子·滕文公上》："后稷教民稼穑，树艺五谷，五谷熟而民人育。"

《韩非子》："遂人氏教民，以火以渔。"

《淮南子·齐俗训》："尧其导民也，水处者渔，山处者木，谷处者牧，陆处者农。"

原始社会的家庭文化教育已经初露端倪，但这种教育为历史条件所限，具有原始性，尤其在文化教育上有明显的局限性。此外，不少原始居民不把幼儿当作人，还有诸如弃婴、杀婴等行为。[①] 因此，我们不能将这种教育理想化。但这种教育是符合并满足当时社会经济和文化对儿童的要求的，更重要的是其教育的手段与方法都有可借鉴的地方，因而对推动人类社会尤其是家庭文化教育的发展做出了贡献。

（二）家庭文化教育的形成期（夏商周时期）

夏商周时期是指从夏启建立夏朝起，到公元前 221 年秦始皇统一六国为止，大致可分为两个阶段：一是夏、商、西周段，这是中国奴隶制由产生、发展到鼎盛时期；二是春秋、战国阶段，这是中国奴隶制走向衰落、灭亡，封建制产生、发展并在各主要诸侯国确立的时期。中国传统家庭文化教育就是在这个历史大背景中形成并初步发展的。

夏朝作为家庭文化教育的形成期，当时主要传授生产劳动知识和原始科学技术，其典型形式是天文学、农学的家业世传，这是我国最早的家学。《史记·历书·集解》："家业世世相传为畴。律，年二十三，傅之畴官，各从其父学。"[②] "畴人之学"作为家业世传的代表，一直延续到西周。也正是从这时起，中国特殊的家庭文化教育——宫廷教育开始了。宫廷教育是统治阶级用自己手中的特权，通过他人代劳，将自己的治家方式、教育理念、教育要求传输给自己子孙的一种特殊的家庭文化教育。

据史料记载，早在殷商时期我国就建立了保傅制度，如《尚书·太甲》中记载，太甲曾自称"既往背师保之训"，说明在太甲时已有了保傅官的设置。保傅制度是古代宫廷教育制度之一，指宫廷专门选出贵族和官僚大臣中出类拔萃的男子，负责对太子、王子们的道德、知识、身体进行培养和训练。师、保、傅分太师、太

---

① ［法］列维-布留尔：《原始思维》，丁由译，334～337 页，北京，商务印书馆，1994。

② 马镛：《中国家庭教育史》，5 页，长沙，湖南教育出版社，1997。

保、太傅和少师、少保、少傅，统称三公和三少。保，保其身体；傅，傅之德义；师，导之教训。太保的责任主要是保证太子日常生活举止合乎规范，生活要有规律，保证太子身体的安全与健康；太傅，从道德和政治方面教育和训练太子；太师，负责太子的学业，还要教太子管理国家、统治百姓的道术。

西周时期是我国奴隶制的鼎盛时期，农业的发展、典章制度的完备、礼乐文明的高度发展，为西周的家庭文化教育的进一步发展提供了物质和文化基础。原始的家业世传逐渐发展为比较系统的家庭文化教育：不仅形成了上至帝王将相、下至平民百姓的各层次家庭文化教育，而且家庭文化教育的内容涉及胎儿教育、儿童教育、为政教育、德育、智育以及劳动教育等方面。

西周最著名的胎教实践者是周文王的母亲大任："大任之性端一诚庄，惟德之行。及其有娠，目不视恶色，耳不听淫声，口不出敖言，而生文王。文王生而明圣，大任教之以一而识百，卒为周宗。君子谓大任为能胎教。"《周易·家人卦》则比较系统地论述了当时的家庭文化教育思想，首次提出严与爱、威与信、教子与律己等家庭文化教育范畴。这是我国古籍中有关家庭文化教育的最早记载，也标志着这一时期家庭文化教育的发达。

春秋战国时期，王权衰落，士阶层迅速崛起，带动了学术思想的大发展与大繁荣；同时，礼崩乐坏，官学废弛，私学兴起，社会上出现文化下移现象，文化知识开始进入平民家庭，许多家庭开始注意家庭文化教育；另外，封建家长制在这个时期也逐渐形成。在这种背景下，家庭文化教育也发生了巨大的变化，家庭文化教育逐渐从以王室、贵族为主转向以士阶层为主，而士阶层的杰出代表——诸子的家庭文化教育思想勃兴，形成"百家争鸣"的格局。在争鸣中诸子的观点虽然各异，但重视环境影响、重视家长自我修养和以身作则、教子以德等逐渐成为主流思想，并由此形成中国传统家庭文化教育思想的基本特征，为我国家庭文化教育的发展奠定了基础。春秋战国时期的家庭文化教育思想和实践大大丰富了先秦家庭文化教育的内容，也推动了古代家庭文化教育大大向前迈进了一步。

（三）家庭文化教育的发展期（秦汉时期）

秦汉时期包括秦朝和两汉，这是我国封建中央集权制确立的时期，也是我国家庭文化教育框架定型时期。在这一时期，随着秦朝中央集权制的建立和汉朝"罢黜百家，独尊儒术"文教政策的确定，读经做官成为一种普遍的社会意识，"学而优则仕"的成才模式大大刺激了广大家庭进行家庭文化教育的自觉性；同时，由于儒学成为主导的统治思想，因而以儒学为主的文化知识受到普遍重视，儒学逐渐成为家庭文化教育的基本内容，儒家伦理道德成为家庭文化教育的价值评判标准和价值取向，我国重道德、重知识的家庭文化教育传统自此逐渐形成，家庭文化教育向前迈出了实质性的一步。

这一时期家庭文化教育的发展主要表现为：第一，确立了以"三纲五常"为核心的儒家伦理纲常体系，强调父权和服从的家长制在家庭文化教育中逐渐形成。第二，形成了帝王、士大夫、商贾等各级家庭文化教育。第三，儒经逐渐成为家庭文化教育的主要内容。第四，始于西周的胎教，至汉代逐渐形成优生和优育结合、父母道德素质和身体素质并重、外界环境与母亲情绪思想兼顾、以慎感为主的具有民族特色的胎教理论。第五，出现了系统阐述女子地位、行为规范的女子家庭文化教育理论，其代表是班昭的《女诫》和蔡邕的《女训》。秦汉时期形成的以儒家思想为主导，以官僚士大夫为主体，包括帝王家庭在内的各级各类家庭文化教育，形成了家庭文化教育的基本框架，以后的家庭文化教育发展都是在此框架内丰富完善的。

"三纲""五常"这两个词，来源于西汉董仲舒的《春秋繁露》一书。但作为一种道德原则、规范的内容，它起源于先秦时代的孔子。孔子提出了君君臣臣、父父子子和仁义礼智信等伦理道德观念。孟子进而提出"父子有亲，君臣有义，夫妇有别，长幼有序，朋友有信"的"五伦"道德规范。董仲舒发挥以上理论，提出"君为主、臣为从，父为主、子为从，夫为主、妻为从"的观点，也就是我们常说的"君为臣纲，父为子纲，夫为妻纲"这三纲。董仲舒又认为，仁、义、礼、智、信五常之道则是处理君臣、父子、夫妻、上下尊卑关系的基本法则，坚持五常之道，就能维持社会的稳定和人际关系的和谐。从宋代朱熹开始，三纲五常联用。

（四）家庭文化教育的成熟期（两晋至隋唐时期）

东汉末年，宦官和朋党相互倾轧，政治混乱，社会动荡不安。继之而起的首先是三国鼎立和纷争，接着是东晋十六国的朝代更替，再是南北朝的分裂对峙，直至隋朝统一全国，我国才进入封建社会的繁荣时期。在这种战乱频繁、社会急剧变革的时代，官学的时兴时废使家庭文化教育获得蓬勃发展，更主要的是这一时期的割据局面，使人们普遍有一种不稳定感与危机感，深感家庭文化教育的重要性，并竭力教子以立身处世的知识，以使子弟避免灾祸，立足社会。于是家庭文化教育盛行起来，其主要表现如下。

第一，这一时期家训数量激增，并产生了系统化、理论化的家训著作，如曹操的《诫子植》、诸葛亮的《诫子书》、颜之推的《颜氏家训》、唐太宗的《帝范》、王修的《诫子书》、向郎的《遗言诫子》、王祥的《训子孙遗令》、陶渊明的《与子俨等疏》、颜延之的《庭浩》、元积的《诲侄等书》、柳玭的《家训》等。其中如诸葛亮的

《诫子书》、颜之推的《颜氏家训》、唐太宗的《帝范》等都属于精品之作。正如有学者评述这一时期家训,"家教中已积累了极丰富的正面经验与反面教训,对之加以概括、提炼、升华的条件已经具备,于是产生了系统化、理论化的家训著作,使中国传统家训趋于成熟"[1]。

第二,家庭文化教育思想理论化、系统化。其标志是颜之推的《颜氏家训》。该书从序致、教子、兄弟、后娶、治家、风操、慕贤、勉学、文章等20个方面叙述了立身治家之法,对后世影响深远。颜之推以丰富的阅历和学识,对士大夫家教的弊端做出了透彻的批判,提出了教子论、学习论、修身论和治家论,构筑了一个体现中华民族特色的较完整的家教理论体系,故受到人们的普遍推崇。

《颜氏家训》是我国古代家庭文化教育理论宝库中的一份珍贵遗产。"质而明,详而要,平而不诡"的文章风格,"兼论字画音训,并考正典故,品第文艺"的行文内容以及"述立身治家之法,辨正时俗之谬"的现世精神,赢得了历代学者对该书推崇备至,视之为垂训子孙以及家庭教育的典范。其家庭文化教育的成功影响极为深远,即使到了宋元两朝,颜氏族人也仍然入仕不断,尤其令以后明清两代的人钦美不已。如袁衷所说:"六朝颜之推家法最正,相传最远。"王钺《读书丛残》更是称它为"篇篇药石,言言龟鉴,凡为人子弟者,当家置一册,奉为明训,不独颜氏",可见其在我国家庭文化教育发展史上的地位。

第三,家庭文化教育涉及的范围更加广泛,内容涵盖了修身、立志、为政、德行、处世、勉学、尊师、卫国、理财、致用等各个方面,不仅大大提升了家庭文化教育的功能,而且为后世家庭文化教育的发展拓展了新的领域。

(五)家庭文化教育的繁荣与鼎盛期(宋元明清时期)

在这一时期,我国封建社会的发展由盛转衰,封建君主专制逐步加强,统治者一方面竭力强化皇权,另一方面大兴文教,如宋代统治者将"兴文教、抑武事"作为基本政策,明清统治者则采取"尊程朱"的文教政策。重文政策促进了文化教育的恢复与发展,尤其是宋代,学校、科举比前代更为兴盛,读书受到特殊的尊重,文人充任各级官吏,文官待遇之高为历朝所无。在这种情况下,教子读书做官被许多人视为振兴门户的必经之路。而在文化教育领域,由于理学的兴起及其在社会上的统治地位,其对中国封建社会后期的家庭文化教育也产生了一定影响,如在家庭文化教育中,父权制家长作风盛行,重视从严治家,注意家风、家纪的教导和灌输等。因此,我国家庭文化教育在这一时期仍继续发展,并达到了繁荣

---

[1]　徐少锦、陈延斌:《中国家训史》,236页,西安,陕西人民出版社,2003。

和鼎盛阶段，其突出表现如下。

第一，家训著作急剧增多，层出不穷，数量之多远远超过了以前各个阶段家训著作总和。据《中国丛书综录》记载，中国古代家训类书籍总共有117种，其中宋代16部、明代28部、清代61部。这足以表明这一时期我国家庭文化教育的普及与发展。

第二，强调身心健康教育。这一时期的家庭文化教育开始认识到儿童教育应该包括道德、文化、审美和体育等各方面的教育和训练。认为儿童的哭喊有利于内心情绪的释放，各种礼仪活动有助于儿童的身体锻炼，同时强调教育子女要注意保持身体健康，要注意饮食睡眠，既要食时蔬，又要"节劳节欲节饮食"，饭后要坚持走千步，在夜间睡觉之前，要洗脚、漱口等。由过去只注重德育、智育而忽视身体健康教育到现在注意儿童的心理需求，强调儿童的身体健康教育，这是中国古代家庭文化教育的一大进步。

明朝理学家王守仁认为，在《诗》《礼》《书》《乐》教育中应该注重儿童的身心健康教育。如歌《诗》可以把儿童生理上的"跳号呼啸"泄导到"咏歌"陶冶性灵，把儿童的"幽抑结滞"的心理化解，使儿童"心中喜悦"，身心得到健康发展；而习《礼》课，可以通过礼仪动作——"周旋揖让""拜起屈伸"的训练，达到"动荡血脉""固束筋骸""强健身体"的目的；读《书》可以使音节"抑扬"，心意"宽虚"，有助于健康身心。曾国藩也教育子女要保持旷达乐观的态度，尽量减少恼怒。他在给长子曾纪泽的信中说："余八本匾中，言养生以少恼怒为本。又尝教尔胸中不宜太苦。须活泼泼地，养得一段生机，亦去恼怒之道也"；他教育子女要注意劳逸结合，张弛有度，做到一张一弛。

第三，注重耕读结合的教育。在教育内容方面，越来越多的家庭文化教育者开始注重耕读结合的教育。明末清初理学大家孙奇逢在其家训中认为"舜耕历山，伊尹耕莘野，孔明耕南阳，此是何等勋业"，据此认为"不耕无以为养……不有耕者，无以佐读者。况负薪挂角，古人何尝不兼尽于一身"，要求子孙"望汝等并耕不息"。安徽桐城人、清朝大学士张英也主张耕读并举。他在其《恒产琐言》中认为"今人动言才子名士伟丈夫，不事家人生产，究至谋生无策，犯孟子之戒而不悔，岂不深可痛惜哉"，认为世界万物都会变化直至化为乌有，"独田之为物，虽百年千年而常新"，要求子孙要保有田地，不能买卖。在读书的同时要勤于耕作，只有这样才是符合孟子"有恒产有恒心"的微言大义。据史书记载："（曾国藩）时举先世耕读之训，教诫其家。"半耕半读是曾国藩家的祖传家风。到其父麟书先生之世，亦是践行耕读家风。曾国藩曾书一联悬于厅堂："有诗书，有田园，家风半读半耕，但以箕裘承祖泽；无官守，无言责，世事不闻不问，且将艰巨付儿曹。"这正是曾国藩"半耕半读"家风的真实写照。曾国藩治家，恪守祖训，以耕读传家。他要求儿子发扬"半耕半读"家风，一方面要求儿子勤奋读书，把泛读与精读结合，力争在 50 岁前读几万册书，成为一位有德行、有学识的圣贤君子；另一方面又要求儿子务农，开荒种地。他在家书中说："久居乡间，将一切规模立定，以耕读二字为本，乃是长久之计。"他还要求女儿从事纺织、酒食二事，要求女儿每年为他亲手做一双鞋子，以考"女工"。

（六）家庭文化教育的转折与变革期（鸦片战争后至 1980 年）

鸦片战争之后，清政府被迫签订了一系列丧权辱国的不平等条约，中国逐渐丧失独立国地位，沦为半殖民地半封建社会。改变落后挨打现状，争取国家富强与独立，奔着这个目标，中国的不少仁人志士开始了艰苦的教育探索。从地主阶级改革派的"师夷制夷"，到洋务派"体用结合"学习西方技术，再到维新派的学习西方政治，进行封建体制变革，在这一系列的变革与学习西方的浪潮中，传统思想观念和教育体系受到了猛烈冲击，逐渐坍塌，新文化与新式学堂迅速崛起，逐渐占领文教阵地。家庭文化教育作为教育的一个组成部分，自然也受到大环境的影响，开始了转折与变革的历程。1980 年北京市家庭教育研究会成立，标志着家庭文化教育走上了系统化研究的道路。

这一时期家庭文化教育的发展呈现出如下特点。

第一，新旧杂陈，中西并存。由于中国近代处于一个大转折与大变革时期，处于社会变迁环境中的家庭文化教育，一方面要试图力保几千年积淀和流传下来的家庭文化教育传统，另一方面又不断受到西方文化的冲击，尤其是西方先进的科学技术与文化观念，从而使家庭文化教育的发展呈现出新旧杂陈、中西并存的特点。但是，"爱国保种、变革传统、学习西方则始终是近代中国家教的主旋律"①。

随着国门洞开，大量西方先进的教育思想和教学方法被引进和介绍进来，不仅打破了中国传统旧教育的思维模式与理论框架，促进了中国教育由封闭走向开放，更重要的是促进了中国家庭文化教育观念由传统向近代转变，从而为中国家庭文化教育的近代化奠定了基础。

第二，理论日新，成果突出。到中国近代，家庭文化教育研究更为人重视，不少学者试图建立家庭文化教育科学理论体系。当时，许多教育学家、社会学家

---

① 马镛：《中国家庭教育史》，456 页，长沙，湖南教育出版社，1997。

开始运用现代的教育学、心理学、社会学、伦理学等学科理论来研究家庭文化教育，出版了一批家庭文化教育著作，其中最具代表性的是陈鹤琴先生的《家庭教育》一书。该书融生理学、心理学、教育学的基础理论与知识于一体，结合家庭文化教育实践生动形象地总结论述了 101 条家庭文化教育原则。人民教育家陶行知先生评价此书为"中国出版教育专书中最有价值之著作"，"愿与天下父母共读之"。教育家郑宗海在该书序文中赞叹道："阅过之后，但觉珠玑满幅，美不胜收，有数处神乎其技，已臻乎艺术的范域。"①陈鹤琴先生的《家庭教育》，不仅是一部很有影响力的家庭文化教育学著作，而且奠定了我国现代家庭文化教育学的基础。

除此之外，近代爱国将领、曾任广东省省长的朱庆澜先生写的《家庭教育》是民国年间最早出版的一部白话文家庭文化教育著作，对于家庭文化教育的重要性、原则、内容以及需要注意的问题进行了系统论述。鲁迅先生也十分关心和重视家庭文化教育的理论研究，他先后发表的诸如《二十四孝图》《上海的儿童》《我们现在怎样做父亲》《我们怎样教育儿童的？》《从孩子照相说起》等，深刻而精辟地论述了家庭文化教育理论问题。

（七）家庭文化教育的多元化期（1980 年至今）

从 1980 年北京市家庭教育研究会的成立算起，我国家庭文化教育研究已走过了 30 多年的历程。在此期间，随着家庭文化教育事业蓬勃发展，家庭文化教育研究也日趋成熟，取得了长足的进步。

从内容看，这一时期的家庭文化教育研究大体经历了四个阶段：第一阶段，主要研究"家庭文化教育"或家庭内教育问题，着重讨论家教的重要性，交流教育子女的经验，解决了广大家长最迫切需要解决的认识和方法问题；第二阶段，重视家长素质，对"提高家长素质是搞好家教的关键"达成共识，开始把研究重点放在教育指导或称亲职教育上；第三阶段，强调转变家长教育观念是解决家长素质问题的核心，从各个不同角度研究家长教育观念的转变问题；第四阶段，也就是目前所处的阶段，探索如何使正确的观念落实于行动的问题，研究家庭文化教育指导，包括指导内容的重点及指导工作的形式等。

1980 年 9 月，中国教育史上第一个以家教的研究和普及为宗旨的群众性学术团体——北京市家庭教育研究会成立；同年，中国第一本家教杂志《父母必读》在北京创刊；第一所家长学校——母范学堂在北京创办。同时，随着 20 世纪 80 年代初期全国妇联工作重点转向"抚养、培养、教育三亿以上的儿童和少年"及中期

---

① 陈鹤琴：《家庭教育》，3 页，北京，教育科学出版社，1994。

的酝酿、颁布和实施等，中国当代家庭文化教育研究开启新纪元。1989 年，中华全国家教学会成立；1992 年和 1994 年两届全国家教理论研讨会召开，1992 年《九十年代中国儿童发展规划纲要》颁布和实施；1994 年"国际家庭年"确定；"九五世界妇女大会"在京召开等，使家庭文化教育受到全社会的空前关注。

总之，近代以来中国家庭文化教育，逐渐从重视传统家教经验向科学化转变，从家庭婚姻观念向生育观念转变，从儿童观向教育观转变。从家庭文化教育目标的转型到家庭文化教育理论的新发展，近代家庭文化教育的这种转折与变革为后来乃至当代家庭文化教育的发展打下了坚实的思想基础。而当代中国家庭文化教育受我国日益开放的环境的影响，其研究已经多样化，并开始与世界各国的研究接轨。

二、中国家庭文化教育的主要思想

尽管家庭文化教育是一个涵盖范围广、内容繁多的命题，但其中最重要的思想是围绕"如何做人"的"修身"教育、如何睦爱团结的"齐家"教育和如何报效祖国的"平天下"教育展开的。

（一）"修身"教育

我国古代社会是伦理型社会，培养完美人格是其重要目标。在这一思想的影响下，古代家庭文化教育也非常重视教育子女如何做人，重视子女人格的完善，并自觉地将伦理道德教育作为家庭文化教育的重要内容和指导思想，具体表现如下。

第一，志向教育。志向是人们在某一方面决心有所作为的努力方向。从个人来说，志向主要通过选择职业来体现，个人应选择社会需要的、最能发挥个人特长的职业作为志向，并为实现志向而努力奋斗。志向是修身之基，古人十分重视立志、持志在修身中的作用，留下了许多论述。例如，战国时期墨子的"志不强者智不达"，东汉时期郑玄的"德行立于己志"，三国曹魏时期嵇康强调"人无志，非人也"，南宋理学家陆九渊认为"患人无志耳"，明清思想家王夫之说"传家一卷书，唯在汝立志"，明清理学家张履祥认为"少年立志要远大"，明末清初理学家孙奇逢则说"父母于赤子，无一件不是养志"。所有这些都说明了立志、持志、养志在人修养和成才中的作用。

古人教育子女树立何志向时，要求子女要立圣贤之志，要立志报其国。如诸葛亮在《诫外甥书》中说："夫志当存高远，慕先贤，绝情欲，弃疑滞，使庶几之志，揭然有所存，恻然有所感；忍屈伸，去细碎，广咨问，除嫌吝，虽有淹留，何损于美趣，何患于不济。若志不强毅，意不慷慨，徒碌碌滞于俗，默默束于情，永窜伏于凡庸，不免于下流矣。""岳母刺字"就是古代家庭文化教育中教子立志报国的典型例证。

第二，待人教育。如何待人是古代家庭文化教育的一项重要内容。待人教育首先是教育子女如何对待父母，这是待人教育的基础，而对待父母的核心是孝敬父母。孝是中国传统伦理道德的核心，是一切道德的出发点。其次是教育子女如何对待他人。在教育子女对待他人方面，古人重视教育后代谨慎做人，谦让待人，与人为善，和睦相处。

我国古代对于如何为孝有着非常详尽的论述。如《孝经》中提到"居则致其敬，养则致其乐，病则致其忧，丧则致其哀，祭则致其严"，这是古代对如何侍奉父母所进行的理论上的阐述；而古代的《二十四孝图》则用实例形象地展示了孝的内涵。"入则孝，出则悌"，中国人将孝与家庭和睦放在同等重要的位置，认为家庭和睦是对父母的一种孝，家庭和睦是为人处世的根。因此《周易》中说："善不积不足以成名，恶不积不足以灭身"，"积善之家，必有余庆；积不善之家，必有余殃"。这种家庭和睦的文化教育必然要求对待他人要以和为贵。如三国时期蜀国的向朗认为"今但贫耳，贫非人患，惟和为贵，汝其勉之"；朱熹说"和顺保家之本，循礼保家之本"；袁采也说"人言居家久和者，本于能忍"。这些都从不同方面对"以和为贵"思想进行了阐释。诚实守信是古人在待人方面强调的另一个重要内容。《礼记·曲礼》中提到"幼子常视毋诳"，强调应将诚信植根于孩子的心中。古人将诚信作为"正性""养心""成德"的基础。"曾子杀猪"的故事是古时信而无欺的家庭文化教育的典范。

第三，好学教育。古人认为学习不仅能增长知识，而且可以使人明白事理，提高人的道德修养和改变人的精神气质。因此，古人在家庭文化教育中特别重视对子女的勤学教育。如颜之推在《颜氏家训》中就列举了许多古人勤学的例子，"古人勤学，有握锥、投斧，照雪、聚萤，锄则带经，牧则编简，亦为勤笃"；陆游在诗作中常提醒儿孙要珍惜青春年华，勤奋为学，"我今仅守诗书业，汝勿轻抛少壮时"。他们以此来教育其后人勤学、惜时，不虚度时光，以求有所成就。

第四，勤俭教育。我国古代家庭文化教育中非常重视对儿童进行勤俭教育，希望通过这种教育培养后代居安思危的意识和自立的能力，以求更好地立足于社会。如司马光专门写有《训俭示康》，以对子弟传以俭朴家风，他写道"吾本寒家，世以清白相承"，教导子弟以"成由俭，败由奢""由俭入奢易，由奢入俭难""俭，德之共也；奢，恶之大也"等哲理，要求子弟厉行节俭；朱柏庐在其《朱子家训》中也教导后代"一粥一饭，当思来之不易；半丝半缕，恒念物力维艰"；姚舜牧在其《药言》中也反复告诫后代，兴家在于勤俭。古人这种勤俭持家的教育思想是我国古代家庭文化教育思想的一大特色。

第五，行为习惯教育。古人除了重视对子女进行道德观念的教育灌输，也非常重视对子女进行行为习惯的教育。如《礼记·内则》中就提出按照儿童的年龄有计划地进行行为习惯的培养。后人继承这一思想，并不断丰富和发展，在举止、言谈、饮食、起居等诸多方面都提出了详尽的要求。如宋代朱熹提出的"习与智长，化与心成"的思想，主张"古者小学教人以洒扫应对进退之节，爱亲敬长隆师亲友之道，皆所以为修身齐家治国平天下之本，而必使其讲而习之于幼稚之时，欲其习与智长，化与心成，而无扞格不胜之患也"。由此可见，我国古代家庭很注重儿童的行为习惯教育，将行为习惯教育作为治国平天下的基础。

(二)"齐家"教育

无论是在"家天下"的中国古代社会还是现代社会，"齐家"都是"治国平天下"的途径和手段，"齐家"也是家庭及家庭文化教育追求的目的，具体表现如下。

第一，教导家人及子弟学会做人，以维护家庭和谐。修身养性、正确做人，是古代家庭文化教育的目的之一。我国传统家庭文化教育的思想集中体现在历代家训名篇当中，其中绝大多数都包含了长辈对晚辈如何提升修养、如何立身处世以及如何待人接物方面的教导内容。这种教育既维护了家庭和家族的利益，促进了家庭关系和谐，又能教导孩子明哲保身，融入社会。

西汉司马谈教育儿子司马迁"且夫孝始于事亲，中于事君，终于立身"；东汉名将马援教导子侄慎言语、慎交友，做"谨敕之士"；诸葛亮在《诫子书》中提出"夫君子之行，静以修身，俭以养德"；魏晋时期的向朗阐述了在家庭中推崇"惟和为贵"的重要性；陶渊明在《与子俨等疏》中也要求儿子和睦相处，"汝等虽不同生，当思四海皆兄弟之义"；南北朝时期的颜之推则辟专章论述修身治家与处世之道，要求子弟"施而不奢，俭而不吝"，成为一个高尚正直的人；明人高攀龙在《高子遗书家训》中指出教子做人的重要，认为"吾人立身天地间，只思量做得一个人，是第一义，余事都没要紧"；明人姚舜牧则告诫子弟"世间极占地位的，是读书一著。然读书占地位，在人品上，不在势位上"；清人孙奇逢在《孝友堂家训》中论述家庭文化教育目的时说："古人读书，取科第犹第二事，全为明道理、做好人"；郑板桥也认为"夫读书中举，中进士做官，此是小事，第一要明理做个好人"。

第二，鼓励子弟读书入仕，以光宗耀祖。除了教育子弟学会做人，鼓励子弟读书入仕也是古代家庭文化教育的主要目的和指导思想。从汉代"独尊儒术"文教政策的确立，到隋唐时期科举制的建立，再到宋元明清时期"读书取仕"文教政策的不断强化，读书和做官越来越紧密地联系在了一起。读书是为了做官，读书也必定做官，成为古时广大士人与平民百姓改变自身社会地位的最佳选择。如"朝为田舍郎，暮登天子堂""书中自有黄金屋，书中自有颜如玉""一人飞升，仙及鸡犬"等都是极形象的写照。"科举入仕"是科举制盛行后人们"立身扬名""光宗耀祖"最实在、最便捷的途径，家庭文化教育的重心由此逐渐向鼓励子弟应试科举的方向倾斜。古人对科举趋之若鹜的社会心态，恰如唐代诗人杜牧《冬至日寄小侄阿宜诗》所言，"朝廷用文治，大开官职场，愿尔出门去，取官如驱羊"①。

这种强大的社会心理趋向，使封建统治者"劝以官禄"的政策与家族家庭"望子成龙"的普遍心态相济，从而使古代家庭文化教育的追求与封建统治者的追求又一次达到高度的和谐统一。

第三，教育子弟以耕读传家，以安身立命。教子耕读传家是家庭文化教育的另一价值取向和指导思想，这种价值取向与中国古代社会以农业经济为主的自给自足的自然经济相适应。在这种农业经济中，农业是整个社会的主导产业，而农业要求人们春耕夏耘，秋收冬藏。只有耕耘，才有收获，才有衣食，才能进行其他社会活动。因此，在古代中国耕读传家也成为家长教育子弟的基本宗旨。在古人看来，从事耕读者，边读书边种田，进可以应科举以求功名，退则以耕田为生，养育妻子，是一种最稳妥不过的安身立命和处世方式。

苏辙在《示诸子》中写道"……般柴运水皆行道，挟策读书那废田。兄弟躬耕真尽力，乡邻不惯枉称贤"，对诸子躬耕田野表示由衷欣喜，并教导他们读书不能荒废农业劳动；陆游也常教育子孙在读书的同时，不能忽视农业劳动，"仍须知稼穑，勉为国添丁"；明人吕坤在《孝睦房训辞》中要求子孙时，主张"传家两字，曰读与耕；兴家两字，曰俭与勤"；到清朝时期，耕读结合的家庭文化教育已经蔚然成风。清人张履祥极倡耕读相兼的家风，认为"然而择业不可不慎""除耕读二事，无一可为者"。曾国藩曾教导儿子曾纪泽，"久居乡间，将一切规模立定，以耕读二字为本，乃是长久之计"。可见，耕读相兼的教育也是古代家庭文化教育最大的

---

① 马镛：《中国家庭教育史》，161 页，长沙，湖南教育出版社，1997。

特点之一。恰如冯友兰先生评价所言，"一个家庭若能'耕读传家'，那是值得自豪的"①。

(三)"平天下"教育

我国自古强调"家天下"，即国家是放大的家庭，家庭是缩小的国家。这种家国一体性决定了家庭既是社会基本的经济单位，又是维护社会政治稳定的基层行政组织，既是国家和社会意识形态转化为社会成员个人意识的中介，又是社会教化的承担者。因此古代家庭的这种地位，直接关系到国家的存在和社会的兴衰。正所谓"家之正则国之定"，只有"家齐"才能"国治"而"天下平"。

第一，帝王家庭强调的"仁君""爱民"教育。在具有漫长封建历史的中国，家国一体的思想在人们的心中根深蒂固，统治者更是把国当家来治理。因此在统治者眼中，如何培养自己的子孙守住这份"家业"就成了头等大事。因此，古代帝王的家庭文化教育就具有更高的要求。为了让孩子受到全方位的教育，古代帝王都会利用自己的特权建立一个专职的、秉承自己意愿的教育团队代替自己教育孩子。周武王去世时，周成王诵尚未成年，周公不得不暂时代成王执政，同时还身兼成王太傅之职，并担当起对成王家庭文化教育的责任。

周武王将自己的儿子托付给周公教育，周公为不违背礼制，让自己的儿子伯禽与太子共同学习，在太子不认真学习时就通过责罚自己的儿子来提醒太子。因此，周公对自己儿子的教育实际上是在教育周武王的儿子。这可以从周公的教育内容窥豹一斑：周公借教育自己的儿子伯禽教育周成王一要善于用人之长："君子力如牛，不与牛争力；走如马，不与马争走；智如士，不与士争智。"对人不能求全责备，大臣"无大故则不弃，无求备于一人"。二要善于纳谏："凡处尊位者，必以敬下顺德规谏，必开不讳之门，撙节安静以藉之，谏者勿振以威，毋格以言，博采其辞，乃择可观。"三要谦虚谨慎、礼贤下士："我，文王之子，武王之弟，成王之叔父，我于天下亦不贱矣。然我一沐三捉发，一饭三吐哺，起以待士，犹恐失天下之贤人。子之鲁，慎无以国骄人。"周公着重指出谦虚是保江山的一个重要条件："德行广大而守以恭者荣，土地博裕而守以俭者安，禄位尊盛而守以卑者贵，人众兵强而守以畏者胜，聪明睿智而守以愚者益，博文多记而守以浅者广。"②

身为皇帝的父亲，如果有时间也会亲自教育孩子。汉高祖刘邦在临终时，写

---

① 冯友兰：《中国哲学简史》，16 页，北京，北京大学出版社，1996。

② 马镛：《中国家庭教育史》，17~18 页，长沙，湖南教育出版社，1997。

了《手敕太子文》作为其遗嘱，从德、智两方面教育太子。在智育方面，刘邦要求太子尊重知识，勤学文化，并以自己亲身的经历告诫太子"马上得天下不能马上治天下"，要求其重视文化知识。在德育方面，他教导太子要尊重开国元老："汝见萧、曹、张、陈诸公侯，吾同时人，倍年于汝者，皆拜，并语于汝诸弟。"①要求太子及其他诸子见了萧何、曹参、张良、陈平等开国元勋及与刘邦同时的人，都要跪拜。

第二，士阶层家庭的"清廉""爱国"教育。从政是士阶层的主要出路，故从政道德成为士阶层家教的主要内容之一，其中包含忠于职守、清廉正直等。中华民族历来有"敬业乐群""忠于职守"的优良传统。早在春秋时期，孔子就留下了"执事敬""修己以敬"等话语，主张人在一生中始终要勤奋、刻苦，为事业尽心尽力；荀子也说"凡百事之成也，必在敬之"；宋代大学问家朱熹曾解释道，"敬业"就是"专心致志以事其业"，即用一种恭敬严肃的态度对待自己的工作，认真负责，一心一意，任劳任怨，精益求精。"廉"被封建士大夫奉为立身处世的根本，廉洁也是历朝历代对官员的基本要求之一。一个人只有忠于职守、甘守廉洁才能谈到爱国。

史鳅是春秋时期卫国大夫，以敢于直谏著称。卫灵公时，蘧伯玉贤能而不被用，弥子瑕不肖而被委以重任，史鳅为此多次谏诤无效，临死令其子陈尸北堂："我即死，治丧于北堂。吾不能进蘧伯玉而退弥子瑕，是不能正君也。生不能正君者，死不当成礼。置尸北堂，于我足矣。"后来卫灵公前去吊丧，得知史鳅临终之言，连忙召蘧而退弥，卫国遂大治，史鳅之子也从中接受了最深刻的从政道德教育。南北朝时期的徐勉为官清正廉洁，教育子孙："虽居显位，不营产业，家无蓄积，俸禄分赡亲族之穷乏者。门人故旧或从客致言，勉乃答曰：'人遗子孙以财，我遗之以清白。子孙才也，则自致辎軿(车子，在这里指财富，本书作者注)；如其不才，终为他有。'"他还写了《诫子崧书》，进一步阐述其清白传家的思想。

孔子忧国，出鲁十六年，而日日思归；孟子忧国，只高呼"天下定于一"；屈原忧国，汨罗江畔，奋而舍身；明末学者顾炎武一声"天下兴亡，匹夫有责"，喊出了千百年来读书人矢志报国的豪情与骨气。中华民族历来有爱国、重气节的传统。也有人提出这样的疑问：中国古代专制条件下怎么可能有真正的爱国呢？即使有充其量也只是为专制统治服务的工具，而不是自觉自愿的爱国主义精神。从逻辑上看，"忠君"和"爱国"是两回事，但中国古代政治体制是家国同构的，国君为国家代表，皮之不存，毛将焉附？因而"忠君"是大义，也是爱国，爱国成了士阶层家庭文化教育中不可或缺的一个部分。

---

① 严可均：《全汉文》，131页，北京，中华书局，1985。

西晋永嘉年间，虞潭是南康太守。当时叛乱四起，虞潭的母亲勉励他"吾闻忠臣出孝之门，汝当舍生取义，勿以吾老为累"，还卖掉所佩戴的珠宝作为军费，尽发家童随军作战。由于边境战争频繁，在唐代家教中也出现了教子从军报国的诗作。如孟浩然的《送莫甥兼诸昆弟从韩司马入西军》："念尔习诗礼，未曾违户庭。平生早偏露，万里更飘零。坐弃三牲养，行观八阵形。饰装辞故里，谋策赴边庭。壮志吞鸿鹄，遥心伴鹡鸰。所从文且武，不战自应宁。"李白的《送外甥郑灌从军三首》："六博争雄好彩来，金盘一掷万人开。丈夫赌命报天子，当斩胡头衣锦回。丈八蛇矛出陇西，弯弧拂箭白猿啼。破胡必用龙韬策，积甲应将熊耳齐。月蚀西方破敌时，及瓜归日未应迟。斩胡血变黄河水，枭首当悬白鹊旗。"

第三，西方殖民入侵下的爱国教育。清代后期是我国家庭文化教育发展的转折与变革时期。鸦片战争之后，清政府被迫陆续签订了中英《南京条约》《虎门条约》、中美《望厦条约》、中法《黄浦条约》等一系列不平等条约，中国逐渐丧失独立国地位，沦为半殖民地半封建社会。如何改变落后挨打现状，争取国家的富强与独立？这是摆在国人面前的最大问题。因而清朝后期的家庭文化教育中也就更强调爱国教育。以李鸿章等为首的洋务派强调学习西方发达的科学技术，同时开始尝试从中西方文化传统的不同、伦理道德的差异方面寻找二者的差距，试图通过学习西方先进的思想文化来改变中国落后的现实状况。

李鸿章长期执掌清廷的外交事务，对西方情况了解较多。他精心研究了西方政治、经济、文化，并将中外之不同加以比较，力图找出中国落后的原因。与其他地主阶级改革派、洋务派思想家所不同的是，李鸿章不仅看到西艺、西政的发达，更深入地从文化传统之不同、伦理道德之差异上研究中国的落后，在家教中将批判的矛头直指封建社会神圣不可侵犯的"五伦"："吾国自古相传之伦理，曰君臣，曰父子，曰夫妇，曰兄弟，曰朋友。此五者之纲纪，在家族封建时代，似可通行，然已不甚适当。故三代盛时，孔子亦只谓小康。洎乎封建既破为郡县，此五者之伦理，更觉其不当。况乎大地交通，国家种族之竞争愈烈，故吾之古伦理愈不适于世用。而吾国人犹泥之，此地方所以不发达，邦国之所以日受人侮也。"在李鸿章看来，被长期作为封建统治思想核心、伦理道德之基础的五伦早已不适用了，在当今国与国之间竞争激烈的情况下就更不适于世用了。他认为："夫吾国之所谓五伦，非有谬也，但不周备耳。今世界学者公定之伦理，大概为对于己、对于家庭、对于社会、对于邦国、对于世界，亦五大纲，而以个人与邦国之关系为最重。一国民法由此定，修身道德即以此为标准，此实吾国向者之伦理所不及也。"

1898 年维新运动时期，家庭文化教育全面引进西方的思想文化和价值观念，如民主平等思想等。维新派热烈赞美和提倡自由、民主、宪法和政党，把衡量社会人生的价值标准提高到一个新的高度。他们认为卢梭《民约论》为中国所急需，"欧洲近世医国之国手，不下数十家，吾视其方最适于今日之中国者，其惟卢梭先生之民约论乎?"他们认为"自由者，精神生发之厚力也"，认识到如果国民缺乏自由精神，"虽日手西书，口西法，其腐败天下，自速灭亡或更有甚焉耳"，因而呼吁建立新的礼义观。在维新派的鼓动下，光绪二十七年(1901 年)八月，制定了第一个蒙养与家庭教育合一的蒙养院章程，首次将蒙养院正式列入学校系统，通过教授儿童游戏、歌谣、谈话和手技等内容，来实现发展儿童身体、启发儿童心智的目的。在这里我们虽然没有看到国家层面的家庭文化教育规定，但透过蒙养院章程，我们还是能看到家庭文化教育中的"新思维"的。

1911 年辛亥革命以后，蔡元培提出"培养共和国健全人格"的目标，传统的子女观受到更深刻的批判；经过 1919 年五四新文化运动，一种符合时代精神的民主、平等的儿童观和子女观在李大钊、陈独秀、鲁迅等一大批先进知识分子的思想中占据了主导地位。之后，家庭文化教育开始引进西方的教育理论和儿童心理学成果，从而把家庭文化教育建立在近代教育科学理论的基础上，其中做出突出贡献的是陈鹤琴。他以西方儿童心理学为基础，提出了一系列家庭文化教育的原则，成为我国家庭文化教育原则由经验型转为科学型的重要标志。

中华人民共和国成立后，我国大力提倡爱国主义教育，提倡培育"四有"新人，这些都为新时期家庭文化教育中的"平天下"教育观注入了新的内涵和意义。

第三节　西方家庭文化教育的发展历程

中国家庭文化教育的发展演变，主要是以儒家文化为中心的，超稳定的文化特性使得我国传统家庭文化教育的发展历程显得平缓而缺乏激进，家庭文化教育的传统自然而然地沉淀于人们的民族心理素质之中，自然而然地流露在人们的日常生活行为里，历经千年而不变。相对于中国传统家庭文化教育的稳定特性，西方家庭文化教育的发展历程无疑更激进，更加充满活力。从社会大环境方面看，社会教育日新月异：从古希腊时期儿童实行"公养公育"，到文艺复兴时期对儿童的"发现"，再到蒙台梭利发现"童年的秘密"，围绕儿童，社会教育发生了翻天覆地的变化。社会教育的变化直接影响了家庭文化教育，因此，西方家庭文化教育的发展呈现出波澜壮阔的景观。

可以说，西方家庭文化教育的发展一直积极应变于所处时代的社会文化的嬗变，展现出精彩不断的教育华章。通过对西方家庭文化教育发展历史的回顾，我们可以清晰地发现：西方家庭文化教育发展的历程始终是围绕人、围绕儿童的身份、地位、天性，乃至生命的价值展开的，努力实现将生命成长的权利交给儿童，通过家庭文化教育的科学化，实现对完整人的培养。本节将重点对西方家庭文化教育的发展历程及其教育思想进行陈述。

一、西方家庭文化教育发展概况

当社会进入具有阶级对抗的时代，家庭也分别隶属于不同的阶级，家庭文化教育也因此被打上鲜明的阶级烙印。原始社会的相似性，致使处于萌芽期的家庭文化教育具有了相似性，这一部分内容我们在上一节中已经有所涉猎，本部分不再赘述。这里我们将重点对西方古代、近代和现代的家庭文化教育进行简要梳理。

(一)古代社会的家庭文化教育

对未来接班人的培养是每一个阶级的大事。国家制度比较发达之后，统治阶级通常把皇族子弟和贵胄青年安排在宫廷之中，由富有经验阅历的人负责教导。这些负责教导的人秉承统治阶级的意志，代替统治阶级完成其家庭文化教育。一般的平民阶层，则顺应时代发展潮流，努力通过自己的家庭文化教育方式，培养出统治阶级需要的"人才"。由于统治阶级的统治理念不同，各个国家的"人才"观也各不相同。例如，在古代的希腊，雅典的统治者崇尚文化学习，斯巴达的统治者崇尚军事锻炼；雅典人注重和谐文雅教育，不仅重视军事、体育，还重视心育，而斯巴达人尚武，重视军体教育，忽视文化教育。

在斯巴达，儿童属于国家，由父母代替国家抚养。婴儿出生后，就开始接受斯巴达式的训练，如在酒中洗浴、忍受饥饿和痛苦等。男孩长到5岁左右便常由其父亲带领参加成人聚会或集体用餐，通过观察成人的活动而受到斯巴达生活方式的初步熏陶，7岁则被送入国家教育机关——"教育场"，过军营生活，进行严格的军事训练。与斯巴达严厉的教育相比，雅典人的家庭文化教育则要"文雅"得多。在雅典，7岁前男女儿童在家庭中享受同样的教育，其内容包括唱歌、讲故事、讲神话、玩球等儿童游戏，以及礼貌行为习惯的培养。7岁以后，女孩仍留在家中，继续由母亲照顾教育，学习纺织、缝纫、刺绣等方面的技能，不进学校学习文化知识；而男孩则先后(或同时)进入文法学校、弦琴学校、体操学校等各类学校学习，获得智、德、体、美和谐发展的教育，但仍住在家中，接受家庭的熏陶和父母的教育。不过，在雅典，父亲通常不关心年幼子女的教育，柏拉图在其著作《拉开斯篇》中曾对此进行过批评。

古代罗马是欧洲第二个典型的奴隶制国家。古代罗马以其父权家长制著称，如罗马颁布的第一部成文法《十二铜表法》的第4条"父权法"规定：子女乃父母的私有财产，父亲对子女（包括除婚嫁外的成年儿女）有生杀予夺之权；尤其是对残疾儿童，出生后应"立即灭绝"。[①] 在罗马家庭中，母亲亦顺从父亲的意志，并承担抚育子女的义务。7岁前的男女儿童由父母抚育，7岁以后的女孩，仍由母亲负责，教以纺织和操持家务，期其日后嫁人成为贤妻良母。男孩的教育则交由父亲进行。在罗马，7~16岁的男孩是父亲亲密的伙伴，形影不离，他们既是父子，又是师徒，所以教育的形式是父子—师徒制度。关于农业生产的知识技能，是儿童跟随父亲在田间通过观察和实习获得的。而军事的教育，如骑马、角力、游泳、使用各种武器以及战争的知识技能，也都由父亲来传授。

古代罗马家庭文化教育中特别重视道德教育，注重培养儿童虔信神明，孝敬父母，忠于国家，遵守法律及坚强、勇敢、庄严、谦逊等品质。文化知识教育在全部教育中所占比重很小，父亲教儿子读书、写字、算术（包括几何）的初步知识，以适应日常生活中的需要。算术受到重视，因为可以直接运用于日常生活和生产劳动中，如计算账目、丈量土地等。

学习法律在家庭文化教育中也占有重要地位，公元前450年，《十二铜表法》公布后，法典即成为必学的内容，要求儿童熟记法律条文，了解其意义，养成守法的观念。此外，还让儿童诵读英雄传记，听祖先史绩，熟悉民族的历史。

在家庭文化教育方法方面，古代罗马特别重视事实教育法，凡选给儿童的故事、英雄人物的业绩，必须真实、具体，可为仿效的榜样。各方面的教育主要通过具体观察和实际锻炼来进行，年长的子弟往往由家长带到田间、军营、机关、议会以及种种公共场所，观察各种活动的实况，倾听各种人物的言论，多闻多见，增长见识和本领。

476年，西罗马帝国灭亡，西欧自此进入中世纪。在中世纪，对一般封建主而言，他们本身对科学文化知识并无多大的兴趣。他们的子女中的男孩主要接受一种特殊形式的家庭文化教育——"骑士教育"。骑士教育是一种融合宗教教育与尚武精神的、封建主阶级的特殊形式的家庭文化教育，目的在于培养身体强壮、虔信上帝、忠君爱国的武夫，以维护封建主的统治，其内容主要是"骑士七义"，

---

① 杨汉麟、周采：《外国幼儿教育史》，24页，南宁，广西教育出版社，1993。

即骑马、游泳、投矛、击剑、打猎、弈棋和吟诗。除了骑士教育，还有宫廷教育。宫廷教育就是聘请一些有学识的僧侣对帝王、王族和大贵族子弟进行教育，其主要内容是"七义"、拉丁语和希腊语，以培养封建社会的统治者。这种宫廷教育实际上是一种高级的家庭文化教育。世俗封建主的女儿则一般是在家庭中接受贤妻良母式的教育，其内容主要是纺织、编织、缝纫等家事，以及礼仪、音乐、舞蹈、识字、读书、祈祷、唱宗教赞美歌等方面的训练和教育；只有极少数名门闺秀学习一些较高深的文化知识。

欧洲文艺复兴从13世纪至14世纪开始，到17世纪初期达到了高峰。这一时期既是资本主义生产关系在封建社会内部孕育、发生、发展的时期，也是封建社会制度逐步解体的时期。这一时期随着新经济的产生和发展，必然要求有一种新的世界观和思想体系与其相适应并为其服务。于是，新兴资产阶级在发掘、"复兴"古希腊和古罗马文化艺术的基础上，开始了资本主义新文化的创造，用以作为论证和宣传资产阶级新的思想意识与政治要求的武器。文艺复兴运动不仅对这一时期的教育产生了重要影响，而且也使这一时期的教育以生机勃勃的新面貌出现。

文艺复兴时期，进步的思想家号称从古典作品中重新发现了"人"，他们高举"人文主义"的大旗，否定神权，肯定人权，主张个性自由、个人的幸福。在思想解放运动中，人文主义者对早期的家庭文化教育给予了应有的重视，他们要求父母以人道主义的态度对待孩子，以科学的教育方法培养孩子，用健全的、实用的知识培养出健全有用的、富有知识的、能充分理解人生意义的新人。他们不仅提出有影响的家庭文化教育理论，而且还把理论付诸实践，如这一时期的意大利人文主义教育家维多利诺、北欧人文主义思想家伊拉斯莫斯、捷克资产阶级教育家夸美纽斯等都被聘请做过家庭教师。这一时期人文主义者举办的宫廷教育影响极大，最为著名的是维多利诺的快乐之家。人文主义者积极参与家庭文化教育实践之举，打破了原来只是神学家才有资格讨论王公贵族的家庭文化教育问题的格局，开启了对家庭文化教育问题的探讨是人文主义者自身职责的时代。在人文主义大师们的积极倡导与世纪感召下，家庭文化教育引起了越来越多人的重视，乃至在许多新兴的资产阶级家庭里，家长亲自设计家庭文化教育方案，盛行以口授经验的形式教育后代。

（二）近代社会的家庭文化教育

1640—1688年，英国进行了资产阶级革命，它标志着英国资本主义制度开始取代封建制度，也标志着世界近代史的开端。此后的约两个半世纪，是资本主义在欧洲建立、巩固的时期。这一时期，科学技术、生产力以及自然学科、人文学科都得到了极大发展。在新的社会制度里，家庭文化教育也表现出了新的特点和格局。

第一，由于阶级压迫，生活所迫，无产阶级家庭文化教育一片空白。西方资本主义社会历经两百余年，社会生产力高速发展，社会快速变迁，家庭承受着较大的冲击，尤其是原有的一些职能逐渐向社会转移，最终为社会所取代。在资本主义上升时期，资产阶级对剩余价值的无限追求，使资本家对工人的剥削与压榨日趋严重，无情的剥削不仅损害了工人的家庭关系、家庭生活，而且严重破坏了工人子女的家庭文化教育，甚至连妇女和儿童也沦为剥削的对象，童工现象日益严重。正如马克思和恩格斯所指出的："无产者的一切家庭联系越是由于大工业的发展而被破坏，他们的子女越是由于这种发展而被变成单纯的商品和劳动工具，资产阶级关于家庭和教育、关于父母和子女的亲密关系的空话就越是令人作呕。"[①]

第二，资产阶级重视家庭文化教育，以期培养合格的事业接班人。相对于无产者的家庭文化教育，资产阶级家庭一般都特别重视对子女的家庭文化教育，以期造就出自己产业的继承人和事业的接班人。鉴于当时学校教育仍带有浓重的中世纪教育色彩，不少家长拒绝将子女送入学校接受教育，而是聘请教师在家庭中教育子女。这在当时甚至成为一种教育时尚。一些教育家也十分赞同在家庭中进行教育，而且他们中的许多人也做过家庭教师。如英国资产阶级教育家洛克就反对学校教育，他认为即便是不完全的家庭文化教育也比学校教育效果好得多；卢梭也认为学校环境容易给子弟造成不良影响，"家庭生活的乐趣是抵抗坏风气的毒害的最好良剂"[②]。

第三，专业的家庭文化教育指导者——家庭教师出现。面对无尽的发财机遇和奢靡的社交生活，资产阶级家庭中的父母在家庭文化教育中并没有承担其应有的教育责任与义务：父亲往往忙于资本的原始积累，母亲则沉溺于享受、交际和娱乐。父母均无暇对子女进行管理和教育，而把对孩子的管理和教育权拱手让于保姆和家庭教师。在资产阶级的家庭文化教育中，父母不惜花重金聘请一些学识渊博、具有教育才能的教育家来担任家庭教师，洛克和卢梭就是其中的佼佼者。虽然这些家庭教师能指导父母如何与孩子相处，能帮父母培养适合社会需求的、符合他们家庭及身份地位的孩子，但父母在家庭文化教育中的缺位无疑对孩子的

① 《马克思恩格斯选集》第1卷，290页，北京，人民出版社，1995。
② ［法］卢梭：《爱弥儿》，16页，北京，人民教育出版社，1985。

健康人格产生了不利的影响。

总之，在资本主义的发展与上升时期，伴随着幼儿教育的产生与发展对家庭文化教育职能的冲击，以及对金钱的追求成为人生唯一的价值目标，家庭关系、家庭亲情日益沾染上金钱的铜臭，父母在家庭文化教育中的缺位，使这一时期的家庭文化教育逐渐没落。

（三）当代社会的家庭文化教育

19世纪末至20世纪50年代，西方资本主义在欧美迅速发展，社会生活急剧变化，西方社会逐渐进入一个新的时期。社会变化引发了人们在生活方式、价值观念等方面的变化，家庭也遭遇到了前所未有的困难，家庭文化教育则呈现出与以往时代完全不同的特征。

如果说近代资本主义家庭文化教育处于逐渐没落的境地，那么进入现代以来，伴随着家庭文化教育职能的进一步社会化以及家庭面临的诸多困难，现代资本主义的家庭文化教育则继续呈现弱化的倾向。在现代资本主义社会，科学技术发展迅猛，并渗透到人们生活的方方面面，使资本主义社会的家庭由封闭半封闭状态走向完全开放。社会经济的高速发展，为人们的家庭生活提供了各种各样的电气化设备，同时社会也大量兴办各种生活服务机构，这些使得家庭生活、家庭劳动的社会化程度日益提高，家庭处于开放的状态。这其中一个最主要的变化则是家庭职能的全面转移，即家庭职能逐渐为社会所取代。"经济服务"已让位于工厂及其他机构；"保护"让位于警察和保险公司；"娱乐"让位于国家和民间企业提供的娱乐设施；"教育"让位于学校和幼稚园这一类家族外的各种机构……① 与家庭职能全面转移相伴的是人们家庭观念的淡漠。人们的家庭关系日益松动，家庭内的人际关系逐渐疏远，个体的独立意识更加强烈。

家庭的这些新变化，不仅影响到成年人的生活，而且对未成年人的生活、教育甚至他们的未来都产生了严重的影响。家庭文化教育功能的弱化固然与家庭的变迁密切相关，但也与学校教育机构与功能的日趋完善密不可分。如在20世纪以前的美国，家庭文化教育担负着教育孩子的责任，但始于19世纪末20世纪初的公共教育运动和义务教育法的颁布，所造成的直接后果不仅是公立学校的建立，还包括教育责任由家庭向国家控制的教育系统的转移。

---

① ［日］筑波大学教育学研究会：《现代教育学基础》，钟启泉译，149页，上海，上海教育出版社，1986。

二、西方家庭文化教育的主要思想

(一)古希腊、古罗马时期的"儿童公育"

古希腊哲学家柏拉图在《法律篇》中提到家庭，认为家庭作为一种教育的社会组织的存在是必要的。柏拉图十分重视早期教育的作用，他认为："一个人成为什么样的人，从小所受的教育至关重要。每个人最初所受的教育的方向容易决定以后行为的性质，感召的力量是不小的。一个人从小所受的教育把他往哪里引导，能决定他后来往哪里走。"①稍后的古希腊大学者亚里士多德，结合他在马其顿国王腓力二世宫廷做八年家庭教师的经历，提出了"身心和谐发展"的教育目的论和"效法自然"的教育方法论。亚里士多德"遵循自然"的年龄划分延长了家庭文化教育的时间，提出了家庭对学前儿童个性与体格发展的重要作用。亚里士多德也主张实行"优生优育"的政策，主张"以法律规定婚配制度，保证在最宜于生育的年龄生育健康的下一代"，"已婚夫妇要受教于医师和自然学家，学习生育知识"，注重孕妇的保健及早期教育。古罗马教育家昆体良也十分重视家庭文化教育，他主张孩子的教育应尽早开始，尤其要重视孩子语言的发展。关于父母，他认为父母的教育水平越高越好，"如果父母没有接受良好教育的幸运，也不应该因此减少对孩子教育的注意；正因为他们学识少，他们就应该在对孩子的成长有益的其他事情上更加勤勉"②。

在古代欧洲，人们虽然重视家庭文化教育，但在柏拉图和亚里士多德时代，无论是社会教育中还是家庭文化教育中，体罚孩子之风盛行，"希伯来人就认为未成熟的儿童是粗野的、固执的、愚蠢的甚至坏的。教育就意味着严酷的纪律，而打骂孩子是把孩子从邪恶中拯救出来的父亲的天职"③。他们甚至对杀害婴儿的行为没有任何道德和法律上的约束，以致黑格尔说："罗马时代，子女处于奴隶地位，这是罗马立法的一大污点。伦理在其最内部和最娇嫩的生命中所受的这种侮辱，是了解罗马人在世界历史的地位以及他们的法律形式主义倾向的一个最重要

---

① 单中惠、杨汉麟：《西方教育学名著提要》，10 页，南昌，江西人民出版社，2000。

② 单中惠、杨汉麟：《西方教育学名著提要》，25、31 页，南昌，江西人民出版社，2000。

③ ［美］S. E. 佛罗斯特：《西方教育的历史和哲学基础》，吴元训等译，39 页，北京，华夏出版社，1987。

第一章 家庭文化教育的形成与发展 /31/

关键。"①教育家昆体良、演说家兹拉托斯都严厉抗议体罚，建议人道地、慈爱地对待儿童，尤其在家庭文化教育中，父母长辈应该以最慈爱的胸怀关爱孩子。

(二)中世纪的"儿童是有罪的"

中世纪是欧洲历史上的黑暗时期，宗教文化统治一切，教会具有绝对的权力，教皇是最高统治者，基督教思想几乎影响到每一个人的活动。正如恩格斯所指出的："中世纪是从粗野的原始状态发展而来的。它把古代文明、古代哲学、政治和法律一扫而光，以便一切从头做起。它从没落了的古代世界承受下来的唯一事物就是基督教和一些残破不全而且失掉文明的城市。"②

在中世纪，随着基督教会的宗教观逐渐成为维护封建社会形态的精神支柱，"原罪说""禁欲主义""蒙昧主义""文化专制主义"等思想大行其道。在教育领域，基督教会获得了教育的垄断权，并提出了服从宗教信条、教义的儿童观。这一时期，在家庭文化教育中，教会极力倡导"性恶论"的儿童观，认为儿童生来是"有罪的"，因此，对儿童就应该采取严厉措施来制止诸如嬉戏、吵闹等。与"性恶论"的儿童观并存的是"预成论"。"预成论"认为儿童与成人的区别仅仅在于身体的大小与知识的多少。受"预成论"的影响，人们无论是在社会教育中还是在家庭文化教育中，都忽视儿童的身心特点，忽视儿童的爱好及需要，对儿童的要求整齐划一，方法简单粗暴。中世纪，教育陷入最黑暗的时期。在这样的大教育环境下，家长与孩子之间的关系异常紧张，孩子没有自由，不容许有自己的兴趣爱好，一切都要听从家长的安排。家庭文化教育同样进入了黑暗时期。

(三)文艺复兴时期的"发现"儿童

从1453年东罗马帝国灭亡至17世纪英国资产阶级革命，是西欧封建社会向资本主义社会过渡的时期，史称文艺复兴时期。这一时期随着生产力的进一步发展，封建势力逐渐走向衰落，新兴的资产阶级爆发了反封建的人文主义运动，从而使长达千年的宗教文化逐渐向世俗文化低头，意识形态领域的大变革也引发了教育的革命。

针对中世纪的黑暗与倒退而兴起的文艺复兴运动，高举人文主义的大旗，提倡人权，提倡个性自由，为家庭文化教育中儿童观的转变带来了重大契机。从人文主义这种以人为本、以人的利益为中心的新的"人学"引申出来的儿童观，呼吁人们珍视儿童、热爱儿童、尊重儿童，用合乎儿童天性的方式教育儿童。虽然这

---

① 许步曾：《西方思想家论教育》，332～333页，北京，人民教育出版社，1985。
② 《马克思恩格斯全集》第7卷，400页，北京，人民出版社，1959。

种儿童观是"从理想的人的形象中推导出来的，并未完全否定儿童对父母的隶属关系，也没有把儿童本身看作有个性价值的存在"，但它毕竟是人类对儿童的认识史上的一次革命。

这一时期最有影响的家庭文化教育家，当数捷克的民主教育家夸美纽斯，他在教育史上第一次把早期家庭文化教育正式列入教育体制之中。他在教育专著《大教学论》中提出一整套学制：母育学校、国语学校、拉丁学校和大学。其中，最初阶段的"母育学校"不是普通的学校，而是以 0～6 岁婴幼儿为对象，主要由母亲实施的一种家庭文化教育。他在家庭文化教育专著《母育学校》中，详尽阐述了儿童的价值、父母的责任、早期教育的性质与价值、家庭文化教育的内容以及幼小衔接等问题，该书也被誉为历史上第一部"家庭幼儿教育学"著作。夸美纽斯第一个以人文主义者的情怀赞誉了儿童的价值，他动情地指出：儿童比金银、珍宝更弥足珍贵，金银皆无生命，儿童却是上帝的生气勃勃的形象，反映了三位一体的精神；儿童是永远不灭的遗产；儿童是上帝指定给父母的独特财产；儿童正像一面镜子，人们可从中注视谦虚、有理、亲切、和谐及其他基督徒的品质。① 夸美纽斯对儿童价值的肯定唤起了人们对儿童作为个体的"人"的重视。在家庭文化教育中，孩子再次被重视，家长与孩子的关系步入常态。

(四)近代的"尊重儿童"

如果说文艺复兴时期夸美纽斯对儿童价值的肯定唤起了人们对儿童作为个体的"人"的重视，那么青睐家庭文化教育的洛克则是给这一具有生命价值的个体培土施肥、整枝打叶，使其长成参天大树的人。他认为在家庭文化教育中首先要重视孩子的身体健康教育，孩子强壮健康的身体是做好一切工作的前提，"我们要能工作，要有幸福，必须先有健康；我们要能忍耐劳苦，要能出人头地，也必须先有强健的身体"②。因此，他主张对孩子不溺爱，建议用冷水洗脚，提倡游泳，主张清淡的饮食等。其次，家庭文化教育中不能忽视德育，洛克认为一个有良好德行的人应该能游刃有余地处理各种事务，懂得上流社会的各种礼仪、礼貌，具有刚毅、坚强、吃苦耐劳等品质。而这种德行的培养就源自家庭文化教育。当孩子年幼时父母教育不当，等于"他们自己在泉水的源头投下了毒药"，"把邪恶的种子向儿童助送"，使孩子们"实际上离开了道德的大道"。③ 相对于体育和德育，智育处于一个次要的地位。他认为学习的根本目的"不是要使青年人精通任何一门科

---

① 单中惠、杨汉麟：《西方教育学名著提要》，106 页，南昌，江西人民出版社，2000。
② [英]约翰·洛克：《教育漫话》，70 页，北京，教育科学出版社，1979。
③ [英]约翰·洛克：《教育漫话》，24 页，北京，教育科学出版社，1979。

学"，而是"打开他们心智，装备他们的心智"，"增加心智能力"。为此，他要求不能强迫孩子学习，不能体罚孩子，要尽量满足孩子的好奇心。18世纪法国杰出的启蒙思想家、教育家卢梭也强调要重视体育，要爱护孩子，不能强迫孩子学习；主张德育和智育要等到孩子12周岁后再进行；主张父母亲自教育孩子。卢梭提出抚养孩子是母亲的"头等责任"，只有这样才能保持母子间的血亲之情。除母亲外，父亲也应该承担教育子女的责任。卢梭认为在家庭文化教育中，"真正的保姆是母亲，真正的教师便是父亲，他们要互相配合，共负责任"①。

裴斯泰洛齐接过了卢梭自然教育思想的衣钵，认为教育从本质上说就是帮助本性发展的艺术，全部教育必须依从人的本性的发展顺序，孩子在家庭中和母亲相处的生活是其一生的基础。正如他在《葛笃德怎样教育她的子女》一书中所说的："作为人类的爱、感激和信任的基础的情感又怎样成为我的本性呢？培养服从的品质的那些活动又是怎样来的呢？我发现，它们的主要根源在于婴儿和他的母亲之间的关系。"为了遵循自然，使人的能力得到发展，裴氏认为家庭文化教育十分重要，他几乎在所有的著作中都提到家庭文化教育，要求社会教育"模仿家庭文化教育所包含的各种优点"，"我们必须在家庭中寻找我们教育科学的出发点"②。

裴斯泰洛齐的学生福禄培尔认为，家庭是孩子认识统一体的重要场所，幼儿是在家庭中第一次遇到社会和社会统一体的，建议母亲们用特制的"恩物"帮助孩子认识有关同一性、多样性和使表面冲突达到均衡的复杂统一性方面的宇宙原则，激发孩子生命内在的创造潜力和创造能力。实证主义的创始人斯宾塞在对传统古典主义教育进行批判的基础上，提出教育的根本任务在于为"完满生活做准备"，而学习科学是为完满生活的最好准备。在他的以科学知识为核心的课程体系中，准备做父母的教育是重要的内容之一。他在《教育论》中明确提出，父母要承担起抚养教育子女的责任，就必须具备教育子女的科学知识，这是由"为我们的完满生活做准备是教育应尽的责任"这一教育的根本目的和任务决定的。准备做父母是"完满生活"的重要准备，不重视做父母的准备是十分有害的，因为缺乏抚养教育子女的科学知识，对于子女的身体发育、道德训练、智慧的培养都会造成极大的伤害。因此，他要求人人都应该学习和掌握教育知识。斯宾塞的生活准备说虽然具有极强的功利主义色彩，但其对准备做父母的人进行提前教育的思想无疑是必要和可行的。

----

① ［法］卢梭：《爱弥儿》，27页，北京，人民教育出版社，1985。
② 杨汉麟、周采：《外国幼儿教育史》，133页，南宁，广西教育出版社，1993。

（五）现代的"儿童中心"

19 世纪下半期以来，随着资本主义在欧美的迅速发展，社会生活的急剧变化，西方社会也逐渐进入一个新的时期。在这一大背景下，家庭文化教育研究也得到了进一步的发展。

这一时期家庭文化教育理论的发展，一方面得益于儿童中心主义教育思潮的兴起；另一方面得益于心理学的发展，教育研究的心理学化。在对儿童重视的同时，教育家们也开始试图运用进化论、心理学来重新探讨教育现象，教育心理学化的趋势自此形成。从 19 世纪 90 年代到 20 世纪 30 年代，儿童研究运动的热浪波及欧美及其他地区，此期儿童心理学研究的最大成果，莫过于对儿童的特质和童年意义的发现。精神分析学派、习性学派等理论学派都提出了有关儿童特定发展阶段和规律的学说，其中有关儿童发展"关键期"的论点，最终引起了人们对早期教育的关注和热情。儿童中心主义教育思潮的兴起与教育心理学化趋势的流行，极大地促进了这一时期家庭文化教育理论的发展。

瑞典教育家爱伦·凯于 1900 年新年伊始，发表了声讨旧教育的战斗檄文——《儿童的世纪》，宣称 20 世纪是"儿童的世纪"。她认为儿童天性中有"至善"，并主张无限地开发儿童与生俱来的本能、素质与个性；教育的使命就是助长儿童生命的自由发展，使之成为独立的、自由的个人。① 在《儿童的世纪》一书中，她提出为了提高后代的素质，首先应保障妇女——未来母亲的权益。她认为保障了女性的权利，特别是择偶权，从优生学的角度而言，将是有益的，培养出来的新一代将可能具有尼采的"超人"的属性。她极力倡导自由教育，在家庭文化教育中，她甚至认为不仅婴幼儿的教育应该由母亲来负责，甚至包括小学教育也应该过渡到家庭文化教育，由母亲夺回教育的权利。她的这一想法虽然不切实际，但是其自然教育思想的表现。她的献给"所有希望在新世纪里培养新人的父母亲"的《儿童的世纪》一书出版后，受到社会各界的注目，成为许多家庭、父母的必读之书，并在短时间内翻译成几十种语言，风靡全世界。

半个世纪后，意大利幼儿教育家蒙台梭利，不仅创立了著名的蒙台梭利教学法，而且还发现了帮助儿童个体潜能充分实现的秘密。她把研究的焦点汇聚于儿童活生生的生命本体。在蒙台梭利看来，幼儿不仅是个肉体的存在，还是个精神的存在，如果要帮助生命，首先必须研究生命。儿童不仅有他已然存在的心灵世界，而且还拥有自身生命的秘密，也就是生命发展的潜在能力，这种能力是独特

---

① 单中惠、杨汉麟：《西方教育学名著提要》，243 页，南昌，江西人民出版社，2000。

的，富有个性的。成人的任务是去了解生命成长的秘密和需要，尊重儿童，理解儿童"能自由地沿着正常人的发展道路前进，使人的生命机能变得优良和真实……进而帮助这种完美和优秀的完整的人的形成"。她奉劝父母们"应该净化自然已移植在他们心中的爱，他们应该努力去理解，爱是未被自私或懒散所污染的深沉情感的有意识的表达"①。蒙台梭利关于尊重生命、理解生命、了解生命成长的需要和源于生命内部发展动力的教育理念，奠定了现代家庭文化教育科学的生命观基础。

第四节　当代家庭文化教育的价值取向及意义

不同时代的家庭文化教育，总是被深深烙上那个时代的印记。在世界各国现代化进程中，家庭文化教育日益被赋予更多责任、更大的意义，而且也日渐成为一个备受关注的社会现实问题。特别是在中国，随着改革开放和现代化进程的加速，工业化、城市化成为中国现代化的主要特征。农村城镇化、家庭空心化、空巢老人与留守儿童激增、西方家庭文化教育传入等因素都直接影响着我国当代家庭文化教育。在当前看重物质财富的时代背景下，传统家庭文化教育中许多有益的价值取向被扭曲：学习至上、重智轻德、学校教育与家庭教育的错位……我们不可能阻挡社会历史发展的进程，所能做的就是从历史中采撷优秀的精华为我们所用，家庭文化教育亦然。对于传统家庭文化教育中一些成熟的做法我们必须要坚持，对于传统家庭文化教育中一些优秀的价值取向我们必须要继承。只有这样，我们才能更好地促进个人的健康成长，更自信地立足于社会，更有效地服务社会。

一、当代家庭文化教育的价值取向

价值取向是哲学的重要范畴，它指的是一定主体基于自己的价值观在面对或处理各种矛盾、冲突、关系时所持的基本立场、态度以及所表现出来的基本观点。价值取向作为一定文化所选择的优势观念形态，为个体所认同并内化为人格结构中的核心部分，对评价事物、唤起态度、指引和调节行为都具有积极的意义。家庭是社会的细胞，家庭文化教育深受社会影响，同时也影响社会。家庭文化教育

---

① ［意］玛利亚·蒙台梭利：《童年的秘密》，马荣根译，13、211 页，北京，人民教育出版社，1990。

价值取向的正确与否，直接影响着整个社会的价值取向。当前的家庭文化教育价值取向，要把落脚点放在如何培养正确的道德观、人生追求、家国观等方面。

(一)学会做人、以德为本的重德主义价值取向

中华民族是注重道德修养的民族，家庭文化教育的内容包括诸多方面，如德智体美劳等。古代人认为在这些教育中，道德教育为首要的根本的教育。中国人的所谓处世，首先是"做人"，故"为人处世"不可分割，"做人"即立身处世。而"做人"的要义在于，人的行为必须合乎"人"应该具有的道德规范，做人就是以道德律己，以道德待人。孔子说："富与贵，是人之所欲也，不以其道得之，不处也，贫与贱，是人之所恶也，不以其道得之，不去也。"陆九渊说，不识一字，也要堂堂正正做一个人。这些都是讲做人贵在有德的道理。这个道理不仅为历代文化精英所再三强调，而且为普通的中国人所认同，好好做人的意识因而深入中国人的血脉。对为人"缺德"的评判，是中国社会生活中甚为严厉的谴责。家庭文化教育的目标首先是教育自己的子女如何做人，也就是如何处事、行事和立身的"为人"之事，成为社会的一员，成为有理想、有道德的人，在此基础上进一步实现其齐家治国平天下的政治理想。只有从小抓起，成人之后方能自然地实行"修身、齐家、治国、平天下"之道。

当前，家庭文化教育中存在的注重智育而轻视德育的不良现象，背离了家庭文化教育的根本。社会上许多事情和现象暴露出的当前家庭文化教育中的诸多严重问题，就是家庭教育重爱轻教、重智育轻德育、重分数轻做人的直接结果。家长应当明白，不仅要关心孩子的学习成绩、身体健康，更要关心孩子的思想品德，将教育孩子如何做人摆在家庭文化教育目标的首位。学校教育不能解决一切道德问题，作为社会天然细胞的家庭，是新生一代成长的摇篮，是儿童教育的第一环境，培养下一代成为社会所需要的人，是家庭文化教育重要的功能之一，而其中德育又至关重要。

(二)尊老爱幼、和家睦邻的仁爱主义价值取向

家庭成员之间的和睦与否关系家庭兴败福祸。重视家庭和睦是家庭文化教育的重要内容。六亲和睦，对于家庭来说是极为重要的。任何一个家庭要想做到和睦，就必须首先做到尊老爱幼。尊老爱幼可简单地归结为孝与慈这两种思想。关于孝，有一系列具体的要求，它是指子女晚辈对父母、长辈的态度和做法。具体而言，孝不仅在于供养，还在于尊敬。《孝经》中说："孝子之事亲也，居则致其敬，养则致其乐，病则致其忧，丧则致其哀，祭则致其严，五者备矣，然后能事亲。"孝养所关注的只是从物质、经济层面奉养，满足其生存需要，这是最基本的、

不可或缺的；孝敬则突出了精神和情感层面的内容，要求子女对待父母应怀有发自内心的真诚的尊敬，强调晚辈对长辈要多加关心和爱护。物质奉养和精神慰藉两者有机结合，凸显精神层面的重要性。在家里能够做到遵循人伦礼仪，尊敬和孝养老人，延展到社会上才能以礼待人。

(三)勤奋节俭、自强不息的人生价值取向

"勤"是指要劳动创造，反对懒惰；"俭"是指要生活俭朴，反对奢侈浪费，是劳动成果享用的节制。我国古人深深懂得，勤、俭两字为"治生之道"，为"发家致富之本"，而懒惰与奢侈则是败家破国的祸首。曾国藩是我国近代著名的教育家和思想家，他强调"勤"字为人生第一要义，教育家人，勤俭持家，勤俭立身。他在给两个儿子的家书中声明断不可积钱买田，自己也不会积银钱、购田地、置财产给他们，而要求他们自强自立，告诫他们除劳字、俭字外，别无立身之法。一个人只有在勤俭的生活中才能磨砺坚强的个人品格，立身自强。《易经》有曰："天行健，君子以自强不息。"天道之运行是刚劲强健、不断向前的，那么有德之人亦当以此为榜样，努力向上、自我奋发、自主自尊、勇于进取、决不懈怠。孟子曰："夫人必自侮，然后人侮之；家必自毁，然后人毁之；国必自伐，然后人伐之。"

(四)家国结合、社稷为重的爱国主义价值取向

顾炎武的"天下兴亡，匹夫有责"，陆游的"位卑未敢忘忧国"，韩愈的"以国家之务为己任"等，都是中华民族家国一体、社稷为重的传统美德。家庭是一种特殊的社会形式，是单独的持续不断的社会形式，是其他任何社会形式所不能取代的，它是社会生活的开始。孟子说："天下之本在国，国之本在家。"李鸿章也说："古之善治其国者，必先齐家，言自家之刑于国也。"张九龄指出："治国之道，实由家治也。""家且未正，焉能正人?"以上名人贤达都是从培养人才和治国的角度来看待家庭文化教育的，不是把孩子的教育仅仅视为私事，而是从小教育孩子要爱国如爱家，要知道没有国就没有家的道理。在国家危亡之时，不是考虑自己的性命，而是义无反顾地为国捐躯，这才是真正的君子。霍去病声明："匈奴未灭，无以家为也。"欧阳修教育自己的侄子："如有差事，尽心向前，不得避事。"岳母为勉励岳飞为国效忠，刺"精忠报国"于其背，成为流传千古的爱国故事。

今天的家庭文化教育同样需要继承这种爱国精神：了解国史，熟知国情，具有强烈的民族自尊心、自信心和深厚的爱国情感，把个体的人生理想和民族的共同理想联系起来，在为祖国发展和民族复兴中做出自己应有的贡献，实现自身的价值。

二、当代家庭文化教育的意义

(一)家庭文化教育对正确价值观的养成具有重要意义

价值观是人心中的道德准绳，在面对多种复杂问题交织的局面时可以帮助人们理清思路、指引人做出选择。正确的价值观包含很多种品质，如诚信、友爱、反思、自律、宽容等。价值观对人的影响具有主观性和持久性等特征，它只存在于人的内心世界，对于事件的评判都靠心中的尺度和力量。不过价值观一旦形成就会对人产生持久的影响，如果没有周围环境（如时间、地点、条件）的巨大变化，价值观一般不会轻易改变。家庭文化教育对人的价值观有引导作用，通过对人的思想引导和行为示范，使道德观念内化为更为稳定和持久的价值观，在实践活动中发挥重要作用。

良好的家庭文化教育能够通过有目的的培养、有计划的传播、潜意识的影响和无意识的模仿等教育方式，使人产生正确的道德认识。人的品性一般奠定于孩童时期，受家庭文化的影响很大。比如，我们小时候父母就会教我们尊敬老人，坐公交车时要主动给老人让座；把自己喜欢的东西让给比自己小的朋友；尊敬师长；学会同情，懂得体味他人的辛苦和感受；等等。在这些点滴的生活指导中，我们明白了很多道理，懂得了如何做一个有道德的人，这是家庭文化带给我们最直观、最生动的伦理课程，对家庭乃至社会都影响深远。

良好的家庭文化教育能引导人们树立正确的理想信仰，确定先进的价值观念，养成高尚的思想品质和良好的道德情操。人的社会化过程是人与社会间的双向互动过程。一方面，社会不断向家庭中的人提出新的要求，对人产生影响；另一方面，人通过社会生活中的一些行为不断影响社会文化的发展变化。如果家庭文化较多地倾向于人对生活目标和人生价值的追求，就会对家庭成员的价值观、人生观和世界观的确立和稳定产生导向作用。以家庭的价值观为核心的家庭文化必然影响和支配着家庭成员的价值取向。对于孩子来说，他们降生于什么样的家庭是无可选择的。这也就是说，家庭是父母建立起来的事物，父母用自身的文化素养和文化特征，为孩子的降生准备好了其生存的文化环境。在家庭中，年长者尤其是父母的价值观念将成为孩子价值取向的主导。当然，随着年龄的增长，孩子价值观念的获得还有其他不同途径，如在同伴间的交往中获得、在自己参与的社会实践中获得等。尽管在孩子成长过程中，家庭的价值观念有的会受到他们的挑战，有的会被他们暂时否定，有的会被永远放弃，但家庭价值观的内核部分往往都深刻地保留在他们的观念中，即使在被视为很叛逆的年轻人身上，仍不难找到其受家庭和父母的思想、观念和行为影响的痕迹。

良好的家庭文化教育能约束家庭成员的不良行为，使家庭成员自觉地遵守家庭美德和社会道德规范。社会性是人的根本属性，所以人是社会实践的主体，而认识是指导实践的基础，人的学习过程本质上讲就是认识—实践—再认识—再实践的循环过程，在建立正确的道德体系之后，才能确保人在社会实践行为中崇尚道德，以高尚的道德为自身的实践标准，做出不违背道德的行为。家庭文化教育的目的，不仅仅是传授道德知识，而且是将建立个体道德自律机制作为一个永恒的目标，因为道德自律能力是解决道德问题的根本性措施，是人们自我控制、自我激励，使用精神力量克服困难和约束自我"知行合一"最重要的手段。真正具备道德自律的人在任何困难的情况下都会以积极、乐观、公正、诚信、善良等美德为信仰，但求无愧于心。优秀的家庭文化教育通过向家庭成员的思想、情绪、习惯等各方面渗透，使正确的国家观念通过家庭文化观念内化为个体观念。在长期无形的熏陶中，家庭成员会渐渐接受和认同这样的行为约束，并内化为自身的品德素养。在优秀家庭文化熏染下成长起来的孩子，在未来的生活中所持有的道德观念和行为方式，都带有更多的正面力量。在家庭中养成的好习惯在社会生活中也同样适用，孩子通过对父母的模仿和对家庭规范的遵守，学习了如何适应社会，并在家庭文化中逐步形成了正确的思想和价值观念，为适应未来社会做了充分准备。

(二)家庭文化教育对积极情绪的养成具有重要意义

情绪，是对一系列主观认知经验的通称，是多种感觉、思想和行为综合产生的心理和生理状态。最普遍、通俗的情绪有喜、怒、哀、惊、恐、爱等，也有一些细腻微妙的情绪如嫉妒、惭愧、羞耻、自豪等。情绪常和心情、性格、脾气、目的等因素互相作用，也受到荷尔蒙和神经递质影响。情绪没有好坏之分，只有积极与消极之别。

良好的家庭文化能为家庭成员提供心灵庇护的港湾，能于无声中教会家庭成员释放情绪。情绪是一种很奇怪的东西，情绪在让我们饱尝生活快乐的同时，也让我们体验到人生的烦恼。情绪也是人类共同的弱点，是家庭文化教育中最大的不安因素。高兴的时候我们对孩子就比较尊重和宽容，愤怒的时候对孩子就可能比较刻薄和冷酷。积极的情绪能让我们做事发挥得淋漓尽致，消极的情绪让糟糕的事情变得更糟糕。比如：

某公司领导早上起床晚了，急忙开车上班闯了红灯，警察过来撕给他一张200

元的罚单，他愈加郁闷，赶到公司后，他把秘书叫过来，问秘书文案写完了没有。秘书说，还差一点点。他非常生气，顺手拿起办公桌上的一本书扔了过去："你还想不想干了？"秘书憋气，又不敢发作，下班回到家中看到儿子在看电视，气就不打一处来，"作业做完了吗，你就看电视！看电视能考100分？还不赶紧做作业去！"孩子本来想等妈妈回来，把今天的100分成绩单给妈妈看，结果被浇一盆冷水，气冲冲回到自己房间，看见往日心爱的猫懒洋洋地躺在自己的床上，一脚就把猫踢飞到楼下……这就是情绪的恶性传播。若这种情绪慢慢形成习惯，慢慢弥漫，就会影响家庭，继而影响社会。

这位公司领导怎么也没有想到自己的情绪会传染给这么多人，会带给这么多人伤害。家庭成员对"家"的归属感是非常强烈的，这有利于家庭成员中受教育者和教育者的关系融洽。人在家庭中可以以最放松的姿态来生活，可以卸掉包袱和伪装以最真实的面貌与家人相处，家庭成员间可以谈谈工作的辛苦和不顺，相互慰藉受伤受累的心灵，调解生活中的各种焦虑感，缓解各自的压力，共同分享喜悦与幸福，以此来增强心理承受能力，养成积极向上、宽容待人的个性，培养良好的合作意识和健康的心理素质。许多家庭由于忽视了对家庭内部这种情感氛围的构建，导致家庭成员间缺乏思想情感的交流与沟通，或者彼此间存在许多不合理的期待和要求，因而家庭人际关系常处于对立和摩擦状态。这样的家庭，对其成员所造成的压力容易使人患上心理和精神方面的疾患。和谐的家庭文化能帮助家庭成员形成优良的品质。情感和谐交融的家庭文化生活，以其固有的娱乐性和欢愉性，丰富了人的情感生活和精神生活，使人在紧张的工作和学习之余，体验到激励、阳光的情绪，感受到身心愉悦、情绪高涨、精力充沛。而且，家庭文化能通过创造出一致性的家庭精神，消除或减少家庭成员心理和情绪上的冲突，使家庭成员关系和谐、融洽，培养家庭成员优秀的个人品质，维持健康的心理状态，同时还可以帮助家庭成员培养审美情趣，缓解压力和抑郁，以求得心理平衡。

良好的家庭文化教育能为家庭成员的情绪释放提供正确的途径，将不良的情绪以最快的速度发泄出去。我们每一个人每一天都可能存在着不良情绪。不良情绪是指一个人对客观刺激进行反应之后所产生的过度体验。焦虑、紧张、愤怒、沮丧、悲伤、痛苦、难过、不快、忧郁等情绪均属于不良情绪。不良情绪会影响我们的工作与生活，严重时还会影响我们的心理健康。近年来频现的青少年暴力、仇师杀亲等恶性事件，引起社会各界高度关注。值得人们反思的是：那些用暴力方式解决社会问题的非法行为，大都和这些孩子所生活的家庭环境及家庭教育有着极为重要的关系，其根本的原因在于他们堆积的不良情绪，最终以一种极端的方式发泄出来。不良情绪需要及时释放。

(三)家庭文化教育在维护家庭和社会稳定方面具有重要意义

家庭文化对家庭的维护功能，主要体现在家庭文化对个人的社会责任感的培养及对个人欲望的调节作用上。

和谐的家庭文化一旦形成，自然会树立起以爱和责任感为核心的家庭文化精神内核，它不仅教育家庭成员爱自己身边的人和承担家庭责任，也会无形中强调为保证良好的社会环境而关爱他人和承担社会责任。强调家庭的和谐需要和谐的社会环境作为依靠，进而从家庭的和谐出发，向社会这个大家庭延伸，来推动社会文化的发展和实现社会稳定。家庭是社会的细胞，做好家庭文化教育工作不仅仅关系到个人品德修养的提升，更关系到社会主义精神文明建设的成败，是我们必须常抓不懈的任务之一。假如家庭成员能遵守家庭规范，扮演好自己的角色，能够做到夫妻和顺、亲慈子孝，那就能为家庭成员在社会生活中持有高尚的品格和行为方式奠定基础，为家庭成员凡事以德为先、遵规守法提供保证，为家庭成员参加社会建设与发展免除后顾之忧。

家庭文化对每个家庭成员的熏陶深入持久。正确的家庭文化有助于家庭成员养成良好的公民意识和品行习惯，形成有利于人身心健康成长的积极的价值观，从而凝聚家庭的力量，使家庭成员在社会生活实践方面产生自律能力；正确的家庭文化帮助家庭成员形成先进的思想和文明举止，进而约束其实践行为，使其正确认识和处理个人与社会、他人、自然的关系，促进社会文明、促进人与自然和谐发展。家庭文化氛围中的平等、民主、和谐观念能较好地维护基本的家庭秩序，保证家庭成员的团结，促进家庭文化不断向健康的方向发展。小家庭的稳定必定能带动社会大家庭的稳定，家庭中夫妻关系平等、长幼有序体现了一系列关于社会主义家庭制度的科学与完善，为社会的和谐发展奠定基础并提供保障。

本章小结

本章从家庭谈起，探讨了家庭、家庭教育、文化以及家庭文化和家庭文化教育等概念。在系统探讨中国传统家庭文化教育的发展过程时，我们从原始社会氏族内部的大"家庭"文化教育谈起，认为先秦时期是中国家庭文化教育的形成与初步发展时期，秦汉时期是成型与发展期，两晋隋唐时期是成熟期，宋元明清时期是繁荣与鼎盛时期，1840—1980 年是转折与变革时期，1980 年至今是家庭文化教育的多元化时期。通过对这几个时期中国家庭文化教育的回顾，我们揭示了中国传统家庭文化教育在修身、齐家、治国、平天下等方面所发挥的积极作用。通过对西方奴隶社会、封建社会、近代社会和当代社会家庭文化教育的回顾，我们探讨了古希腊和古罗马时期的"儿童公育"、中世纪的"儿童是有罪的"、文艺复兴时期的"发现"儿童、近代的"尊重儿童"以及现代的"儿童中心"论等西方家庭文化教育。回顾历史总是会给今天的我们在面对相似的场景时带来深刻的启示。在中外几千年的历史长河中，家庭及家庭文化教育的变迁是对那个时代发展的最好注释，因为每个时代的发展总是可以在那个时代的家庭中找到印记的，而教育作为家庭的功能之一总是伴随着家庭的变迁而变化的。对中外家庭文化教育的历史变迁进行梳理，不仅可以帮助我们更加清晰地理解社会变迁、家庭变迁、家庭文化教育之间的关系，而且有助于我们结合时代的变迁来理解家庭文化教育发展的历史必然性与规律性，从而为我们理解当代家庭文化教育的变迁提供有益的参考与借鉴。最后，我们还讨论了家庭文化教育的价值取向和意义。东、西方家庭文化教育有着共同的价值取向：学会做人，以德为本；尊老爱幼，和家睦邻；勤奋节俭，自强不息；家国结合，社稷为重。无论是古代还是现代的家庭文化教育，对于家庭成员正确价值观的养成、积极情绪的养成以及维护家庭和社会稳定等方面都具有重要意义。

文献链接

《中国家庭教育史》（马镛，湖南教育出版社，1997 年），是第一部较系统地总结中国家教发展历史的著作。该书将中国历代的家庭教育归结为帝王家教、名门世家家教、女子家教、胎教等各阶层、各类家教，确定了一个反映时代和民族特点家教史的基本框架，系统阐述了各个历史时期不同政治经济文化条件下家教的具体发展，从宏观上勾画了中国家教发展的历史轨迹，又通过许多个案分析，从微观上深入总结典型家教的实践与思想，尤其注重对在家教史上有重要影响的人物的家教思想的探讨，从而理清了我国家教思想的发展线索和精华所在，为现代家庭文化教育提供了可贵的历史借鉴。

《中国古代家庭教育》（毕诚，商务印书馆，1997 年），按照历史时间顺序，用通俗浅显的文字和一系列脍炙人口的故事，对不同历史时期、不同阶级和阶层的家庭及家教特点等做了简明的介绍。在中国古代社会里，家庭教育不仅有历史的时代性，而且有鲜明的阶级性，因此当我们阅读这本小书时，对家教的历史遗产要注意剔除其封建糟粕，并有批判的精神和阶级分析的立场。只有这样，我们才能吸取其精华。

《外国幼儿教育史》(杨汉麟、周采，广西教育出版社，1993年)，是外国幼儿教育史课程的教材，通过对各个历史时期较为典型的、有代表性的国家(或地区)的幼儿教育实践、教育制度及影响较大的幼儿教育理论进行阐述，从而使学生了解外国幼儿教育发展的历史过程及历史规律，开阔眼界，汲取有益的经验，提高理论素养，古为今用，洋为中用，鉴往知来，为更好地发展我国的社会主义幼儿教育事业服务。在内容上，该书借鉴了新的史学理论与方法，充分利用各种中外文献，汲取有关研究成果的精华，力求反映外国幼儿教育发展历史的全貌，尤其侧重对历代(特别是近现代)幼教理论的探讨与总结。该书图文并茂，选用了大量插图(共400余幅)，与文字互为补充、相得益彰。

《中国家训史》(徐少锦、陈延斌，陕西人民出版社，2003年)，并不是一般地阐述和摘录有关中国古代家庭教育的思想，而是从家训教化实践的视角，遴选了从先秦到清末几千年中二百多位典型人物，将他们训育女子的理论基础、主要内容、基本原则、具体方法等，进行分类归纳，理出其历史演进线索，揭示其间的内在联系与发展规律。该书对中国传统家训从萌芽、产生、成型、成熟、繁荣以及由盛至衰过程的清晰勾画，对每个时期家训的特点和重点的提炼论证，对家训中的许多重要概念的历史考察，对家训发展规律的探索，以及认为整个传统家训贯穿着以道德训诫为中心的主线，其根本宗旨是塑造高尚的人格，使子弟成为国之用材，等等，都是符合实际的。该书对于传统家训缺陷的分析批判，符合历史唯物主义的基本原理，符合批判继承的原则。

孙奇逢等：《孝友堂家规·孝友堂家训·蒋氏家训》，商务印书馆，1939年。

张英：《恒产琐言》，商务印书馆，1939年。

颜之推：《颜氏家训》，中华书局，2007年。

[英]约翰·洛克：《教育漫话》，教育科学出版社，1979年。

思考与练习

1. 文化、教育、家庭文化教育的概念是什么？

2. 中国古代修身教育的主要内容是什么？

3. 简要论述家庭文化教育的价值取向。

实践与拓展

阅读下文，分组讨论，谈谈从短文中我们学到了哪些家庭文化教育的知识。

上智不教而成，下愚虽教无益，中庸之人，不教不知也。古者圣王，有胎教之法，怀子三月，出居别宫，目不邪视，耳不妄听，音声滋味，以礼节之。书之玉版，藏诸金匮。子生咳提，师保固明孝仁礼义，导习之矣。凡庶纵不能尔，当及婴稚识人颜色，知人喜怒，便加教诲，使为则为，使止则止。比及数岁，可省笞罚。父母威严而有慈，则子女畏慎而生孝矣。

吾见世间无教而有爱，每不能然，饮食运为，恣其所欲，宜诫翻奖，应呵反笑，至有识知，谓法当尔。骄慢已习，方复制之，捶挞至死而无威，忿怒日隆而增怨，逮于成长，终为败德。孔子云："少成若天性，习惯如自然"是也。俗谚曰："教妇初来，教儿婴孩。"诚哉斯语！

凡人不能教子女者，亦非欲陷其罪恶；但重于呵怒伤其颜色，不忍楚挞惨其肌肤耳。当以疾病为谕，安得不用汤药针艾救之哉？又宜思勤督训者，可愿苛虐于骨肉乎？诚不得已也。

王大司马母魏夫人，性甚严正；王在湓城时，为三千人将，年逾四十，少不如意，犹捶挞之，故能成其勋业。梁元帝时，有一学士，聪敏有才，为父所宠，失于教义：一言之是，遍于行路，终年誉之；一行之非，掩藏文饰，冀其自改。年登婚宦，暴慢日滋，竟以言语不择，为周逖抽肠衅鼓云。

父子之严，不可以狎；骨肉之爱，不可以简。简则慈孝不接，狎则怠慢生焉。由命士以上，父子异宫，此不狎之道也；抑搔痒痛，悬衾箧枕，此不简之教也。或问曰："陈亢喜闻君子之远其子，何谓也？"对曰："有是也。盖君子之不亲教其子也。《诗》有讽刺之辞，《礼》有嫌疑之诫，《书》有悖乱之事，《春秋》有邪僻之讥，《易》有备物之象：皆非父子之可通言，故不亲授耳。"

人之爱子，罕亦能均；自古及今，此弊多矣。贤俊者自可赏爱，顽鲁者亦当矜怜。有偏宠者，虽欲以厚之，更所以祸之。共叔之死，母实为之。赵王之戮，父实使之。刘表之倾宗覆族，袁绍之地裂兵亡，可为灵龟明鉴也。

齐朝有一士大夫，尝谓吾曰："我有一儿，年已十七，颇晓书疏，教其鲜卑语及弹琵琶，稍欲通解，以此伏事公卿，无不宠爱，亦要事也。"吾时俯而不答。异哉，此人之教子也！若由此业，自致卿相，亦不愿汝曹为之。

——《颜氏家训·教子》

第二章　家庭文化教育的主要内容

[本章导读]

钱氏家族是江南的名门望族，人才辈出：自然科学有钱三强、钱伟长、钱学森，被称为"三钱"；文史哲方面有钱玄同、钱基博、钱穆、钱锺书。据考证，他们都是吴越国国王钱镠的后裔。

此外，中国历史上还有很多著名家族，比如两代三人写《汉书》之班固家族、书圣之家王羲之家族、出过59个宰相之河东裴氏家族、家训万年传之颜真卿世家、进士世家翁承赞家族、以经世致用为家训之唐代杜佑家族、文坛佳话数苏家之苏氏家族、悬壶济世数李家之李时珍家族、商界豪门之山西王氏家族、耕读世家之牟氏家族、"清代中兴"做砥柱之曾氏家族、晚清大家族李鸿章家族、状元实业家张謇家族、见证中国沧桑巨变之宋氏家族、"莫问收获，但问耕耘"之梁启超家族等。当然，这些家族的兴盛原因很多，然而其独特的家庭文化教育内容是我们进行家庭文化教育的宝贵财富。那么家庭文化教育有哪些主要内容？这些方面的内容分别对儿童的教育和成长产生什么样的影响和作用？本章将就这些问题进行探讨。

第一节　安全与成长教育

一、安全教育

案例1：黎明即起，洒扫庭除，要内外整洁。既昏便息，关锁门户，必亲自检点。——朱柏庐《朱子家训》

案例2：2017年5月21日，6名十三四岁的少年吃过饭后，来到一废弃的鱼塘里洗澡，其中4名少年不慎掉入鱼塘中央的深坑溺亡。

案例3：2016年春天，正为就业焦头烂额的小袁突然接到一个同学的电话，"我在武汉找到了一份工作，待遇福利都还不错，现在还招人，你过来看看吧。"小袁有些心动，但想到武汉人生地不熟，就没有立刻答应，说要先考虑考虑。第二天，同学又打来电话，"机会难得，你还是来吧，即使不喜欢这份工作，也可以当是旅游散散心啊。"盛情难却，小袁于是带上简历，前往武汉。到了同学的住处，小袁被带到了一个大房间，说是内部培训，因为"培训要保密"，小袁的手机、身份证都被拿走了。接下来的几天，都有"专家"在台上讲解如何"做新时代的直销，三年变成千万富翁"，前提是交3800元获得公司会员资格，然后就有权利介绍家人朋友加入，"有钱大家一起赚"。连续多日洗脑后，涉世未深的小袁晕晕乎乎，交了3800元钱，还马上联系家人，称"有一个很好的赚钱机会"。直到湖南省工商部门接到小袁家人举报，派人前往武汉将她解救出来，并连续花了两三小时，结合大量传销案例，向她讲解传销的骗人本质和危害，她才幡然醒悟。

这三个案例虽然时代跨度大，所讲内容不一样，但它们反映的问题都一样：家庭安全教育问题。《朱子家训》中提出晚上睡觉前要关门落锁，这实际上是教育子孙要注意安全。儿童防溺水教育是这几年夏季教育的重点工作，但儿童溺亡的事件一再发生，迫使我们不得不考虑宣传教育的重点与方向。而作为知识分子代表的大学生，或被骗入传销组织，或被拐卖，使我们不得不思考我们的安全教育到底出现了什么问题。

(一)家庭安全教育的概念

人从出生就开始接受安全教育，安全是人们正常生活的最基本要求。家庭是人们的第一所学校，是社会的细胞。因此，家庭安全教育尤为重要。家庭安全教育不仅是家庭成员安全、健康成长和发展的重要保障，也是建设平安社会的重要基点。

在阐述家庭安全教育这个概念之前，我们必须要了解何为安全，何为安全教育。安全，是人类趋利避害的一种本能欲望，是没有受到威胁，没有危险、危害、损失的一种状态。中国人一向以安心、安身为基本人生观，并以居安思危的态度促其实现，因而把安全作为家庭文化教育的一个重要环节和重点内容。安全教育有广义和狭义之分。安全教育的广义概念是为了促使人的行为规范化所做的施教性的工作，涉及每一个社会成员，涉及人类活动的各个领域，其目的是使社会成员懂得善其身、善其类、善其物质和资源、善其环境空间，最终方能善其延续。由此可见，安全教育是一门必修课，每个人都应接受安全教育。狭义的安全教育是针对某一个领域而言的教育，比如校园安全教育、交通安全教育、用火安全教育、国防安全教育等。

根据安全与安全教育的概念，我们认为家庭安全教育的含义应该是在家庭生活中，家长通过情感传递、器物摆放、制度约束等行为活动，对子女传授与人生安全有关的思想、知识、技能的家庭活动。这种教育活动以亲情的传递为基础，贯穿于孩子的整个成长过程。

（二）家庭安全教育的内容

中华几千年古老文化，始终贯穿着安全这一主题。古代人无论做什么事情，首先关心的就是做这件事情有无风险，不是四平八稳的事情，人们是不情愿做的。比如出门、迎娶、破土动工等要选择良辰吉日，修房造屋要看风水，等等，尽管这里存在着迷信思想，但也折射出了古代人重视安全的一面。在这种思想作用下，古代思想家尽管没有直接提出安全教育这个概念，但都提到了安全教育的重要性。孟子认为"知命者不立乎岩墙之下"，即知道天命的人不会立在摇摇欲坠的建筑物下。东汉政治家荀悦在论述军事政治关系时曾说："进忠有三术：一曰防；二曰救；三曰戒。先其未然谓之防，发而止之谓之救，行而责之谓之戒。防为上，救次之，戒为下。"这其实也是家庭安全教育中的一个很好的范例。他认为在事情没有发生之前未雨绸缪是预防，在事情的征兆刚刚出现时就及时采取措施制止是补救，在事情发生后进行责罚是惩戒。预防为上策，补救次之，惩戒为下策。清代的朱柏庐在《朱子家训》中写道："宜未雨而绸缪，毋临渴而掘井"，从另一个层面提出了家庭安全教育的重要性。作为父母，我们除了可以把家庭环境布置得温馨些之外（器物文化），还应在精神文化上下功夫，即在家庭文化教育中，学习相关的安全教育知识，做好儿童的安全教育工作。在家庭文化教育中做好安全教育可以从以下几个方面入手。

第一，防摔伤、刺伤和烫伤教育。

尽管古代的家庭安全教育中没有细致地描述如何防止摔伤、刺伤和烫伤，但恰如前面提到的，古代在家庭安全教育方面追求的是四平八稳，不做没有把握的事。为了将这种安全理念深深印在孩子的心中，古人甚至将其上升到了孝的高度。比如《大戴礼记》中就有"孝子不登高，不履危，痹亦弗凭"这样的记载，认为孝子是不会干攀高爬低、危险而不靠谱的事情的，因为做这些事都是不孝的表现。但随着居住环境和家庭成员结构的变化，这些细节性的问题越来越明显。防摔伤、刺伤和烫伤这些安全内容主要针对的是婴幼儿和年龄较小的儿童。这个年龄段的孩子好奇心强，会通过望、闻、触摸等一切方式去探索和感知世界。由于年龄小，缺乏辨别能力，理解力差，自我控制力又弱，因而摔伤、刺伤和烫伤的情况经常发生。因此，父母应积极主动应对，利用家庭这个孩子熟悉的环境，及时开展安全教育。通过最贴近孩子生活的事例，向孩子传递安全知识，告诉孩子哪些是安全的，哪些是不安全的，告诉孩子如何做才能保护自己等，让家庭成为孩子接受安全教育的第一所学校。

第二，防溺水、防交通事故教育。

在古代，防溺水、防交通事故并没有被单列出来进行教育，其主要原因一是如上面所说的，在家庭教育中古人将安全教育上升到了孝的高度，玩水、在马路上走也都属于"危险"的范畴；二是在古代，由于大自然没有被过度破坏，尤其是许多河道、水塘在很长时期内都保持着原生态的面貌，玩水者对其环境是熟悉的，因而不会发生危险。至于交通事故，由于当时的交通工具落后，这类事故少之又少。但在今天，自然环境被破坏，尤其是天然河道被破坏、人工水塘增大，机动车到处都是，这些已经严重影响到了儿童的生命安全。因此，防溺水、防交通事故教育不得不被提上今天家庭安全教育的重要议程。

游泳是孩子们十分喜爱的运动和消夏避暑方式，但也是一项具有危险性的运动，每年因游泳而引发的溺水事故时有发生。这些事故大多发生在校外，发生在脱离家长监护和学校老师管理的时段，因而父母需要教会孩子防溺水的方法。首先，父母要告诉孩子嬉水的危险性，要求孩子远离深水区，更要远离那些不知水下状况的水塘、水库和河流。其次，父母要教会孩子游泳技巧，掌握游泳技巧是防止溺水的最好方法。再次，父母要告诉孩子游泳时量力而为，结伴而行，在下水前要热身，不到深水区，在水中如果遇到危险要大声呼救等。

交通事故时刻威胁着人们的生命安全，每年涉及少年儿童的交通事故也是屡屡发生。据统计，我国每年因交通事故造成中小学生及学前儿童伤亡人数超过万人。在防交通事故方面，父母应教育孩子自觉遵守交通规则，如过马路要左右看，走人行横道；路上靠右行走，不翻越隔离栏杆；严禁在路上追逐打闹等。

第三，防地震、火灾等灾害教育。

在古代，由于科学技术的落后，人们迷信地把自然灾害和上天的惩罚联系在一起，因而在地震、洪水等自然灾害的预防与逃生方面没有多少知识可以传授给孩子。但在具有可预防性的火灾方面时有教育，甚至成了更夫值更时必须说的"天干物燥，小心火烛"。今天，随着科技的发展，许多自然灾害我们已经能够从科学层面进行解释，但同时，由于自然环境被破坏，各种自然灾害频发，因而防地震、洪水等自然灾害教育以及预防火灾的教育显得格外重要。

地震是一种自然现象，目前我们还没有办法防止地震，但我们可以积极地应对这种自然灾害。这就需要父母告诉孩子如何去做。我们不可能通过真实的地震来对孩子进行现场教育，但我们可以通过发达的多媒体技术，通过惨烈的地震画面对孩子进行教育。我们还要适当地从理论高度对地震产生的原因进行阐释，引导孩子思考在地震来临时该如何逃生、自救。

火灾是一种可以预防的灾害。这种预防需要父母对孩子进行细致的教育。父母要告诉孩子远离火种、不玩火，不在床上使用明火，不乱拉电线等；如果遇到了火灾，懂得如何自救，比如在商场要留意安全逃生通道、不乘电梯、弯腰快速逃离现场等。父母应帮助孩子树立生命第一财产第二的理念。

洪水、泥石流也是近年来我们常遇到的自然灾害。面对这样的灾害，我们要让孩子知道观察地形，寻找高地逃生，知道利用可以漂浮的物体做救生工具等。

第四，防走失、防拐骗教育。

关于古代人如何进行防走失、防拐骗教育，由于所涉史料有限，我们并未能找出具体例证，但古代是存在拐骗现象的。如《史记》中的《季布栾布列传》："栾布者，梁人也。始梁王彭越为家人时，尝与布游。穷困，赁佣于齐，为酒人保。数岁，彭越去，之巨野中为盗，而布为人所略卖，为奴于燕。"这条史料说明早在秦汉时期就有了拐骗人口的事件。

随着中国经济的快速发展，尤其是城市规模的日趋扩大，道路越来越多，许多道路看起来都差不多，这给我们造成了一些不小的麻烦，尤其是孩子走失时，无法准确地找到家。同时，随着社会经济的快速发展，一些游手好闲、好吃懒做的人为了实现"发财"梦，走上拐卖儿童和妇女的道路。这些都为我们在家庭中开展防走失、防拐骗教育敲响了警钟。

在防走失、防拐骗教育中，父母除了要有责任心外，还要告诉孩子一些基本的常识：记住父母的电话，记住自己居住的街道、村庄名称；在街市、商场如果和父母走失，不要慌张、乱跑、哭喊，要待在原地等父母回来找你，不要向陌生人求救，也不要跟陌生人走，如需求救向穿警服的叔叔阿姨求救等；不接受陌生人给予的任何物品，不去陌生人家做客，养成随手关门、不给陌生人开门的习惯等。

总之，父母应在日常生活中多提醒、多教育，努力营造家庭器物文化、制度文化与精神文化，以文化人，让孩子在良好的家庭文化氛围中自然而然地习得保护自己的方法。

(三)家庭安全教育的方法

"你再碰那个电线，看我揍不揍你"……父母是孩子的第一任老师，在安全教育方面依然如此。但这种释放消极情绪的教育方法对于孩子尤其是那些正处在成长阶段、精力充沛、对一切充满好奇的孩子而言，往往事倍功半。那么在日常的家庭生活中父母该如何对孩子进行安全教育呢？

第一，安全情感的营造是安全教育的前提。情感是家庭成员之间或家庭成员对家庭事物的心理体验和心理反应，如夫妻之间、母子之间、父子之间、兄弟姐妹之间的感情等。家庭情感促成家庭成员间爱的责任，即爱自己、爱家人、爱家庭财产等，帮助家庭成员实现安全思想意识一致、安全理想信念相投及安全行为习惯相近。只有家庭成员之间感情融洽，才能使生活在其中的孩子有安全感，也才能使孩子愿意接受父母及家人的安全教育，他们才会真的懂得安全的重要性。在夫妻关系紧张、家庭成员之间矛盾不断的家庭里，孩子往往很难找到安全感，甚至会为了引起家长的注意故意做一些危险的事情。

许多父母愿意花很多的时间与精力照顾孩子的生活起居，却很少会花时间来关心孩子的心理安全问题。随着孩子的自我意识的发展，儿童自主欲求逐渐提高，由忽视孩子情感教育引发的悲剧性结果就会显现出来。2018年1月30日，《成都商报》刊发了一篇名为《北大留美硕士万字长文控诉父母"控制与伤害"》的文章引发了网友们关于家庭教育的大讨论。文章讲述了一位儿子痛斥父母从小到大"过度关爱""肆意操控"，导致自己在工作和生活上遭遇一系列问题。毫无疑问，文章中的父母是关爱自己的孩子的，他们为孩子的安全费了很多心思，但家庭安全情感来源于家庭成员之间的心与心的交融、关爱、感恩，显然，案例当中的家庭缺乏这一元素。

第二，安全制度建设是家庭安全教育的保证。安全制度是"指家庭成员的最基本安全行为规范，包括国家有关安全法律、法规、制度等在家庭中的落实和积淀、正式的家庭安全公约、基本准则和承诺，以及为维护家庭成员正常、安全生活，协调家庭与外部关系而形成的口头安全约定等内容"[①]。制度建设的功能在于规范和约束行为，家庭内部行为主体往往存在人性弱点、行为能力差异并且行为环境不断变化，而制度的规范和约束功能往往能消解人性弱点、增强行为能力和克服客观环境不利因素。家庭安全制度主要的约束对象是孩子，这一群体好动、好奇心强，如果没有明确的"能做什么"或"不能做什么"的要求，他们往往会在好奇心的驱使下做出一些危及身体和生命安全的事。安全制度建设的前提是孩子能够理解何为安全、何为危险，并在生活实践中不断提升自己的克制力，从而控制自己。比如，他们虽然知道不能玩火，但好奇心又促使他们去尝试；再如，他们虽然知道夜不归宿是不对的，但又抵制不住朋友的"盛情"等。面对这种情况，家长要通

---

① 王秉、吴超：《家庭安全文化的建构研究》，载《中国安全科学学报》，2016(1)。

过实际的例子，告诉孩子这样做的危害是什么，如果他们这样做了会有什么后果，让孩子先从思想上提高认识，然后在父母的家教下不断提高自我克制力。

第三，安全器物建设是安全教育的工具。按照家庭文化的内涵，我们可以将家庭文化分为制度层、器物层和理念层。其中的器物层实际上就是我们看到的物化的东西，如房屋建设、家具置放、水电布置等。器物建设体现了一个家庭内部隐含的安全意识，是家庭内部安全理念的外显。一个有安全理念的家庭中的器物安放往往传递给孩子秩序性、条理性与安全性，使孩子从小就潜移默化地懂得如何有序地处理事务以避免危及自身安全的事情发生。安全器物建设对孩子的安全教育主要体现在婴幼儿时期，因为这个时期的孩子尚不懂得何为危险，还不能自主地管理自己，不能有效地规避危险。比如，暖水瓶要放在何处，电源插板应该如何安装，家具应该选择什么样的，等等，这些都要充分考虑到孩子。此外，当前的家装环保问题也要引起重视。由于现在的家装市场鱼目混珠，一些劣质材料充斥其中，这些产品中的有害物质严重超标，将会危及孩子的身体健康甚至生命安全。因此，家庭装修时要注意选材，注重朴实环保，避免为了好看、奢华，在家中添加许多装饰材料，造成家庭环境污染，危及家庭成员和孩子的健康。

第四，安全行为建设是安全教育的实践。不论是安全情感的建设、安全制度的建设还是安全器物的建设，我们的出发点都是使孩子在日常的学习、工作、生活中远离危险，确保安全，都是要将这些安全理念知识落实到实际行动中去。这就需要我们加强安全行为建设。安全行为是家庭中父母（家长）与孩子，在日常的生活与学习中用实际行动来体现和实践安全教育的行为。安全行为强调"人"在家庭生活中的地位，父母（家长）和孩子是安全行为的主体。父母是孩子心中的榜样，是孩子的第一任老师，父母对待安全问题的态度和面对生活的心态等，都深深地影响着孩子。因此，安全行为建设是家长培养孩子安全意识的最好实践方式。

总之，父母是孩子的榜样，父母的一言一行都是孩子学习的范式。在家庭安全教育中，父母要从长远着眼，从小事做起，以榜样示范的作用引导孩子远离危险，建立起安全保护网，为孩子未来的发展铺设一条安全之路。

二、成长教育

(一)家庭成长教育的概念

"人"字只有两笔，一撇一捺，但在古人眼里，"人"并不好写，因为这个字代表了一个人的一生。不同的人会写出不同的"人"字，这并不是说人生而不平等，而是人出生后所受成长教育不同而导致的。江苏省特级教师李建成说，教育的根本宗旨是让每个人的天性和与生俱来的能力得到更好发展。成长教育不仅仅是以文化知识教育为目的的，而且是以人的智慧、身心、情感和道德等方面更好成长为核心的。成长教育是基于生命的成长需要而提出的、满足每个生命更好发展的教育。在实施成长教育时，我们要从人的生命成长需要出发，挖掘人的生命成长潜能，按照人的生命成长方式，让人走向生命成长可能，实现其生命成长价值。在学校教育实践中，成长教育不能仅以"教材"为内容进行教学，而应"让学生参与学科课程建构"——按照学生的身心特点和认知方式，让他们对学习内容进行重构，并将其个体经验和教学过程中共同生成的群体经验融入课程，促进自己和课程一起成长。

在注重学校成长教育的同时，我们要认识到家庭教育中的成长教育对孩子的成长发展具有与学校成长教育一样重要的意义。

家庭成长教育应关注孩子在生理、心理、社会三方面的成长，其内容应该包括身体健康教育、心理教育和社会认知教育。身体健康教育包括提高孩子营养水平、增加孩子的运动时间、增强孩子身体素质等知识与方法的教育。心理教育是指对人的内心世界的活动，如智力、情绪、意志和性格方面的活动（也可称精神活动）等方面的指导与教育。社会认知教育主要是指对他人表情的认知、对他人性格的认知、对人与人关系的认知、对人的行为原因的认知等教育。据此，家庭成长教育应该是按照孩子的心理特点和认知方式，通过父母的积极引导，使孩子将所学的知识与社会实际相结合，促进孩子健康发展并适应社会的发展需要。

（二）家庭成长教育的内容与方法

有关孩子成长的身体教育方面的内容我们将在本章第二节健康与劳动教育中探讨，本节我们将重点探讨有关孩子的心理健康与社会认知方面的内容。

第一，良好的家庭成长教育应该关注孩子的心理健康。

家庭是孩子人生中的第一所学校，家长是孩子最重要的启蒙老师。父母与孩子朝夕相处，接触的时间和机会最多，父母的言行无时无刻不影响着孩子。因此，健康和谐的家庭氛围为孩子成长发展奠定了基础，也对孩子心理的健康发展有着重要影响。

一个健康的家庭，家庭成员之间应互相尊重爱护、以礼相待，为人处世通情达理，家庭气氛安定和睦。家庭内部亲子关系是融洽的：父母和孩子一起游戏，一起学习，发展共同的兴趣，共享经验和成果。家庭教育方式是民主的：父母把孩子当作平等的人，尊重孩子的爱好，给他一定的自主权利，对孩子的教育诱导多于训斥等。在这样的家庭氛围中成长的孩子，易于养成自信、自尊、积极、开朗的性格和较强的创造意识；易于养成宽容、合作、富有团队意识和协作精神的人际交往品格；易于养成诚实守信、文明礼貌、有理想、有纪律等品质以及爱家爱国的情怀。

那么，父母应该如何培养具有心理健康特质的孩子呢？

首先，用正确的人生观引导孩子尊重生命。教育孩子尊重生命，不仅仅是尊重自己的生命，而且是尊重一切生命。对一切生命的尊重是从认识到生命的价值以及尊重自己的生命开始的。要想防止心灵的疾病，必须有一个健康的人生观。父母在日常的家庭教育中就应该注意不要过分关心孩子，让孩子养成独立自主、与人合作的人格；不用恐吓的教育方式，以培养孩子冷静、沉着的性格；不"贿赂"孩子，让孩子养成权利与义务对等的观念。同时还要告诉孩子，人非圣贤，谁都有犯错误的时候，但面对错误，我们应该敢于承担，勇于改正，而不是文过饰非在错误的道路上越走越远。

其次，用正确的价值观培养孩子的竞争力。父母都期望孩子健康成长，将来成人成才，每个孩子都有自己的人生理想、价值追求，每个孩子在成长的道路上都会与周边人形成竞争，有竞争就会有成功和失败，就会有排名次序。如何去竞争，如何看待竞争的结果，等等，对于这些内容，父母需要培养孩子正确的竞争观念。父母要帮助孩子树立人生理想、实现价值追求，就要培养孩子的家庭责任感，让孩子学会孝敬长辈、感恩父母；要培养孩子的社会责任感，让孩子学会回馈社会、报答祖国；要培养孩子的自尊心、自信心、责任心，以及主动进取精神；要教育孩子在成长的道路上，竞争客观存在，不可避免，要在竞争中学会相互欣赏、相互学习，取长补短，完善自己；要光明正大、尊重对手、遵守规则、凭自身实力全力以赴去竞争；要重视过程，要相对看轻结果，要勇于并乐于接受每一次竞争的结果，胜不骄败不馁。

最后，在民主、和谐的家庭环境中培养孩子的宽容心。将整个家庭成员联系到一起的纽带，除了亲情之外还有情感认同、对家庭的认同。只有当强有力的家庭纽带不仅向内看而且向外看时，它才可能成为加强社会凝聚力的一种重要资源。家庭关系是更广意义上的社会生活结构的组成部分。因此，培养一个心理健康的孩子，必须要有一个民主的家庭环境。在这样的家庭环境中，父母有威严而不压制孩子，孩子有诉求而不悖逆父母，全家人有事一起商量。民主和谐的家庭环境容易培养孩子宽容的品格。人生道路曲折复杂，哪能事事尽如人意，宽容是人生道路的一剂良药。在家庭中，家庭成员互相宽容、彼此包容，对自己也学会宽容，承认自己的不完美；在社会上，承认社会的不完美，对社会、对他人具有包容心，这对一个孩子后期的成长教育至关重要。儿童在成长中，能以一颗积极进取而又宽容的心，不断进步，不断接纳社会和他人，不断适应社会和周围环境，从而心平气和地努力实现自己的人生理想。

第二，良好的家庭成长教育应关注孩子的社会认知能力。

社会认知能力是指人对外界事物的认知能力，是通过个人的感悟能力、想象能力、逻辑思维能力等方面的综合能力，对社会中的人及其关系的认识，即对他人、社会群体、社会规范等的理解和推断。社会认知能力是成长教育中不可缺少的部分，是孩子健康发展的关键。一个人不是生来就能理解他人、理解社会的。在入学以前，由于在家庭中和社会的直接接触很少，因此，他们对他人关系和社会的认识几乎为零。在进入学校以后，情况发生了很大的改变，以班级为单位的集体生活给他们提供了接触群体、了解他人的机会。因此，从上学起，个人才开始真正意义上地了解社会。但我们不能说在家庭成长教育中可以忽视孩子的社会认知能力教育，相反，孩子进入学校后如何处理人际关系，如何处理遇到的事，这些能力实际上都启蒙于家庭。这种教育从孩子一出生就开始了，一直延续到成人。

在家庭成长教育中进行社会认知教育应该注意以下几个方面。

首先，家庭环境教育是社会认知教育的基础。家庭环境教育是指家庭中对孩子身心发展产生影响的一切外部条件的综合。它既包含着孩子发展所必不可少的各种物质条件和生活环境，也包含着对孩子身心发展起着重要作用的家庭中人与人之间的关系和由此形成的家庭中的心理氛围，它在孩子成长过程中产生整体的影响。若一个家庭成员之间和睦相处、关系融洽，父母恩爱、感情深厚，有健康的生活方式和生活习惯，在这样的家庭环境中，孩子往往会自由探索、自主学习，而家长也往往能够平等地对待孩子、信任孩子，理解、尊重孩子的个性，能允许孩子拥有不同观点、不同意见、不同答案，使孩子能够自主发展。在这样的家庭环境中成长起来的孩子，在其走出家门、走向社会后，往往会有健康、积极向上的心态；能与他人有效合作，能够尊重他人意见；能够大胆提出自己的主张，并为自己的主张而努力。

其次，家庭细节教育是社会认知教育的启蒙。细节决定成败。在家庭中培养孩子的社会认知能力，往往要从一些细节做起。比如，用过的东西放回原处，这不仅有利于培养孩子思维的有序性，也有益于孩子责任心的养成；及时感谢别人的帮助，对一切来自他人的帮助都应心存感激；做事有计划，让孩子习惯于行动之前做计划，能如期进行计划；确保服饰与学习环境整洁。要注重在细节中养成孩子的良好品质和社会认知，并在细节中养成习惯，用习惯孕育性格，用性格引领人生。"一室不扫何以扫天下"的故事就明确地告诉了我们，培养一个有远大抱负的人，要从做好身边的每一件小事抓起。我们从中国传统文化中也能随处找到这样的论述。如《弟子规》中就说："房室清，墙壁净，几案洁，笔砚正。墨磨偏，心不端，字不敬，心先病。列典籍，有定处，读看毕，还原处。虽有急，卷束齐，有缺损，就补之。"朱熹《童蒙须知》认为："凡读书，须整顿几案，令洁净端正，将书册整齐顿放，正身体，对书册，详缓看字，仔细分明读之。须要读得字字响亮，不可误一字，不可少一字，不可多一字，不可倒一字，不可牵强暗记，只是要多诵遍数，自然上口，久远不忘。"这些传统文化典籍通过读书识字这样浅显易懂的例子和细节要求，阐明了家庭文化教育中注重生活细节对孩子未来成长和社会认知能力养成的重要作用。

最后，家庭规则意识教育是社会认知教育的关键。道德与法律是社会规范最主要的两种存在形式，二者以不同方式调控社会关系和人类的行为，从而保证人与人、人与社会、人与自然以及人与自我之间合理的关系。不同的国家、民族在不同的历史阶段有着不同的道德要求和法律规范。就我国来说，儒家思想在各个时代都对我国的道德以及法律规范产生了深刻的影响。这种规则意识和概念最早的培养就是在家庭中，培养孩子的是非观念和规则意识。只有从小培养孩子的是非观念和规则意识，孩子将来在学校中，才能很好地理解、接受并自觉遵从校规校纪；在社会中，才能明辨是非，自觉遵守法律和道德的要求。所以说，规则意识教育是孩童社会认知教育的关键。

社会认知教育应该贯穿孩子的一生。孩子在成长过程中会遇到很多社会问题，不同年龄阶段有不同的问题出现。《三字经》中提到"子不教，父之过；教不严，师之惰"，而父母有责任利用自身年长、阅历丰富、沉着冷静的优点，引导孩子以理智的态度认知社会。当今时代是一个信息化时代，各种信息在短时间内可以传递到世界的各个角落，知识的传递与更新速度我们难以想象，这就使得孩子通过家庭文化教育习得的社会认知经验可能很快过时。这一方面需要我们家长及时学习新的知识，及时与孩子沟通交流，共同应对他们在成长过程中不断遇到的新问题；另一方面要求我们必须高度重视社会认知教育，并在社会认知教育中通过具体事例引导孩子逐步树立正确的世界观、人生观和价值观，这才是根本。

第二节　健康与劳动教育

一、健康教育

案例 1：《中国儿童少年营养与健康报告 2015》指出，全国中小学生超重和肥胖率继续增长，视力不良检出率继续上升并出现低龄化倾向。原本在中、老年人中多发的高血压、高血脂、冠心病、糖尿病、骨质疏松等病症在青少年中也时有发生。导致这一结果的原因是学生及家长对合理膳食、适量运动等健康生活方式知识知晓率的不足，中小学生中挑食、厌食、偏食者日益增多，很多学生养成了喜吃零食、不爱吃主食的习惯。再加上学习压力大、各种电子产品的过度使用，学生营养不良、近视等疾病的发生率居高不下。此外，由于很多学生和家长缺乏合理营养知识，学生片面地摄入高脂肪、高蛋白食物，加上运动量不足，学生超重、肥胖率逐年升高。其结果就是慢性病发病越来越年轻化。

案例 2：原本该上高二的 17 岁的小林，现在仍在高一的教室中学习。在初三那年，他因沉迷于网络游戏而休学。休学在家的一年期间，小林终日不出家门，除了吃饭、睡觉，其他时间几乎都在电脑或电视机前坐着。父母怕他出去惹事，又怕他做出极端行为，也不敢把家里的电脑网络断了，只能干着急。原来，小林的妈妈对小林要求比较严格，平时不让他与其他同学一起玩，"没事干"的小林只能与电脑为伴，天长日久，就沉迷于电脑。

上面两个看似互不相关的案例，实际上揭示了同一个问题：健康教育。所谓健康，是指身体、心理和社会适应能力均处于良好状态。健康教育就是通过有计划、有组织、有系统的教育活动，使人们自觉地采纳有益于健康的行为和生活方式。家庭文化教育中的健康教育旨在通过家庭中的器物文化、制度文化、精神文化的营造与落实，促使家庭成员形成良好的行为方式与生活方式。家庭健康教育可以帮助家庭成员了解哪些行为是影响健康的，从而达到趋利避害的目的，形成健康的生活方式。本节我们将对家庭健康教育中具有代表性的饮食健康、性健康、网络健康进行详细阐述。

(一)家庭饮食健康教育

孩子处于体格发育、智能发育极其迅速的阶段，只有足够的营养才能满足孩子各个阶段发育的需要，但过多的营养又会导致多种慢性疾病的发生。而所有这一切，都是由饮食习惯决定的。从婴儿的牙牙学语，到成年的功成名就，一个人的饮食习惯与家庭的培育息息相关。

食物是一切生物必不可少的东西，食物的种类也是根据生物的不同而划分的。比如蚊子以吸血为生，小鸟以果实和昆虫为生，而狮子、豹子之类的则以猎杀小型动物获得生存，至于人类，则吃得更杂。人类获取食物的方法和手段也各不相同。因此，看似简单的饮食教育中包含着丰富的知识：吃什么涉及营养学和社会学问题，怎样获得这些食物涉及经济学问题，怎样吃则涉及心理学和家庭文化教育学问题等。

如今，快节奏成为人们生活的常态，家庭在社会变革中经历了一次又一次的考验。就饮食来说，最明显的变化是会做饭的父母少了，叫外卖或者在外吃饭的父母多了。尤其是"80后""90后"渐渐成为建设新时代中国特色社会主义的主力军，而他们在小时候大多是"小皇帝""小公主"，烹饪知识不足，再加上婚后的职业压力、"4＋2＋1"家庭结构带来的赡养问题等多重压力使得当下大多数父母无暇、无心情安安心心做一顿孩子爱吃的美餐。长此以往，家庭饮食健康文化氛围难以形成。

面对当前琳琅满目、品种丰富的食物，如何在家庭文化教育中培养孩子健康的饮食习惯，是亟待探讨的问题。结合古人的饮食健康观，我们在家庭文化教育中应该关注以下几点。

第一，节制饮食。

中国古代的思想家大都是节制饮食的提倡者，认为饮食不能过量，要保持一定的限度。这样不仅有利于节俭，有利于社会，更有利于个人养生。如《墨子·节用》中说："古者圣王制为饮食之法，曰：'足以充虚继气，强股肱，耳目聪明，则止。'不极五味之调、芬香之和，不致远国珍怪异物。"墨子所强调的饮食的主要目的就是强健身体，吸收营养。《朱子家训》中也说："器具质而洁，瓦缶胜金玉；饭食约而精，园蔬愈珍馐。"

在节制饮食方面，古人也为我们提出了很好的指导意见。管子曾说："凡食之道：大充，伤而形不臧；大摄，骨枯而血沍。"孔子也说："君子食无求饱。"但可惜的是，如今大部分人都无法抵制食物的诱惑，暴饮暴食，大快朵颐而不顾肠胃负担。这种不良的饮食习惯直接导致了孩子的偏食、挑食、厌食等病态现象的产生。由于饮食没有节制，食材搭配不均衡，"小胖墩"成了当前学校中普遍存在的现象。

第二，清淡饮食。

中国古代思想家在提倡节制饮食的同时，还提出了要清淡饮食，这对我们也具有深远的借鉴价值。《吕氏春秋·尽数》中说："凡食，无强厚味，无以烈味重酒。是以谓之疾首。""疾首"，高诱注"疾首，头痛疾也"。毕沅校正"疾首，犹言致疾之端"，即导致疾病的根源。也就是说，我们在烹饪的时候，各种调料不能放得太多，否则会使我们的味觉麻痹，从而伤害了胃。中医也证明了这一点：《黄帝内经·素问》中记载："阴之所生，本在五味；阴之五官，伤在五味。是故味过于酸，肝气以津，脾气乃绝。味过于咸，大骨气劳，短肌，心气抑。……味过于辛，筋脉沮弛，精神乃央。"为此，古代思想家提倡清淡饮食，《老子》中就有"为无为，事无事，味无味"的记载。老子及道家后继者提倡清淡饮食，不仅有利于身体健康，还在社会上掀起了追求淡雅、素净的返璞归真的审美情趣的热潮。

但在现实生活中，由于追求奢华饮食，各种佐料不断被添加到食品当中，极大地破坏了人们的味蕾细胞。在家长追求厚味的不良嗜好下，孩子自然也就习惯了这种饮食风格。因而一旦有清淡的饮食，他们便失去了食欲。在这样的不健康饮食习惯下，各种重口味的快餐成了孩子们的最爱，这造成了他们营养的不均衡摄入。

第三，荤素均衡搭配。

不同的食材提供不同的营养成分。肉类营养丰富，吸收率高，滋味鲜美，可烹调成多种多样为人所喜爱的菜肴，食肉能够使人更耐饥，同时肉类还可以刺激消化液分泌，有助消化。因此肉类是食用价值很高的食品，长期食用，可以使身体变得更为强壮。但过量食用肉类也是一种不健康的饮食习惯。在古代，人们就认识到了这一点。如《论语》中就记载了孔子"肉虽多，不使胜食气"，认为食肉过多不利于健康。但在物质极为丰富的今天，各种肉类在市场上都能买到，再加上先进的烹饪技术与丰富的烹饪佐料，使得各种肉类的味道极为鲜美，同时，由于小家庭的出现，两代人照顾一个小孩，在"多吃是好"的不健康思想影响下，小孩以多吃肉而自豪，很少吃蔬菜，结果导致了虚胖症的大量出现。

（二）家庭性健康教育

所谓性教育，是指关于人类的生殖、生活、生理需要、交媾以及其他方面性行为的教育。家庭性教育是指在家庭背景下对孩子进行性知识、性道德等方面的教育。值得注意的是，家庭性教育并非单纯的性生理过程的介绍，其最终目标是让幼儿树立正确的性价值观。但是，在中国传统观念的影响下，我们羞于谈性，认为在儿童面前、在家庭中谈性是一件不光彩的事，因而在孩子的性教育方面出现了缺失。

在日常生活中，如何对孩子进行性教育，这的确是一门学问。根据国内外学者的研究成果，我们认为在家庭中开展有效的家庭性教育要注意以下几点。

第一，性教育要及早开始。

中国古代羞于谈性，儿童几乎没有性教育。皇家贵族的孩子在成婚前后，才有机会接受简单的性教育。但西方的性教育相对中国要早得多。美国性信息和性教育理事会主席考尔德伦博士认为："对于性教育，可能特别紧要而有效的时期是14岁以前，尤其是5岁以前。这期间所接受的有关性的培养和教育，无疑对儿童今后的一生有深刻影响，这些影响或好或坏将扩展到一个人的性别同一性和性角色行为方面。"①家庭文化教育是对儿童进行性教育的最好途径。首先，父母是儿童性教育的启蒙教师，也是孩子最亲近的人，对于孩子的思想变化，父母应该是最有发言权的，同时，性教育的私密性也使得孩子只会向自己熟悉的人倾诉；其次，性教育是一种卫生教育、生活教育，也是一种道德教育、责任教育和人格教育，这种教育是一种综合性的长期教育，它受各种外在条件的影响，只有稳定的、单纯的家庭文化教育才能使孩子养成健康的性健康观。因此，父母要从道德教育的高度认识家庭性教育，培养孩子正确的性别观念、良好的性卫生习惯，为孩子健全的人格打下良好的基础。

第二，家庭性教育要讲求方法。

儿童早期性教育必须严格遵循儿童的年龄、心理特征、认知水平等发展状况，采取循序渐进、因势利导、生动活泼的方式，适时、适度地进行。不能采取强迫的、教条的、粗俗的方式，切忌对儿童灌输性神秘、性肮脏、性恐怖等错误思想。

首先，父母在为孩子取名、准备着装、配备生活用品以及选择玩具上都要有鲜明的性别差异，以免孩子从小对自己和别人形成"性朦胧"意识。

其次，大胆、科学地回答孩子的性问题。"我从哪里来？"一直是孩子十分好奇而家长讳莫如深的话题。当孩子还小的时候，父母常用"捡来的""天上掉下来的"等谎言来搪塞孩子；当孩子已经长大，希望对这一问题有进一步的探讨时，许多父母无法再用谎言对付，就轻率地责难孩子。其实，当孩子提出有关性方面的疑问时，父母应当用孩子能够理解和接受的语言与方式，自然坦率地予以解答和引导，进行正确的性启蒙教育，使孩子的好奇心和求知欲得到满足。若父母羞于启齿、含糊搪塞、一味训斥，反而会使孩子产生种种奇怪联想，增加了对性的好奇。

最后，要利用洗澡、换衣服等有利时机进行生理健康教育。孩子在洗澡、换

---

① 李君：《关于儿童家庭性教育现状的审视与思考》，载《中华女子学院山东分院学报》，2006(2)。

衣服时会发现自己不同于爸爸或妈妈的性别特点，这时父母要告诉孩子性器官与眼睛、鼻子、嘴巴、手、脚等人体其他器官一样，分别执行不同的生理功能，它们并不神秘，并坦然地告诉他们要注意这些器官的卫生。

第三，家庭性教育要注意孩子的年龄特点。

3 岁时，父母应该让孩子对自己的性别有明确的认识，能清楚地认识到自己是男孩还是女孩。3～7 岁时，要让孩子从日常的家庭生活中进一步加深对性别、性角色的认识，家长应告诉孩子自己有哪些私密的部位是不允许别人触摸的，如果有被侵犯的苗头要立即告诉家长或报警。7～10 岁时，孩子会逐渐对电视网络上出现的恋人亲热的镜头产生浓烈的好奇心。此时，家长应告诉孩子相爱才会做出亲密的举动，但是要让孩子知道长大成人以后才能跟自己喜欢的人有这些举动。10～14 岁时，孩子会关注到异性的身体发育与自己有很大的差异。比如，女孩子的胸部发育起来，有的还会有月经初潮；男孩子的声音逐渐变得沙哑低沉，会出现遗精的生理现象。有些男孩、女孩接触异性同学可能会产生羞涩感。家长应引导孩子认识男女身体和生理方面的差异，让孩子坦然与异性同学相处。14～18 岁时，孩子渐渐会对异性同学产生莫名的好感，家长应引导孩子学习健康的异性交往方式，并告诉孩子，什么才是对自己喜欢的异性负责的行为，以及婚前性行为的负面影响等。

(三)家庭网络健康教育

随着互联网技术的发展和人们交流的日益频繁，网络逐渐走进了人们的生活，也走进了孩子的世界。网络因其独特特征，迎合了当今孩子好奇、喜欢接受挑战和刺激的心理，上网已经成为儿童及青少年最为时尚、最合口味的学习、娱乐、休闲方式。但网络是一把双刃剑，它对孩子的心理健康既有积极的影响，也有消极的影响，如沉迷网络，容易与现实脱轨，易使孩子的性情变得孤僻。毫无疑问，在当今这个信息化时代，我们是无法离开网络的。很多家长为了解放自己，便拿手机给孩子玩，培养孩子"上网"的能力，却无视网络的消极影响。那么，家长该如何引导孩子健康上网，如何引导孩子恰当利用网络呢？

第一，做好榜样示范作用。

父母是孩子最熟悉和亲近的人，父母的观念、态度、修养行为无时无刻不影响着孩子，其言行更是孩子效仿的对象。孔子说："其身正，不令则行。其身不正，虽令不从。"因此，家长平时在家中上网须严于律己、以身作则，坚决不参与有违文明和道德规范的网上活动，这是对孩子最好的网络教育。下班回家后，尽可能不看手机，尤其是聊天工具，可以和孩子一起静下心来读书、谈心、做游戏甚至出去散步、锻炼身体。这些做法一方面有助于建立良好的亲子关系，为孩子树立好榜样；另一方面有利于培养孩子良好的人文素养，陶冶情操，丰富精神生活，远离网络的诱惑。

第二，做好引导工作。

家长应让孩子了解什么样的网站适合访问，什么样的网站不宜浏览，使用互联网有什么样的规则，用良好、明确和易于理解的例子向孩子说明上网时应该注意什么，确保他们遇到问题或迷惑时及时向父母求助。例如，父母可以适时告诉孩子尽量不要透露真实姓名、家庭住址、电话号码或提供照片，因为你不知道网络的另一端到底是谁。平时父母可以给孩子提供一些适合学习的精品网站的链接，也可收集在收藏夹中，让孩子在这些健康网站上"冲浪"，或者采用一些技术手段使孩子只能上指定的网站。父母还可以采用现在比较流行的合同形式，与孩子签订合同，双方都有履行合同的义务，如上网时间的约定，这样既能尊重孩子的隐私，又不会使孩子向家长担心的方向滑去。

第三，营造良好的家庭氛围。

家庭网络健康教育似乎与家庭氛围没有关系，实则不然。亲子关系是家庭中最重要、最亲密的一种关系，其亲密程度是影响家庭教育成效的重要因素。而网络健康教育是当下家庭教育不可或缺的一个方面。现有的研究已经证明，亲子关系差或者有缺陷的家庭环境容易导致未成年人沉迷网络。因此，要进行有效的家庭教育，家长一定要处理好网络时代的亲子关系，有意识地创设一种平等、民主、和谐、愉快的家庭氛围，积极地与孩子进行平等的交流和沟通，掌握他们的思想和心理需求，培养融洽的亲子关系。面对孩子不理想的学习成绩不要抱怨、唠叨不休，要多和孩子沟通，帮助孩子释放学习的压力，多鼓励和肯定孩子。家长要学会观察、学会平等对话、学会讲道理、学会劝说和批评。同时，父母之间也要互谅互让，有问题共同解决，尤其是在教育孩子方面，父母一定要行动一致。只有民主、平等而又行动一致的家庭氛围，才能让孩子乐意与家长沟通，才能避免孩子将不满发泄在网络当中。

二、劳动教育

古代中国是一个自给自足的小农经济社会，在这样的经济环境下，劳动不仅是一种生存技能，更是一种社会美德。《颜氏家训·治家》篇中说："生民之本，要当稼穑而食，桑麻以衣。"《朱子家训》也说："黎明即起，洒扫庭除，要内外整洁。

既昏便息，关锁门户，必亲自检点。一粥一饭，当思来处不易。半丝半缕，恒念物力维艰。"这些既是对孩子进行的劳动教育，也是通过自身的示范说明了教养孩子的根本，需要时亲自耕种、收获而得食，亲自种桑麻、学织布而得衣。尽管今天我们已经摆脱了小农经济，经济飞速发展，但劳动却没有过时，它是现在也是未来家庭文化教育中必须坚持的内容之一。

(一)家庭劳动教育的概念及意义

劳动教育是教育者向受教育者施加的一种以劳动观念、劳动习惯、生产技术知识、劳动技能为内容的教育活动。其目的在于培养受教育者热爱劳动、尊重劳动者、珍惜劳动成果的习惯，并使其获得一定的生产基本知识和劳动技能，最终促进劳动者的德、智、体、美全面发展。

家庭劳动教育是劳动教育的一个重要组成部分，是指父母或者其他年长者在家庭内自觉地、有意识地对子女进行劳动教育。家长通过孩子力所能及的家务劳动帮助孩子树立积极正确的劳动观念和劳动意识，形成劳动习惯，使孩子成为具有独立生存能力的、有责任感的社会人。①

古往今来、中外学者都对家庭劳动教育给予了高度评价。

在宋朝，出生于农村的陆游，为官期间也不忘农活，不忘教育自己的儿子"为农""事农"："吾本农家，复能为农，策之上也。杜门穷经，不应举，不求仕，策之中也。安于小官，不慕荣达，策之下也。"陆游多次被贬，从自身的经历出发，将参加农事劳动作为孩子们未来安身立命的首选。晚清时期，曾国藩坚持半耕半读的家风，一方面要求儿子勤奋读书，成为一位有德行、有学识的圣贤君子；另一方面教育儿子务农种地。

在西方，17世纪欧洲杰出的教育家夸美纽斯就十分鄙视懒惰，认为懒惰是"撒旦的蒲团"，主张从小培养儿童的劳动习惯，让他们逐年获得劳动技能。比如，在3岁时，应当学会倒水，把东西从一处移到另一处；在4岁后能从事手工劳动，包括各种建造活动。意大利幼儿教育学家蒙台梭利将劳动教育统称为日常生活技能的练习。她认为通过日常生活技能的练习，可以培养儿童自我料理的能力，从而有助于儿童独立性的形成，"除非独立，没有一个人能有自由"，将儿童个人的劳动能力的培养提升到儿童未来成长的高度来认识。

重视对孩子进行家庭劳动教育，对孩子的未来成长具有极为重要的意义。

---

① 朱桃英：《对家庭劳动教育中存在问题的调查及思考》，载《当代教育科学》，2003(17)。

第一，有利于培养孩子的责任感。孩子从小做力所能及的家务事，就会在不断地实践中认识到自己是家庭中的一员，应该承担一份家务劳动，渐渐地就会对家庭产生一种责任感。这种家庭责任感也是以后社会责任感的基础。

第二，有利于发展孩子的智力。在从事家庭劳动的过程中，孩子的双手被充分利用，这样能促进孩子左右脑的开发，促进逻辑思维和形象思维的协调发展，有助于提高学习能力。家庭劳动还能培养孩子观察、分析、判断、创造能力和动手能力。

第三，有利于培养孩子的审美情趣。美，来自生活，来自劳动。孩子的审美情趣，就是从家务劳动，从日常的具体的洗涤、打扫、整理、布置、帮助他人、关心他人等实实在在的劳动实践中逐步培养起来的。

第四，有利于培养孩子的社会交往能力。家务劳动，也需要与外界交往，如采购、与邻居往来、处理公益事务等。让孩子去做这些事，孩子会逐步学会怎样与他人打交道，提高交往能力。

第五，有利于增强孩子的社会应对能力。一个人的家务劳动能力强，生活技能也高，独立生活能力就强，从而对生活充满自信心，能独立面对各种困难。许多青年人生活能力差，缺乏自立意识和能力，所处环境稍有变化，就很难适应，究其原因，主要是从小缺乏家务劳动锻炼。

(二)我国家庭劳动教育的现状

来自泰安的小丽聪明伶俐，虽然只有 16 岁，但已被青岛某大学正式录取。9 月 5 日，在父母的陪同下，小丽来到学校报到并开始大学生活，没想到只待了几天便选择退学。据介绍，小丽是独生女，家人对她万分疼爱，小丽因为年纪小，再加上自理能力差，根本无法适应大学生活，所以家人无奈让她退学。

随着中国社会经济的快速发展，教育的经济回报率日益提高，知识分子聚集的文化、教育、科研等单位享有的优厚经济待遇和较高的社会地位，引领着人们追求心目中的最高学历和理想职业，再加上中国独生子女的大量出现，许多中国年轻父母或者老人，在意识和行为上表现出歧视体力劳动者，甚至将体力劳动者作为反面教材对孩子进行劳动教育，认为孩子只要学习知识、发展智力就能获取成功和幸福，不需要参加烦琐的家务劳动和其他劳动。在这种观念影响下，类似小丽的例子就不断出现，中国的家庭劳动教育与世界拉开了距离。据相关统计，中国孩子每日平均劳动时间是 11.5 分钟，美国为 72 分钟，韩国为 42 分钟，英国为 36 分钟，法国为 30 分钟，日本为 24 分钟。① 我国有 72.3% 的学生劳动不主动，有 35.6% 的孩子从来不干家务，53.3% 的孩子每天从事家务劳动的时间不超过 20 分钟。由于职业期望和价值观的原因，家长重智轻劳，逐渐剥夺了孩子的劳动权利，64.7% 的家庭不要孩子做家务，当孩子以学习为由拒绝做家务时，93.8% 的家长表示妥协。②

（三）加强家庭劳动教育的方法

家庭是培养孩子劳动技能的场所，父母是孩子劳动技能的指导老师。孩子劳动技能的培养融汇在家庭日常生活的点点滴滴、方方面面。因此，孩子的家庭劳动教育也应该从小处着手，细处着眼。在如何对孩子进行劳动教育方面，以下几点值得注意。

第一，劳动教育要遵循孩子的生理和心理特点。孩子在两三岁时喜欢模仿大人做事情，看到大人做什么都想去尝试，跟着大人做。宋代诗人范成大在《四时田园杂兴》一诗中说道："童孙未解供耕织，也傍桑阴学种瓜。"这是孩子对劳动产生兴趣的时期，父母一定要保护好孩子的兴趣与好奇心，允许孩子参与进来，并且给孩子演示，手把手地去教孩子如何做。由于这个阶段孩子各方面的发育没有完成，大脑、肢体运动不是很协调，也许帮父母反而惹来更多的麻烦，父母要有充足的耐心和爱心，允许孩子犯错，因为只有在不断地锻炼中，孩子才能提高做家务的技巧，越来越熟练。

值得注意的是，不论哪个阶段的孩子，我们在对他们的劳动成果进行评价时应以鼓励为主，释放出积极的信号。我们的主要目的是让孩子认识到努力劳动的价值，希望他们能获得成就感。因此，在每次劳动任务结束后，不论他们做得多么糟糕，父母都应找出闪光点，并对其进行适当的表扬。

第二，劳动教育要培养孩子的劳动意识并尊重孩子的意愿。家长可以和孩子一起制订家务劳动分工计划，培养孩子"我是家庭的小主人，家里的活儿我要干"的意识。制订计划时，要根据孩子的生理和心理特征，充分尊重孩子的意见，将所有家务劳动细化，随后按照分工进行劳动。这样孩子就有了一个固定的劳动岗位，也就无形中产生了必须完成工作任务的动力。在劳动的过程中，父母一定要注意彼此协作，既要保证自己所"承包"的劳动任务圆满完成，还要注意帮助对方。这种分工明确又相互帮助的劳动方式，能让孩子明白自己工作的必要性，也能充

---

① 李琳：《谈谈家庭劳动教育对形成孩子优良品德的意义》，载《江西教育科研》，1997（6）。

② 易杳等：《家庭教育：在缔结中华民族的未来？》，载《〈瞭望〉新闻周刊》，1996（5）。

分理解团队合作的重要性。

第三，劳动教育家长要身体力行。家长要充分发挥自身在劳动教育中的言传身教和模范带头作用。家长首先在思想上要尊重劳动，并把这一观念传递给孩子。在中国传统的学而优则仕的观念影响下，一些家长认为考上理想的大学才是衡量孩子成才的标准。在这种片面人才观的影响下，父母在日常的言行中会不自觉地流露出对体力劳动的歧视，而一旦孩子在潜移默化中接受了轻视劳动的思想，整个家庭劳动教育就可能走向失败。因此，家长要积极投入到家庭劳动中来，并引导鼓励孩子参与家庭劳动。孩子的模仿力是难以想象的，孩子的想象迁移力也是无穷的。如果父母对家务劳动总是互相推诿，孩子就会把劳动当作不愉快的事情，不会对劳动有好感；如果父母二人都乐于承担家务劳动，就会使孩子感到参加劳动是愉快的，也就愿意积极参加其中。

第三节　智力与学习教育

一、智力教育

(一)智力的概念

智力是指人认识、理解客观事物并运用知识、经验等解决问题的能力，包括记忆、观察、想象、思考、判断、推理等。中国古代很重视智力教育，孔子将智力教育作为成为道德君子的前提，并将智、仁、勇视为三种美德，认为"仁者不忧，智者不惑，勇者不惧"。因此，在古人看来，智力教育是一个综合教育，包括言语、感知、记忆、想象、思维和操作技能等教育。思维是智力的核心。

言语。在日常生活中，"语言"和"言语"往往是通用的。但科学地说，"语言"和"言语"是两个不同的概念。两者既有联系，又有区别。语言是交际的工具，是一种社会历史现象，它是人民群众创造的，随着社会的产生而产生，随着社会的发展而发展。言语是指个体对语言的掌握和运用的过程，是一种心理现象。儿童在和成人交际的过程中掌握言语，从而学会在言语中运用语言。言语是语言在交际过程中的运用，利用同一种语言，可以说出大量的、各种不同的言语。

感知。我们眼睛看到的红、黄、蓝、绿、黑、白、灰等颜色，耳朵听到的高低、强弱不同的声音，身体感到的冷、暖、痛、痒的感受，舌头尝到的酸、甜、苦、辣的味道，鼻子嗅到的香、臭、腥等气味，都是人脑对事物的某些个别属性的认知,这叫作感觉。纵观自然,万里晴空或乌云密布,波涛起伏或风平浪静,都是人脑产生的对事物整体属性的认知,这便是知觉。感知能力因人而异。

记忆。记忆是我们对感知过或发生过的事物和事件的重新认知或再现。它的内容很广,主要有表象的记忆、概念的记忆、情绪情感的记忆、运动记忆等。

想象。在客观事物的影响下,在语言的调节下,人脑中已有的形象经过改造和结合而产生新形象的心理过程就是想象。想象能力对人的实践活动起着重要作用,没有想象,人就不可能有所创新。

思维。思维是人脑对事物本质和事物间规律性关系的认知,它以感知、记忆为基础,以已有知识为中介,借助言语而实现。思维属于理性认识,是智力的核心部分。

操作技能。智力不完全指动脑,也包括动手、操作和实践,其中有一个重要因素叫技能。技能是个体运用已有的知识经验,通过练习而形成的智力动作方式和肢体动作方式的复杂系统。技能与知识是相互联系、相互转化的。知识是掌握技能的前提,它制约着技能掌握的快慢、深浅、难易、灵活度和巩固程度,而技能的形成和发展又有助于提高知识发展的水平和深刻性。

(二)智力开发

智力的发展,受到遗传因素、环境因素和教育因素交互作用的影响。遗传因素对智力发展的影响,是通过遗传素质实现的,是智力发展的生物前提,也是智力发展的物质基础。但是,遗传素质对于智力发展来说,只是提供了可能性,要把这种可能变为现实,还有赖于环境(生活条件)和教育因素的作用。而且,环境和教育因素在智力发展中起到了决定性的作用。

儿童智力开发就是通过各种途径使孩子增加知识、发展能力、提高智能。苏霍姆林斯基曾说:"家庭的智力气氛对儿童的发展具有重大的意义,儿童的一般发展、记忆,在很大程度上取决于家庭的智力兴趣如何,成年人谈些什么,想些什么,以及他们给儿童的思想留下哪些影响。"因此,家庭在儿童智力开发中具有至关重要的作用。

研究表明,人的智力发展速度是不均衡的,有时快,有时慢。在某一时期,人对外界刺激的变化特别敏感,容易接受特定影响而获得某种能力。人们把这种现象称为智力发展的关键期,或称智力发展的"敏感期""最佳期"。

根据意大利教育学家蒙台梭利的研究,人的智力发展的关键期主要有:

语言敏感期(0~6岁)。婴儿开始注视大人说话的嘴形,并发出牙牙学语的声音。学习语言对成人来说,是件困难的大工程,但婴幼儿能较容易地学会母语,正是因为儿童具有天然的语言敏感力。

秩序敏感期（2～4岁）。儿童需要有秩序的环境来帮助他认识事物、熟悉环境，这一时期有利于儿童顺序性、生活习惯的养成。当孩子从环境中逐步建立起内在秩序时，智能也因而逐步建构。

阅读书写敏感期（3.5～5.5岁）。孩子的阅读与书写能力的发展虽然较迟，但如果孩子在语言、感官肢体等动作敏感期内得到了充分的学习，其书写、阅读能力便会自然产生。此时，父母可多选择读物，布置一个书香的居家环境，使孩子养成爱书写的好习惯。

动作敏感期（0～6岁）。运动也能长智力，半岁以上婴儿即能爬行，两岁的孩子已经会走路，父母应让孩子充分运动，使其肢体动作正确、熟练，并帮助其左、右脑均衡发展。

文化敏感期（6～9岁）。儿童对文化学习的兴趣，萌芽于3岁，到了6～9岁则出现探索事物的强烈需求，因此，这时期"孩子的心智就像一块肥沃的田地，准备接受大量的文化播种"。父母可在此时提供丰富的文化资讯，以本土文化为基础，延伸至关怀世界的情感。

（三）家庭智力教育的内容与方法

根据儿童智力发展的敏感期，在家庭文化教育中我们应该重点对儿童进行如下的智力教育。

语言教育。语言智能高的人对语言的理解和运用能力会更高。进行语言智力教育的最好的方法就是多跟儿童说话。正如上文所说，儿童尤其是婴幼儿在语言学习中首先学会的是言语，也就是我们常说的词语、句子等。父母经常跟孩子说话、聊天，使得孩子的头脑中储存了大量的词汇，他们在模仿父母的同时会有意识地把这些词汇连贯起来。另外，多给孩子读书也是开发语言智能的良好途径。需要注意的是在进行语言教育时，父母一定要有耐心，对孩子所运用的每一个词都应加以肯定，要鼓励孩子大胆地说话，对于一些无伤大雅的错误表达无须纠正。

秩序教育。秩序教育是智力教育不可或缺的一个部分。秩序是生命的一种需要，也是影响一个人终生的一种习惯和品质。在日常生活中父母要为孩子安排属于他自己的空间，在这些空间中尽量不要放置与孩子无关的东西；父母要鼓励和要求孩子自我归类，将不同的东西分类放置；父母还应该要求孩子协助自己整理家务和摆放物品。良好的秩序感养成后，在求学阶段，孩子会把书包和学习用品收拾得整齐，孩子不会找不到东西或漏掉老师布置的作业，在学习中很自然地有条理地安排和使用时间。参加工作后，他们会知道工作中哪些是最重要的，哪些是重要的，哪些是比较重要的，哪些是次重要的，他们会抓住学习和工作的重点。

阅读书写教育。阅读书写教育是智力教育的核心。苏霍姆林斯基说：阅读和书写是学生的两种最必要的学习工具，同时也是通往周围世界的两个窗口。学生如果没有流利地、快速地、有理解地阅读和流利地、快速地、半自动化地书写的技能，他就像半盲目的人一样。阅读书写能力的教育其实从怀孕便可开始，因为阅读书写总能给我们平心静气的暗示。等到婴儿期，父母便可以经常给孩子读一些色彩丰富的图画故事。到了3岁以后就可以让孩子自己看一些彩图丰富的故事书，让他以正确的姿势涂鸦。同时父母还要注意给孩子推荐和购买适合儿童年龄发展的阅读物，与孩子一起阅读、讨论故事中的人物；在孩子书写时要有耐心、信心，从坐姿、握笔姿势开始，一笔一画，让孩子养成良好的习惯。

动作教育。美国一位研究人员发现，凡坚持每天有固定时间活动的孩子，其学习能力明显优于那些疏于运动的孩子。运动有助于维持大脑正常机能，有助于提高大脑工作效率，有助于促进左右脑平衡发展。在智力的诸多要素中，观察力、记忆力、思维力、想象力、操作能力等都可以通过某项运动、技能的学习得到锻炼和提高。在儿童发展过程中，父母要注重儿童的运动教育，从婴儿的翻身、爬行到走路、跑跳，再到少儿的室外运动项目，父母都要给予积极的支持与配合，在确保安全的前提下，应该鼓励儿童多运动。进入小学后，父母也应该经常陪孩子运动。

家长在儿童智力教育方面一定要讲求方法，否则，智力教育的效果就会受到影响。智力教育的方法因家庭、因儿童的不同而不同，但以下方法在智力教育中越来越受重视。

一是游戏法。所有儿童的一个共同特点，就是爱"玩"。他们玩起来可以废寝忘食，因此游戏是促使他们智力发展的最好的一种活动形式。由于游戏是儿童根据自己的想象所安排和进行的一种带有模仿性质的自觉性活动，是想象和现实生活的一种独特的结合，因而各种形式的游戏可以使儿童在感知、注意、记忆、思维和想象等方面的能力得到显著发展。男孩喜欢奔跑、攀登、拆卸玩具、搬弄石头等动脑筋的创造性游戏和耗费体力的活动性游戏，而女孩则喜欢唱歌、跳舞、过家家、玩"读书"等模仿性很大的游戏和较为安静的教学游戏。因此，为了给儿童智力发展打下良好的基础，在游戏时，家长既要让儿童按自己的爱好去安排和进行游戏，也要鼓励和安排儿童去进行平时很少玩的游戏，同时还要让男女儿童经常在一起合作游戏，以便互相弥补，设法消除人为的智力发展上的某些弊端。家长在运用游戏法时要注意做到：第一，适度游戏，与儿童身心发展相一致。第二，创设环境，要注意儿童游戏场所的安全性。

二是编讲故事法。讲故事不但能丰富儿童的知识，更重要的是还能培养儿童的注意力、记忆力、思维力、想象力和语言表达能力，是对儿童进行早期智力教育的一种好方法。家长在编讲故事时要照顾儿童的身心特点，编讲一些内容健康，能针对他们具体问题而又符合儿童现有知识和智力水平的故事。同时，为了使故事在男女儿童智力发展上更有针对性地发挥作用，家长还应该有意识地根据儿童听故事的兴趣特点选编或选讲故事，如男孩比较喜欢听古今中外各种战斗故事以及神话和科学幻想故事，女孩则比较喜欢听古今中外各种感情色彩浓重的有关人生变故方面的故事以及童话故事等。为了更好地发展儿童的智力，家长对这些兴趣都要给予适当照顾。家长还应该有意识地让儿童续编故事，让他们编出故事结尾，并对他们的故事结尾给予积极的肯定。家长在编讲故事时要注意：第一，编讲的故事应该符合儿童的心理发展需要。第二，编讲的故事应该口语化、简略化。第三，鼓励儿童续编故事，并对续编故事及时给予肯定的评价。

三是浮想联翩法。世界上第一架飞机的发明者莱特兄弟小时候是一对富有奇想的孩子。他们的父亲对孩子们的想法大加赞赏，并经常与他们一起浮想联翩。在我们的孩子中，也不乏像莱特兄弟那样具有"奇想"的人，对于那些"异想天开"的孩子，家长一定要像莱特兄弟父亲那样重视对孩子想象力的开发与引导，不要把孩子的种种"幻想"和"发明"斥为"胡思乱想"和"不务正业"。家长在培养孩子浮想联翩的思考方法时要注意做到以下几点：第一，扩大孩子的知识面，为浮想联翩奠定基础。第二，保护孩子的好奇心，为浮想联翩培育萌芽。第三，训练孩子的想象力，为浮想联翩插上翅膀。

四是引趣法。被人们誉为"小不点翻译"的金懿3岁时，爸爸为了工作需要，跟着电视、广播学英语，无意中发现抱在手里的孩子经常模仿着跟读。夫妻俩一合计，既然孩子有兴趣，而且儿童期记忆力特别强，于是开始了"家庭英语兴趣教学工程"。家长要及时发现孩子的兴趣，并因势利导地通过认识需要、激发情感、磨炼意志、引导行动等多种途径来培养、发展孩子的兴趣，以开发其智力，推动其成才。家长在运用引趣法时要注意以下几点：第一，要尊重孩子的兴趣。第二，要培养孩子兴趣的稳定性。第三，要利用孩子的直接兴趣，更要提高孩子的间接兴趣。

五是实践法。满足孩子的好奇心和求知欲，引导孩子参加实践活动，在实践中培养动手能力，帮助孩子获得成功，使孩子在实践中增长知识，这样多次实践，一次又一次的成功会提高孩子追求知识的兴趣和自信心。智力是在社会实践活动中发展起来的，只有在实践中学习知识，才能学得主动，学得生动，学得扎实。家长在运用实践法时要注意以下几点：第一，父母必须提高自身的文化素质，知识面要广。第二，不断激发孩子的求知欲，促进孩子好奇心的发展。第三，鼓励孩子大胆实践。

(四)家庭文化对智力发展的影响

遗传素质为智力的发展提供了可能性，而环境和教育则把这种可能性变为智力发展的现实性。对儿童来讲，促使其智力发展的主战场在家庭。

健康的家庭生活方式是儿童智力发展的前提。除遗传因素外，儿童的智力发展与我们的家庭生活方式有着密切的联系。但在当今社会，由于家庭规模的变小、物质生活的丰富、生活节奏的加快等原因，我们原有的家庭生活方式发生了很大变化，有些不健康的生活方式成了儿童智力发展的拦路虎。其主要表现首先为睡眠不足：睡眠是让大脑休息的最主要方法，睡眠不足使脑神经细胞的兴奋和抑制平衡遭到破坏，大脑的发育和正常功能的发挥受到影响，对儿童的智力发展极为不利。其次是忽视早餐：整个上午体力和脑力的消耗能否得到补充，与早餐的质与量有很大的关系。少吃或不吃早餐的儿童，其智力的发展会受到很大限制。再次是运动不足：运动可以促进血液循环和新陈代谢，反之，运动不足，则大脑供血欠佳，脑细胞和智力的发展会受到影响。最后是爱吃零食：零食成了现代生活的必需品，但零食中过量的甜味素、色素、反式脂肪酸以及防腐剂等都是儿童智力发展的潜在杀手。

和谐融洽的家庭气氛是儿童智力充分发展的重要保证。和谐融洽的家庭气氛使儿童从中获得安全感，乐于接受智力刺激。反之，如果家庭气氛消极紧张，这些不良情绪会浸染给儿童，进而由情绪影响到儿童的认知，使儿童变得思维不灵活、注意力涣散、对自己和周围环境的控制感差，对外界事物的兴趣降低，这样原有的智力潜能就得不到充分发展。所以，家长应有意识地为儿童营造积极融洽的家庭氛围，建立相互尊重、相互信任的亲子关系，为其智力良好发展提供必要条件。

家庭教育方式是儿童智力发展的重要中介。家庭教育方式主要表现为专制型、溺爱型、放任型和民主型。在这四种类型里，放任型的家长通常责任心较低，不是很注意对儿童智力的开发，常常不能满足儿童的求知欲。溺爱型的家长过度娇纵孩子，不能有效地对孩子的智力活动进行引导、开发。而在专制型的教育方式下，孩子常因违背父母的意愿而受到惩罚，情绪与思维常常处于焦虑与恐惧之中，不能够自由放松地发展其智力活动，并且这种教育方式容易使孩子产生自卑或叛逆性格，对今后的各项发展也会产生不利的影响。

父母的文化素质是儿童智力发展的稳定因素。一般来说，文化素质高的家庭有着良好的学习氛围。文化素质高的父母通常更重视文化知识的作用，有广泛的学习兴趣、良好的学习品质，这些都为儿童树立了榜样。其次，文化素质高的家长有着更好的道德素质与心理素质。这些良好的素质会通过日常生活、言传身教等潜移默化地传递到儿童那里，对儿童的智力发展起到支持与促进的作用。最后，文化素质高的父母通常还会掌握更多的教育知识。丰富、正确的教育知识是家长合理开发孩子智力的前提。通常，家长的文化素质越高，其接触的教育知识越丰富，教育能力也就越强。

二、学习教育

(一)学习教育的概念

在中国，学习这一词，是把"学"和"习"复合而组成的词。最先把这两个字联在一起讲的是孔子。孔子说："学而时习之，不亦说乎?"意思是，学了之后及时、经常地进行温习和实习，不是一件很愉快的事情吗?按照孔子和其他中国古代教育家的看法，"学"就是闻、见与模仿，是获得信息、技能，主要是指接受感官信息(图像信息、声音信息及触觉味觉等信息)与书本知识，有时还包括思想。"学"是自学或有人教你学。"习"是巩固知识、技能的行为，一般有三种含义：温习、实习、练习。"学"偏重于思想意识的理论领域，"习"偏重于行动实习的实践方面。学习就是获得知识，形成技能，获得适应环境、改变环境的能力的过程，实质上就是学、思、习、行的总称。

美国教育心理学家罗伯特·加涅认为：学习是人的倾向或能力的变化，这种变化能够保持而不能单纯归因于生长过程。美国教育心理学家威特罗克认为：学习是描述那种与经验变化过程有关的一种术语。它是在理解、态度、知识、信息、能力以及经验技能方面学到相对恒定变化的一种过程。

随着时代的发展，关于学习的定义也越来越丰富。但不管怎样发展，学习的核心定义依然保持不变，那就是从狭义上讲学习是通过阅读、听讲、研究、观察、实践等手段获得知识或技能的过程，是一种使个体可以得到持续变化(知识与技能、方法与过程、情感与价值的改善和升华)的行为方式。从广义上讲学习是人在生活过程中，通过获得经验而产生的行为或该行为潜能的相对持久的行为方式。

（二）家庭学习教育的内容

美籍华人、诺贝尔奖获得者李政道先生认为："考试只是考一个人的记忆力，考的是运算技巧，并不是学习的重点，学习的重点是能力的培养。"我国著名教育家叶圣陶先生曾说："培育能力的事必须继续不断地去做，又必须随时改善学习方法，提高学习效率，才能成功。"学习能力是一个人最基本的能力，是获取其他能力的手段和工具、前提和条件。但一个人的学习能力并不是天生的，它需要后天的训练与养成。这就使得家庭中的学习教育显得更加重要。在家庭中要教会孩子学习的内容很多，总括起来有如下几条。

一要教孩子养成有目标、按计划学习的习惯。

使学习制度化，在固定的时间里进行有计划的学习，是一种重要且良好的学习习惯。如果没有一个周密的学习计划，学习往往会陷于盲目、被动的状态。刚开始要教孩子制订一个每天可支配的"时间表"，将一天内要完成的学习任务，排入每天可以由自己支配的时间内。等孩子再大点，可制订每个学期的近期目标和未来几年的发展"生涯计划"。但不论哪种计划，一定要有具体的描述，同时要注意目标和要求不要定得太高或太低，时间和任务安排不要太松或太紧。要求低了、安排松了，容易产生懒散情绪，不利于学习；要求高了或是安排太紧，会让孩子感到压力太大，一旦经过努力没能完成，就会产生悲观、厌学情绪，害处很大。当计划制订好后，家长要帮助和督促孩子按计划、高质量完成学习任务，避免孩子浪费时间或为应付而马马虎虎完成学习任务。

二要教孩子养成科学支配时间的习惯。

随着孩子年龄的增长，学校课程也相应增加，尤其是上初中之后，课程设置大幅增加，课程深度加大，学习时间越来越紧。谁能让有限的学习时间得到最充分利用，谁在学习上就容易取得主动权。教会孩子科学支配时间，有效利用时间，提高学习效率，就等于使孩子的学习时间相对增加了，学习压力也就相对减小了。为帮助孩子养成科学支配时间的习惯，父母要在日常生活中注意以下几点。

第一，帮助孩子提高对于时间的认识，增强"紧迫意识"。要让孩子认识到时间对每个人来说都是最宝贵的财富，让他们懂得"珍惜时间就是爱惜生命"；给孩子讲清"惜时如金"的道理。第二，教会孩子合理制订作息时间表，科学安排学习。要根据孩子学习情况和课业实际，教孩子自己划分时间，制订出父母与孩子认可的学习时间表，在日后的学习生活中严格按计划学习；教会孩子专心致志学习，充分利用时间学习；教会孩子挤时间学习，化整为零地学习等。第三，帮助孩子纠正不良习惯，养成爱惜时间的好习惯。要帮助孩子克服做事无计划、无头绪的毛病，帮孩子建立秩序性和顺序性；教会孩子短时间内只完成一项任务，培养孩子的关注力；帮助孩子树立正确的学习顺序观（预习—上课—复习—练习—预习），弄懂所学内容再做练习，降低错误率。

三要帮助孩子提高阅读能力，为他打开获取知识之门。

阅读是大量吸收知识的重要途径，是提升学习能力的基石。一个人的知识，大部分都是书本给予的。因此，培养和提高孩子的阅读能力和水平，是教孩子学习的首要任务。

第一，帮孩子提高阅读的能力，让孩子学会有计划、有目的、按顺序阅读，并养成良好的阅读习惯，使"精读"与"粗读"结合起来，同时在阅读时要善于思考，敢于质疑，以深刻领会其精神实质。第二，帮助孩子学会阅读，读书方法要因人而异，因书而别，因需而变，要鼓励孩子尝试各种阅读方法，并从中选取一两种适合自己的阅读方法。

四要帮助孩子提高思考能力，让他自己走进知识的殿堂。

思考是走进知识殿堂的必由之路。只有通过独立思考，我们才能对所学的东西理解深透，记忆深刻，运用纯熟。那么，在教孩子学习的过程中，家长应当如何帮助孩子提高独立思考能力呢？

第一，帮助孩子学好培养思考能力的基础学科——数学。在所有的学科中，数学是锻炼孩子思维能力的基础学科，也是锻炼孩子思维能力的最佳学科。把数学这门功课学好了，再学别的学科（不仅是物理、化学，也包括文、史、政、地、生等学科），思维的条理性、逻辑性、严密性都会大大增强。第二，让孩子在学习中保持"求透、求新、求简"的强烈愿望，不满足于背已有的答案、已会的解题方法、已知的实践结果。第三，教孩子学会自我提问，在学习中用多问几个"为什么"和"怎么办"来启发思考。第四，教会孩子遇到问题时一不迷信现成的结论，二不随大流，尽量由自己通过思考找到正确答案。

五要加强孩子心理调适能力的培养，以免在学习上走弯路。

任何事物，包括人类，想要生存，就非得适应环境不可。人类在面对环境压力时，通过各种反应形式，以对个体或群体有利的变化来应对这种压力，使得个体或群体有更好地生存的能力，称为心理调适能力。孩子在成长过程中会遇到各种各样的环境与条件变化，每次变化都会对他的学习产生不同程度的影响。影响可能是积极的，也可能是消极的。怎样扩大积极影响，缩小、消除消极影响，是家长在教孩子如何学习时又一个值得关注和研究的问题。

第一，让孩子在环境、条件发生不利于学习的变化时，能通过自我调整尽快适应，使学习少受影响。家长在日常的生活中要有意让孩子参与家庭事务的处理，让他对家庭内部的变化有心理上的准备。同时，要经常与孩子一起关注社会生活中的大事，让孩子知道万事万物都是在变化发展的。一旦环境或条件发生变化，父母要以积极的态度引导孩子正确认识这种变化。第二，密切关注孩子的情绪，让孩子在学习上遇到困难或出现问题时，能通过自我调整尽快解决，以保持良好的学习状态。由于孩子特别是初中以下的孩子人生阅历还太浅，心理还不成熟，往往会因为一件小事对学习甚至以后的人生产生怀疑，乃至走向极端。为了避免这些情况发生，父母必须细心观察孩子的情绪变化，善于与孩子交流，以便把握孩子的思想，并在此基础上教会他们正确认识生活学习中的矛盾与困难、机遇与挑战，学会及时调整自己的心理，克服消极情绪，增强积极情绪。

六要加强孩子"免疫"能力的培养，确保顺利完成学习任务。

只要在这个世界上生存，就会接触到来自各方面的诱惑。诱惑可以使人沾染不良习气，迷失方向，甚至影响生活和以后的人生。尤其是在物质生活极为丰富的今天，各种网络游戏时时处处诱惑着儿童，严重干扰了儿童的正常学习生活，所以父母在教育孩子如何学习时，必须帮助孩子学会摆脱诱惑，培养抵制诱惑的能力。

第一，让孩子有明确的是非观念，自觉抵制来自社会各方面的不良诱惑。每个儿童都有好奇、好胜、贪玩的特点，缺少明辨是非的能力。父母在教育孩子时一定要是非观点明确，善恶分明；在诱惑面前，父母一定要以身作则，为孩子树立良好的榜样。第二，让孩子有很强的自我约束力，自觉抵制来自周围的各种干扰因素。孩子能够认识到各种诱惑，却无法拒绝身边的各种干扰，如校园中的恃强凌弱以及同桌上课说话、做小动作等。父母要教会孩子正确认识社会，学会"闹中取静"，管好自己。

父母在家庭生活中除了要教会孩子上述学习内容外，还要教会孩子如何提高自己的记忆能力、解题能力、应试能力、纠错能力等。这些能力都有助于培养孩子正确的学习习惯，有助于孩子学习能力的提升。

(三)家庭学习教育的方法

"教学有法，教无定法，贵在得法。"这句话的意思是我们的教学首先要有一种符合教育规律的一般法则，这个法则具有普遍意义；而面对不同的教育对象和教育条件，我们应该结合具体实际，不能盲目照抄照搬；最终通过把普遍的规律与个人的实际结合起来，完成共性与个性的结合，形成既符合普遍规律又具有个性化特征的教学方法与风格。这个学习教育的黄金法则在家庭的学习教育中依然适用。针对不同的家庭、不同的孩子，学习教育的方法是不同的，但一些基本的、具有共性的方法还是能够满足不同家庭学习教育需要的。

一是处罚。这似乎与我们提倡的不处罚教育大相径庭。但"玉不琢，不成器"，对于一个儿童而言，跟他们讲道理有时是没有用的。只要我们注意以下几点，适当的处罚是必要的。第一，处罚是手段而不是目的，不是一而再再而三的犯错不处罚。第二，不立规矩不成方圆，先立规矩再处罚。第三，就事论事，因某事而处罚只讲某事而不牵扯其他任何事。第四，立即处罚，而不是事后找时间处罚。

二是陪读。陪读，顾名思义就是陪同孩子读书，是从生活到学习，家长全程参与的一种行为。但我们提倡的陪读不是家长每天盯着孩子学习，而是从精神到行动上的一种陪伴。对于一二年级的小学生，父母的确需要抽一定的时间与孩子一起读书、写字，因为他们还没有养成及时完成作业、正确书写的习惯，这些都需要父母及时鼓励、及时纠正。但进入三年级后，父母就应该适时放手，尽量离开孩子的学习场所，从精神上让孩子知道父母是孩子学习的后盾，从行动上做到孩子学习时家庭内部是安静的、恬美的，父母也是在读书、看报、学习的。能提高孩子学习能力的陪读者大都重视以下几点：第一，陪出兴趣。父母应在方法上悄无声息地将孩子从正在进行的开心的事情引到读书学习上；在言语上以平和而坚定的态度提醒孩子；在精神上以亲吻、拥抱等肢体语言对孩子及时学习、快速完成计划等予以表扬。第二，陪出方法。授之以鱼不如授之以渔。父母要帮助孩子形成良好的学习顺序：复习—练习（做作业）—预习；要帮助孩子树立层次感：先做什么后做什么，谁是谁的基础；要帮孩子养成正确的时间观：每天根据作业量的多少，要订出一个合理的完成学习任务的时间表，并鼓励孩子按计划完成。第三，陪出信任。由一二年级的每题必查逐渐转变为三年级之后的抽查、简单的提醒与询问；相信并支持孩子的解题思路，哪怕有问题也不批评，鼓励孩子向老师求证；相信孩子的管理能力，不唠叨、不包办。

三是鼓励。我们经常错误地认为鼓励和表扬是一回事，实际上鼓励是加油和支持，是对过程的肯定；表扬是对某种结果的肯定与宣扬。表扬是为了强化好的行为，鼓励是为了激励儿童养成良好的行为习惯，克服缺点。儿童都是喜欢听好话的，喜欢被人称赞，而且从人们对他的评价中认识自己。陈鹤琴先生说："无论什么人，受激励而改过是很容易的，受责罚而改过是比较难的。"一位教育家多次讲："孩子需要鼓励，就如植物需要浇水一样。离开鼓励，孩子就不能生存。"可见鼓励对教育孩子多么重要。在日常的学习生活中，父母对儿童鼓励要注意以下几点：第一，鼓励看过程不重结果。只要孩子在学习方面努力了，学习态度比以前端正了，父母就应该给予肯定。第二，鼓励传达的是父母对孩子的爱与信任。当孩子遇到学习困难打退堂鼓或是在学习方面"旧病复发"时，父母应及时通过拥抱等肢体接触，表达出自己对孩子的信任与爱。第三，鼓励可以延迟。当孩子情绪激动不愿学习时，父母可以暂时停止与孩子的交流，等孩子情绪稳定后，通过故事或孩子平时的进步表现对其进行鼓励。

四是监督。孩子是家长们最为重要的事业，但孩子由于年纪小，认知能力低，没有家长的监督，很容易养成各种不好的学习习惯，从而在学习的道路上走得很艰辛坎坷。所以，家长的帮助和监督在孩子学习中的作用是不言而喻的。但许多父母对如何监督孩子却很迷茫，常常将监督变成了陪孩子学习，既让自己疲惫不堪，又让孩子变得依赖，缺乏主见和主动性。监督孩子的目的主要是帮助孩子树立和掌握正确的学习态度和方法。第一，监督要持久。一种好的习惯的养成需要很长的时间，家长每天询问孩子的预习、复习、作业完成等情况，有助于孩子正确的学习方法的养成。第二，监督要放手。监督不是监视，父母与孩子制订好学习方案后，父母只负责事前的提醒和事后的检查，其他时间父母不干涉孩子的学习，以培养孩子独立学习的能力。

单一的教育方法都会导致学习的失败，知子者，莫若父也。家长只有了解自己的孩子，才能对症下药，不能只处罚不鼓励，也不能只鼓励不监督，只有将各种教育方法结合起来，才能真正使孩子养成良好的学习习惯。

第四节　礼仪与道德教育

中国是一个礼仪之邦。《论语》中说"不学礼，无以立"，意思是不学会礼仪礼貌，就难以有立身之处，《三字经》也说"为人子，方少时。亲师友，习礼仪"，可见文明礼仪的重要性。个人礼仪是社会个体的生活行为规范与待人处世的准则，是个人仪表、仪容、言谈、举止、待人、接物等方面的个体规定，是个人道德品质、文化素养、教养良知等精神内涵的外在表现，其核心是尊重他人、与人友善、表里如一。本节将重点讲述礼仪、道德的重要性以及如何在家庭中对孩子实施上述教育，以培养明礼仪、有道德的现代社会公民。

一、礼仪教育

(一)礼仪的概念

在弄清楚礼仪概念前，我们先要了解何为文明。所谓文明，是历史进程中沉淀下来的、有益于增强人类对客观世界的适应和认知、符合人类精神追求、能被绝大多数人认可和接受的精神财富、发明创造。所谓礼仪，"是人们在社会交往中形成的、以建立和谐关系为目标的、符合'礼'的精神的行为规范、准则和仪式的总和"①。礼仪的尊重、秩序与合作的意识，礼仪的和谐目标，体现的是一种和谐文化。一个讲文明的人必然是一个懂礼仪的人，因而本书中所讲的礼仪实际上包含了文明，或者说本书所说的礼仪实际上就是文明礼仪。文明礼仪不仅是个人素质、教养的体现，也是个人道德和社会公德的体现，更是城市的名片、国家的脸面。

在北宋时期，有一个非常好学的青年，他的名字叫杨时。杨时从小就很聪明，读书很用功，他常对别人说："学习对我来说像吃饭一样，是我内心的需要……所以不能放松。"一天，杨时遇到一个不懂的问题，就与好友游酢相约去请教老师程颐。当他们赶到老师家时，正好赶上老师午睡。为了不打扰老师休息，他们就站在院子里静静等候。不巧，那天下起鹅毛大雪。他们站在外面，身上落了厚厚的一层雪。当老师一觉醒来，推门看见他们时，地面的积雪已经一尺多厚了。

礼仪教育必须从小抓起。现代心理学认为，一个人的品行在童年时开始萌芽，在少年时逐渐成长，在青年时基本定型。一个成年人态度粗暴，不讲礼貌，与他少年时缺乏礼仪教育有着密切的关系。著名教育家夸美纽斯曾说："假如你不把良好的种子撒在地上，它便生不出别的东西，只会生出罪恶的莠草。但是，假如你想开垦那块土地，如果你在开春的时候把它犁一遍，撒一遍种子，耕耙一遍，你的工作便更容易，成功的希望便更大。儿童应当及早加以良好的训练，确是一件最重要的事情。"②

（二）家庭礼仪教育的现状

文明和谐的家庭是孩子最理想的港湾，它既是遮风挡雨的寓所，也是孕育希望和放飞理想的基地。家庭礼仪教育的一个重要目的就是培养孩子的礼仪习惯。然而现实情况是，我们在家庭教育中对礼仪教育重视不够甚至是比较缺失的。造成家庭礼仪教育严重缺失的原因主要包括以下几个方面。

第一，分数至上，忽视礼仪教育。许多家长认为家庭教育就是智力开发，光学习就可以了，其他事都不需要做，也不让孩子做，孩子学习好，比什么都重要，甚至为了刺激孩子学习，不惜使用物质奖励，靠钱物诱导。这样的家长往往认为

---

① 付红梅、徐保风：《和谐社会视野的家庭礼仪教育》，载《中南林业科技大学学报（社会科学版）》，2012(2)。

② ［捷］夸美纽斯：《大教学论》，178 页，北京，人民教育出版社，1979。

品德是虚的，分数是实的，从而忽视了礼仪、道德的教育与培养。有的家长甚至为了孩子成功，不断向孩子灌输利己主义的思想，而没有把孩子当成是社会财富的一部分，使孩子从小就被束缚在家庭、自我这个小圈子里，眼里没有他人，心中没有社会和大众，缺乏社会公德意识和责任意识。长此以往，孩子在采取行动时会只考虑对自己是否有利，难以认识到自己的行为对别人和社会的影响以及自己应负的责任，甚至会为达到目的不择手段。

第二，疏于管教，缺乏礼仪教育。良好的礼仪和品德不是孩子与生俱来的，必须经过后天的教育和培养，甚至是严格的要求和规范。由于现代社会家庭结构简单化（绝大多数为三口之家），孩子在家庭中的地位尤为突出，以孩子终身发展为本，往往异化为"以孩子为中心"，一切围绕孩子转，孩子在家庭中的地位越来越高，成了饭来张口、衣来伸手的"小皇帝"。什么事都是孩子说了算，完全没有了基本的约束和规矩，更谈不上礼仪和品德的教育与培养了。无限制的爱超过了理智，必然是疏于礼仪和品德培养，其结果是孩子的欲望不断地膨胀，行为得不到有效控制，形成孩子"我要什么就有什么，我想干什么就干什么"的糟糕状况，造成孩子饮食起居没有规律、行为做事没有规矩、待人接物不讲礼貌，最终可能沦为社会难以接受的"低能儿"。

第三，意见不一，难以形成礼仪教育。礼仪和品德教育的重要内容就是规则意识和是非观念的培养。规则意识和是非观念的缺乏会动摇和消解家庭礼仪教育和品德教育的基础。孩子规则意识和是非观念的缺乏往往是因为在家庭教育中家长教育意见的分歧和不一致，这在家庭生活中常常发生。如妈妈惩罚孩子，爸爸替孩子辩解；或者爸爸对孩子发火，而妈妈为孩子辩护。更有甚者妈妈重罚过后，爸爸悄悄带孩子去品尝美食以示慰劳。长此以往，孩子会产生投机心理，知道要吃找奶奶，要玩找爸爸，要上街找妈妈，很难形成有效的规则意识和是非观念。再如，有时爸爸管孩子，妈妈护着："不要太严了，他还小呢。"有的父母教育孩子，奶奶会站出来说话："你们不能太着急，他大了自然会好；你们小的时候，还远远没有他好呢！"一般的家庭通常是：祖辈宽容父母严格，爸爸性急妈妈心软或者爸爸豁达妈妈较真，因此家长在教育孩子的问题上常有分歧。这样很难让孩子形成有效的规则意识和是非观念，从而动摇了家庭礼仪教育和品德教育的基础。

（三）家庭礼仪教育的方法

无论从历史的、现实的还是未来的发展来看，家庭礼仪教育都具有极其重要的意义。为了使家庭礼仪教育顺利进行，家长在日常的家庭文化教育过程中要注意以下几点。

第一，要以身作则，做遵礼守仪的人。列宁的夫人克鲁普斯卡娅曾说："家庭教育对父母来说，首先是自我教育。"中国也有一句老话是"教儿教女先教己"。父母是孩子教育道路上的奠基者。从孩子出生起，父母就是孩子的模仿对象，父母的行为有意或无意地影响着孩子的行为习惯。家长是孩子的首任教师，家长的一言一行、一举一动都有可能成为孩子注意的焦点。在礼仪方面，家长遵礼守仪，孩子才会遵礼守仪，否则，礼仪教育也就成为一句空话。日本著名儿童教育家井深大曾说："父母，必须严格要求自己的一言一行，以便孩子在任何时候任何地点来观察自己背后的形象也不会感到羞愧……都将以一种美好的东西而深深地印在孩子的心灵里。"[①]家长是孩子的榜样，在任何时候不能做不讲礼仪的事。

第二，要营造和谐的家庭礼仪教育氛围。"生活环境，是孩子品德最好的教师。""对孩子性格形成的重要因素，遗传不如环境。"家庭生活中，夫妻相敬如宾、互敬互爱，对老年人尊重、对子女爱护，对自己要求严格，遇到困难一起克服，遇到矛盾分歧都沟通交流，等等，营造民主和谐的家庭氛围，这些都是进行家庭礼仪教育的重要的方式方法，能起到模范作用，收到润物细无声的效果。同时，家长应该抓住日常生活中各种机会，让孩子在各种场合都学会讲礼仪。"少小若天性，习惯成自然。"从日常的言行举止开始对儿童进行礼仪训练，着眼大处，立足小处，是一种日积月累的细致教育，通过日常行为的涓涓细流式的教育，汇成良好的礼仪教育的大海。

第三，要利用传统节日对孩子进行文明礼仪教育。传统节日礼仪教育是弘扬传统美德、培育民族精神的有效载体。例如春节可以在勤劳和节俭方面教育孩子，当孩子收到压岁钱时，要让孩子学会合理利用压岁钱，向孩子渗透理财方面的知识；清明节可以教育孩子缅怀古人，感受浓浓的亲情，还可以带孩子去烈士陵园缅怀先烈，让孩子知道我们的幸福生活来之不易；端午节可以通过讲关于节日的来历，教育孩子要爱国、进取；中秋节可以教育孩子要珍惜亲情、友情；重阳节可以教育孩子尊老、敬老，和孩子一起做心意卡送给爷爷奶奶、外公外婆。

家庭是社会的细胞，有了健康的细胞，才能有健全的肌体。为了让孩子的心理更加健康，文明礼仪教育不能忽视。古人云："身修而后家齐，家齐而后国治，国治而后天下平"，"齐家、治国、平天下"的观点就是这个道理。

---

① 丁红：《试论家庭礼仪教育》，载《湖南教育学院学报》，1997(1)。

二、道德教育

(一)道德教育的概念

道德教育是对受教育者有目的地施以道德影响的活动,内容包括提高道德觉悟和认识,陶冶道德情操,锻炼道德意志,树立道德信念,培养道德品质,养成道德习惯。

家庭道德是调整家庭成员之间关系的道德原则和规范。社会主义社会家庭道德的特点是:以社会主义道德为指导,夫妻以诚相见,互敬互爱,尊敬长辈,赡养父母,抚养教育子女,邻里和睦相处,等等。在家庭中对孩子进行道德教育的内容不仅仅包括家庭道德的内容,还包括社会公德、职业道德等诸多内容。家庭道德教育是指在家庭文化教育环境中,由父母或其他年长者对年幼子女进行有意识的影响和教育,把一定的道德规范、思想意识、政治观念转化为受教育者品德的一种教育活动,其核心是品德教育。

(二)家庭道德教育的现状

2004 年颁布的《中共中央国务院关于进一步加强和改进未成年人思想道德建设的若干意见》指出:"家庭教育在未成年人思想道德建设中具有重要的作用。"家庭是孩子成长的天然环境,道德教育最好的方式是将教育融于生活之中。目前,我国多数家庭是比较注重家庭道德教育的,但其中也存在着一种倾向:重物质、技能、智育,轻精神、思想、德育。一句话,就是忽视了道德教育在家庭教育中的地位。忽视家庭道德教育的原因多种多样,但概括起来主要有以下几点。

第一,娇生惯养,忽视道德教育。现代家庭多为"独生子"家庭,孩子是整个家庭的核心,家长视孩子为掌上明珠,"顶在头上怕摔,捧在手上怕冻,含在口里怕化",致使相当一部分孩子形成无视长辈、撒谎、任性、懒惰、贪图享乐等不良品性。孩子要什么,家长给什么,唯恐孩子受委屈,使孩子形成了"唯我独尊"的个性。在孩子看来,爷爷奶奶、外公外婆、父母等为自己所做的一切都是理所应当的。哪怕家里的条件不允许,父母也会千方百计地去满足孩子。一旦要求得不到满足,孩子便会要脾气、生闷气、不吃饭,以示抗议,甚至与父母吵嘴、顶撞。由于家长的娇惯,孩子生活在"以自我为中心"的环境中,遇事只想自己,很少顾及他人,形成自私、霸道等不良习性。例如,一个女孩看中了一部 2000 多元的手机,但超出了爸爸的经济承受能力,爸爸因此不同意买,女孩竟一气之下冲到路中央躺下……不仅如此,孩子的一些力所能及的劳动已被家长全权代劳,如在日常生活中帮孩子穿衣、整理书包，对孩子的挑食、挑穿不以为意，导致孩子对待班级劳动表现出怕脏怕累甚至逃避劳动。现在很多大学生离开家庭、离开父母就不能很好地照顾自己的饮食起居就是最典型的例子。

第二，注重知识学习，缺乏品格意志教育。在高考"指挥棒"和中国传统的"学而优则仕"的观念影响下，我们的家长都十分重视孩子的知识教育，有些家长错误地认为孩子有了知识就有了未来的一切，而对孩子的品格、意志、兴趣、性格等非智力因素的培养却忽视了。在家长看来，不劳动、不尊重长辈等这些都是无足轻重的"小"问题，只有学习才是最重要的。一旦孩子达不到所规定的目标或出现偏差，有的家长轻则责备，重则打骂，使孩子产生畏惧心理，甚至说谎、作弊、自卑、怯懦。据统计，60％的学生开完家长会后，害怕进家门。部分学生为了得到家长的表扬，平时虚报表现，考试时，有的涂改成绩册或干脆撕掉成绩册。一味地追求分数，使得不少家长忽视孩子的品德发展。部分孩子整天为学习过度焦虑、恐慌，失败的滋味非但不能激起他们学习的欲望，反而会使他们失去信心和意志，总感到学不如人，产生自卑感，进而厌恶学习。无论是学习成绩好还是学习成绩差的孩子，当前都存在德育缺失的问题。

第三，注重利益，轻视远大志向的培养。高尔基说过："一个人追求的目标越高，他的才力就发展得越快，对社会就越有益。"远大的志向是人们奋斗的精神支柱，是人们前进的动力，也是德育的重要内容。有了符合时代需要的远大志向并不断朝着这个目标迈进，才能为社会做出较多的贡献，实现更大的人生价值。儿童远大的志向应该从小培养。然而，有些家长由于过分关注实际利益，特别是眼前利益，造成他们目光短浅，无法引导孩子树立远大目标和理想。一些家长甚至用"有钱就有一切""只有向钱看，才能向前看""读小学赚大钱，读大学赚小钱，不识字照样赚钱"等错误观念来向子女灌输拜金主义思想。其实不是孩子不愿读书，也不是孩子没有追求的志向，而是家长的短视遮蔽了子女未来的理想。今天的教育不可能给予儿童解决在未来社会里遇到的问题的所有答案，只有树立远大的志向，并激发孩子为远大志向奋斗的信心，才能为孩子的未来铺好路、打好桩。诸葛亮教育子侄外甥要加强道德修养，树立远大理想。他说："夫君子之行，静以修身，俭以养德。非淡泊无以明志，非宁静无以致远。夫学，须静也；才，须学也。非学无以广才，非志无以成学。"诸葛亮把道德教育与勤奋学习看成一个整体，认为不修德，就没有远大的志向；没有远大的志向，就不能勤奋学习；不勤奋学习，就不会有渊博的学识。革命家李大钊说过："青年啊，你们临开始活动以前，应该定定方向。比如航海远行的人，必先定个目的地。中途的指针，总是指着这个方向走，才能有到达目的地的一天。"目的不明确的人，如同没有方向的航船，只是随波逐流，不可能到达理想的彼岸。

第四，轻视示范，忽视不良言行对孩子的影响。在家庭中，家长的一言一行、一举一动，对孩子的影响是巨大的、潜移默化的。人们常说"父母是孩子的第一任老师"，指的就是家长的言传身教。然而随着经济的不断发展，改革不彻底、法制不健全所导致的一些社会负面现象也逐步暴露出来，如贪污腐败、贫富悬殊、社会治安混乱，家长的几句牢骚、不满、评论等，都可能影响对孩子的教育，与学校、社会的正面教育产生对立。另外，家长的举止粗俗、随意，都将对子女的行为习惯产生不良影响。有的父母教育孩子什么是对的，什么是错的，什么事该做，什么事不该做，讲得头头是道，而自己待人处事遵循的却是另一套原则，如仪表不端、虐待老人、出言不逊；在待人接物方面受社会上的不正之风的影响，在人前恭维，人后乱骂；有的父母感情破裂，有的父母在单位混天度日、贪吃多占，有的则行贿受贿……所有这些，都会渗透到孩子生活的方方面面，使孩子形成不良的道德品质。

（三）家庭道德教育的方法

如何在家庭文化教育中加强道德教育，古今中外的教育家们为我们提供了较好的思路。诸葛亮认为要克己寡欲、静养笃行，要"慕先贤，绝情欲，弃疑滞"，要"忍屈伸，去细碎，广咨问，除嫌吝"，同时强调，道德教育要从小事情做起，比如饮酒，就要求适可而止，"夫酒之设，合礼致情，适体归性，礼终而退，此和之至也"。只有将这些落实到日常生活的行动中，才能广才成德。颜之推认为，家庭道德教育要按照士族地主规定的伦理道德标准，以儒家《五经》为基本教材，规范子孙的言行，强调进行忠孝仁义礼节的教育。他认为，幼童在家要孝顺父母，长大为官为臣必须忠于君王。尽管我们不能赞同他的封建愚忠的思想，但剔除这种封建思想，他提出要从幼儿时代重视道德理想、道德情操教育的做法是值得我们学习的。亚里士多德认为，对儿童进行品德教育，应该把重点放在习惯的养成上。习惯的养成主要通过行动，例如，只有通过勇敢行动的反复练习，才能培养出勇敢的道德品质。夸美纽斯注重从小重视儿童的道德教育，他强调必须在幼儿幼年生活的头几年，就奠定他们的每种良好德行的基础，"成年时还未受过管理的，到老年就会没有德行"。在道德教育的内容方面，夸美纽斯强调要教育儿童学会节制、整洁、礼节、尊敬长辈、诚实、不损害他人、不嫉妒、落落大方和爱劳动等。他认为道德教育的方法和手段有三种：训斥、榜样和练习。其中练习尤为重要。例如在吃饭、穿衣和玩玩具的过程中练习保持整洁，在帮助别人的过程中练习助人为乐，在与人们的日常交往中练习礼貌待人等。

古今中外的教育名家明白无误地告诉我们，在家庭文化教育中要把德育放在第一位，要对德育的重要性有足够充分的认识。那么在家庭教育中如何有效进行道德教育？针对目前家庭教育中道德教育的不足与原因，我们认为应该从以下几个方面入手。

第一，先入为主，德育要从早期开始。

《周易·蒙》说："蒙以养正，圣功也。"意思是指从童年开始就要施以正确的教育，并将儿童的道德教育视为"圣功"。俗话说"三岁看小，七岁看老"，这也许有些夸大，但也说明从小养成良好的品德、习惯的重要性。习惯成自然，在品德、行为上形成了一定规矩之后，就会很自然地去做。只有童年时有一颗对父母、兄弟姐妹、家乡伙伴的热爱之心，到了成年才有可能发展成为对祖国、对人民的热爱；童年时在日常生活中培养对家庭的责任心，长大了才可望成为一个有责任感的社会人；孩提时养成的做作业不拖拉、对学习执着的态度，长大才可能升华为对科学、事业工作的执着与痴情；从小不怕碰钉子，长大才可能勇于克服困难；从小尊重父母长辈，团结小朋友，长大才可能尊重他人、搞好人际关系……

从心理学上讲，当外界第一个刺激信息发生后，会形成记忆痕迹，即第一印象。这个记忆痕迹可以是永久记忆，也可以是暂时的记忆。如远方来客，一次见面后，很长时间没有再见面，当我们提及他的时候，兴奋能量只能进入这个唯一的永久记忆痕迹中，可见第一印象多么重要。儿童的道德教育也一样，父母也要在一开始的时候就告诉他正确的东西，并坚持要求他按照这些正确的做法去做。

第二，教子先正己，德育要以身作则。

听其言，观其行。要拨动儿童的心弦，家长必先自身心灵纯洁，品行端正，以自己的模范行动去影响孩子、感染孩子。俗话说，"喊破嗓子，不如做出样子"。身教重于言教。"做"得好，"说"才有分量；"行"得正，"言"才有感召力。中国古语云："正己而后可以正物，自治而后可以治人。""其身正，不令而行；其身不正，虽令不从。"言行不一，说得再动听也得不到共鸣。父母的榜样不仅体现了父母个人品性中的言行一致的一面，也等于在行为方式上告诉孩子该如何去做。"曾子杀猪"是家喻户晓的"身教"典型。曾子不惜杀猪以取信于儿子，虽然他的做法遭到一些人的嘲笑，但是他却为教育儿子诚信做人做出了榜样。瑞士的民主主义教育家裴斯泰洛齐也认为，"用个人示范来影响儿童，远胜过说教和恐吓"①。

---

① 杨汉麟、周采：《外国幼儿教育史》，142 页，南宁，广西教育出版社，1993。

在一个家庭里，如果父母互敬互爱，尊敬孝敬老人，关心爱护孩子，热情、诚恳、礼貌待人，与家人、同事、邻里和睦相处，渴求知识，有强烈的事业心和责任感，那么在父母的带动下，孩子也会产生强烈的求知欲，体会到读书的乐趣，在学校能和同学友好相处，在家里能孝敬父母、善待同胞，形成良好的心理素质和学习精神。因此，家长必须以身作则，要孩子做到的自己首先做到，成为孩子的楷模。

第三，爱而不宠，德育要严而有度。

在德育方面我们提倡对孩子要严，这个严是约束而不是过分严厉甚至是体罚。因为孩子还不能明辨是非，对于他们过分的要求，我们可以用坚定的态度表明自己的立场，但不能通过体罚的方式来达到教育的目的。体罚只能使儿童遭受皮肉之苦，并不能消除他们不正确的思想。一旦脱离了父母的视线，他们就会更加疯狂。近两年频频出现的中学生群殴同学的事件中，许多打人者的家长在事后都会说自己的孩子在家里面很"温柔""听话"，怎么也想不到他会参与打人。另一方面，体罚也可能会直接扼杀孩子的天性，将孩子培养成一个畏首畏尾、不敢表达思想感情的人。

对孩子要爱，但不能无原则地宠爱，尤其是对小学高年级阶段以前的孩子，因为这个年龄段的孩子对事物的理解、分析、判断能力不足，自控能力较差，如果家长一切听命于孩子，百依百顺、处处迁就、事事代劳，对孩子表现出的散漫骄傲、比吃比穿比用等不良风气不以为意，片面强调学习成绩，认为"树大自然直"，花费大量的精力和时间辅导孩子的功课，但在孩子的思想品德方面没下功夫，结果可能导致孩子学会打人、骂人、说谎，学会随心所欲、投机取巧、爱占便宜，形成唯我独尊、自以为是等。孩子长大后，就会任性固执、桀骜不驯。"那时候父母才知道孩子刚愎讨厌，才知道他们亲手养成的种种恶习是很麻烦的；那时候他们才愿意拔除自己亲手种植的稗草，可是稗草的根已深了，这时再想拔除也已经晚了。"①

因此，在家庭德育中对孩子一定要有度。比如，当孩子试图用啼哭这种方式来唤起同情与关注时，父母既不能不管不问，又不能一听到孩子哭就立刻满足他所有的需求。如果对孩子的哭声反应过度，孩子一哭立刻满足其要求，孩子就会形成只要我哭就能得到我需要的东西的心理，以后他想要东西时就会通过这种方式来获得。而对孩子的哭无视和冷漠也会伤害孩子的感情甚至安全感。较好的做

---

① ［英］约翰·洛克：《教育漫话》，24～25页，北京，教育科学出版社，1979。

法是，父母表示同情但要严肃地告诉他，用这种方式来换取父母的关注是不对的，并告诉他，他以后再这样做你会采取置之不理的态度。

总之，在家庭道德教育中，我们要把对孩子的"爱"与"严"结合起来，采取适当的方法对孩子进行严格训练，但是严格不等于冷酷，对孩子严格管教要适度，不能忽热忽冷，不能把父母的情绪转移到孩子身上，忽严忽宽，避免产生对孩子的成长不利的影响。

第四，正确引导，德育也要因材施教。

不同的孩子有不同的特点，家长要根据儿童的心理和生理发展的特点，采用适当的方式进行道德教育。在道德教育方面，王阳明根据自己孩子的特点写出了朗朗上口的三字诗："幼儿曹，听教诲：勤读书，要孝悌；学谦恭，循礼仪；节饮食，戒游戏。毋说谎，毋贪利；毋任性，毋斗气。毋责人，但自治。能下人，是有志；能容人，是大器。凡做人，在心地；心地好，是良士；心地恶，是凶类。譬树果，心是蒂；蒂若坏，果必坠。吾教汝，全在是。汝谛听，勿轻弃。"

这首诗把道德教育的重要性、宗旨、内容、要求以及方式方法都具体化、形象化了，尤其是"譬树果，心是蒂；蒂若坏，果必坠"的比喻，生动简洁地从正反两个方面说明了道德的重要性。这首诗没有过多的说教，孩子一读就能懂，而且涉及了道德的方方面面，堪称古代道德教育的一个典范。

而晚清重臣曾国藩，在教育已经读书识字并稍有建树的儿子时，则采取了富有哲理性的说理教育，他说"吾人只有进德、修业两事靠得住。进德，则孝悌仁义之本是也；修业，则诗文作字是也"。从曾国藩家书来看，他教育子女强调十种品德，即孝(孝顺父母)、悌(尊敬兄长、爱护弟弟)、刚(培育阳刚之美，切勿柔弱受辱)、明(要光明正大)、忠(忠君报国)、恕(用仁爱之心待人)、勤(勤苦好学)、俭(勤俭节约，切勿铺张浪费)、谦(谦虚谨慎，戒骄戒躁)、浑(品行厚重端庄，切勿漂浮轻薄)。①

总而言之，在家庭德育方面我们应该牢记因材施教的古训，针对不同年龄段、不同性格特点的孩子，采用不同的教育方式，以培养有良好心理素质、道德情操和健康人格的儿童。

第五节　审美与人生观教育

人生观是人们在实践中形成的对于人生目的和意义的根本看法，它决定着人

---

① 陈汉才：《中国古代幼儿教育史》，234～237页，广州，广东高等教育出版社，1996。

们实践活动的目标、人生道路的方向，也决定着人们行为选择的价值取向和对待生活的态度。审美教育则通过耳濡目染、潜移默化的过程，达到美化人们心灵、行为、语言、体态，提高人们道德与增长人们智慧的目的。正确的人生观引导人们高雅的审美，凝结成高尚的道德情操与渊博的知识，而高尚的道德情操与渊博的知识有助于正确人生观的形成。本节我们将重点探讨家庭文化教育中如何落实审美教育和如何对儿童进行人生观教育两个主要问题。

一、审美教育

（一）审美教育的概念

所谓审美教育，通俗地讲就是美育。如果要给审美教育下个定义，我们可以从两个层面来讲：从狭义的层面讲是通过艺术手段对人们进行教育；从广义的层面讲是运用自然界、社会生活及物质产品与精神产品中一切美的形式给人们以耳濡目染、潜移默化的教育，以达到美化人们心灵、行为、语言、体态，提高人们道德与增长人们智慧的目的。我们今天所要探讨的审美教育就是从广义层面上讲的。

审美教育的历史几乎同人类文明的历史同样悠久。原始社会的巫术同时也是先民们最原始的审美教育的手段。中国早在周代就形成了用"六艺"（礼、乐、射、御、书、数）对贵族子弟进行教育的体制。"乐"是诗歌、音乐、舞蹈三位一体的美育课程。"书"是学习书写，除了实用的目的，也包含书法艺术的因素。"射""御"是练习射箭与驾车的技术，在体育和军事训练之中也包含有体态气度的美化训练。"礼"除了统治阶级道德观念的灌输之外，也包括仪表美、行为美、语言美的培育。

古代礼、乐为主的审美教育占有极为重要的地位。《礼记》中有篇长文，叫《乐记》，对礼、乐功用有很多比较精彩的论述。比如，它认为："乐者为同，礼者为异。同则相亲，异则相敬，乐胜则流，礼胜则离。合情饰貌者，礼乐之事也。"意思是乐起到和同的作用，礼能起到区别的作用。和同使人们亲近，区别使人们相互尊敬。乐超过限度会使人放纵，礼超过限度会使人们产生隔膜。使人与人之间的感情融和而仪表庄重，这就是礼乐的功用。再比如它认为，乐是从内心产生的，因此可知其真情，而礼是外在表现，因此可见其美德。"大乐必易，大礼必简"，大乐必定是平易的，大礼必定是简朴的。乐通行，人们的心情可以发泄出来，所以就会没有怨恨；而礼通行，人们的言语行为有了规范，就会少了冲突纷争。所以孔子说"兴于诗，立于礼，成于乐"，意思是礼和乐结合才能真正让一个人的人格修养得以完成。

对于礼、乐等审美教育能够培养人正确的人生观，儒家也有论述，《乐记》中有一段话，清晰地表达了这一思想："德者，性之端也。乐者，德之华也。"意思是，德行，是本性的端正；音乐，是德行的花朵。乐的教育可以端正人的心态。

近代中国的一些学者和教育家也很重视美育问题，如康有为十分重视对孕妇的审美教育，希望通过孕妇施以良好影响于胎儿。近代教育家蔡元培继承中西美育传统主张，要求人们"日有所进"不应该仅仅是学业，还应该有音乐、美术等。

在西方，希腊人重视身体的健美和动作的优美，强调语言美，强调"美德"，即美与善的统一。中世纪的欧洲利用教堂建筑、教堂音乐、圣像画、宗教雕塑对人们进行审美教育。文艺复兴以后，人文主义的教育强调音乐与图画对儿童教育的巨大意义。在18世纪的法国，卢梭主张"自然教育"，认为各种游戏和绘画活动对于发展视觉有重大意义，他要求发展听觉，训练儿童歌唱和欣赏音乐的能力。18世纪末，德国教育家席勒认为解决社会问题的主要途径是审美教育。他说："道德状态只是从审美状态发展出来，而不能从自然状态发展出来。""想使感性的人成为理性的人，除了首先使他成为审美的人以外，再没有别的途径。"按他的看法，审美活动能为人的智力生活提供高尚情操，使人不知不觉地接受道德观念。

古今中外的人们都极为重视审美教育，将审美教育看作人生发展中必不可少的一个部分，将其看作完美人生的最终体现。

在今天，审美教育可以通过学校、社会和家庭三大途径进行。但审美教育的根源依然在家庭。家庭审美教育是一个长期、系统的工程。有学者认为家庭审美教育应该从母亲受孕的那一刻开始。每个人最初受到的教育是在胎内的，母亲的身心处在美的状态中，对胎儿的身心健康有良好的影响，所以美育应从胎儿期就开始。胎教的重要性现在已经为科学所证实，对胎儿进行审美教育不是笑话而是具有现代科学性的。孩子出生之后，家长在日常的家庭生活中要创造"美"，以美动人，以情感人。比如，有趣的故事、神奇的童话常常可以使孩子明白什么是美，什么是丑，什么是好，什么是坏。《拔萝卜》能激发孩子团结友爱的高尚情感；雷锋的故事可以使孩子学到助人为乐的精神；参观名胜古迹，游览名山大川，可以培养孩子的爱国主义情感，激励孩子热爱生活。

（二）家庭审美教育的内容

大概生活中没有人不爱美，但是爱美是一回事，善于发现美、培养美却是另一回事。正如法国雕塑家罗丹所说："美到处都是有的，对于我们的眼睛，不是缺少美，而是缺少发现。"家庭美育的内容就是教育孩子要思想美、品德美、情操美、性格美、习惯美、风度美、语言美、行为美、体魄美等，概括起来，在家庭文化教育中我们要教育孩子心灵美、行为美、语言美、仪表美。

第一，培养孩子对生活、自然、文化艺术等美的感受能力与表达能力。由于受年龄的限制，孩子知识贫乏、经验不足，主要从具体形象和成人的偏好来认识事物和感知事物。因此，父母要从孩子这一认知特点出发，给孩子一双发现美的眼睛，由表及里、由浅入深，一点一滴加以引导，让孩子在自然、居家环境、成人的言行中培养基础的正确的感受美与简单的评价美的能力。

对美的表达，可以建立在孩子对美的感受、理解的基础上，使孩子通过自己在生活中的活动、观察去表现美，这可以是有意识的，也可以是无意识的，包括成人因势利导的教育。如孩子说话、写字、朗诵、绘画、唱歌、舞蹈等的展现，在这些展现中，父母可以看出孩子的天真、纯朴、热情、自信、坦率，培养孩子的形象思维力、抽象思维力、动手能力，可以给孩子高尚的情操、独立的人格奠定良好的基础。

第二，培养孩子对舞蹈、音乐、美术、文学、科学等的兴趣。孩子的潜力是无穷的，孩子将来会做什么，是很难预料的。我们要根据孩子的特点有选择性地启发孩子，培养兴趣。

舞蹈，是人体艺术，是身体的语言，是以有生命的人体动作姿态为物质媒介在有节律的连续运动中塑造艺术形象、抒发情感和反映社会生活的一门艺术。音乐是一种听觉的艺术，是情感的艺术。想象是创造的源泉，音乐审美想象会给孩子带来审美享受，同时激发起他们的思维活动。孩子每一次审美想象的过程，都是迈向更高层次审美想象的一个阶梯。美术审美通常指绘画、雕塑、工艺美术、建筑艺术等在空间开展的、表态的、诉之于人们视觉的一种艺术审美。文学审美，指文学作品能够给人以情绪的激动和感觉的快适，给人以精神上的满足，培养人高尚的人格。科学美主要体现在实验美、理论美和数学美三个方面。科学审美，也就是科学理论体系的审美性质或审美要素，它们足以打动鉴赏者。科学审美是科学家从事科学探索的强大动力，也是联结科学文化和人文文化的纽带，是推动科学发展的必不可少的力量。

(三)家庭审美教育的方法

第一，艺术感染。艺术美的教育在孩子成长过程中占有重要的地位，唱歌、跳舞、绘画、听故事、朗诵诗是幼儿园进行美育的主要活动；在家里父母也要尽量利用艺术作品，开展艺术活动来增进孩子的美感，培养欣赏美、创造美的能力，使孩子树立积极向上的人生观。

音乐舞蹈教育是艺术感染的重要途径。大多数孩子都喜欢唱歌跳舞，哼哼唱唱、蹦蹦跳跳是孩子高兴时最常见的表现。在家庭文化教育中父母要注意对孩子的这种自然心理活动进行正确的引导。音乐舞蹈是一种声音与动作的艺术，通过声音与动作塑造艺术形象，表达人的思想感情，反映生活，对人有巨大的感染力，留有丰富的想象空间。家庭文化教育中应注意营造这种轻松的艺术气氛，如根据起床、吃饭、游戏、入睡等不同情景的需要选择相宜的音乐让孩子听。起床时听轻松愉快、活泼有力的乐曲，吃饭时听舒缓、优美的音乐，就寝时听轻柔的摇篮曲，等等。家长还应该常带孩子去听音乐会、看舞蹈演出，让孩子感受音乐与舞蹈的魅力与气势，增强孩子对音乐与舞蹈的亲切感，这些都有助于发展孩子的音乐与舞蹈感受力，陶冶孩子的性情并培养美感。

家庭文化教育中的音乐教育在怀孕时就应该开始。胎儿虽未出生，但三月后已发育成人形，是可以感受声音的，特别是七八个月大的胎儿，这一时期更是胎教的良好时机。此时，准爸爸妈妈就应该让胎儿听音乐，舒缓的古典音乐对胎儿的成长有良好的情感培养作用。孩子出生后就要鼓励幼儿听、唱、拍手等，引导幼儿唱儿歌，跳幼儿舞蹈，这些都是能提高孩子感受美的能力的好方法。历史上许多名人都喜欢音乐，这激发了他们的创造力。如孔子对音乐痴迷，"闻韶乐而三月不知肉味"，就是记载他和大师学音乐，每天沉酣于鼓瑟齐鸣的仙乐中，使自己的身心受到了极大愉悦，而长时间尝不出肉味。大物理学家爱因斯坦是小提琴手，他曾经说："我如果没有青少年时代的音乐教育，就不可能有现在这些科学上的成就。"达·芬奇被称为艺术巨人，他是科学家、画家，又是音乐家。他是左右脑完美结合的典范。一位音乐专业人士说，钱学森的音乐造诣比他们这些专业人士都高。钱学森的夫人蒋英是中央音乐学院的声乐教授。生活在音乐中的钱学森，把他的大脑思维能力发挥到极致，为我国"两弹一星"事业做出了巨大贡献。邓稼先的夫人在中央电视台的谈话节目中说，邓稼先在去世之前还在听音乐。华罗庚生活在音乐的家庭，他的夫人是钢琴家，据说他的数学研究都是在钢琴声中完成的。

美术教育是艺术感染的另一途径。生活中处处充满美。为激发孩子对美术的兴趣，家庭要提供适宜的环境。家里可以挂些格调高雅的字画，放置一些富有艺术性的居室装饰物，给孩子提供一个充满艺术情趣的居住环境。等孩子稍微大一点，家长可以多提供机会让孩子欣赏他人的作品，有条件的话，要常带孩子参观画展，让孩子从小接触那些艺术佳作，激发孩子对美工艺术的兴趣和热爱，让他们从内心深处产生热爱美术、积极主动开展美术活动的欲望。在欲望驱使下进行的美术活动往往最能反映孩子对外界事物的印象和感受，也能发挥他自身的智慧与能力。

文学教育也是艺术感染的重要途径。文学美的教育从语言美开始。孩子从出生到掌握语言，一般需要3~4年的时间，而语言发育的关键期是2~4岁。专家认为，9个月到24个月(2岁)是理解语言的关键期，2~4岁是表达语言的发育关键期，此时学习语言效果最佳，而且获得的语言习惯最容易长期保持下去。孩子的语言是在社会生活环境和教育的影响下形成和发展的，早期语言的发展直接影响人的一生，还直接影响人的整个智力水平的发展。家长应通过顺口溜、诗歌、绕口令、故事等生动的文学形式，培养孩子学习优美语言的兴趣，激发孩子求知欲，促使孩子学习模仿文明行为和提高语言的表达能力，使孩子受到美的熏陶。家长在家庭文化教育中可以利用简洁、明快、易懂、易记的儿歌、谜语、快板、故事等来培养孩子的文学兴趣，还可以让孩子续编故事，或者根据故事中不同人物的形象、心情、语气让孩子表演故事，以帮助孩子理解内容，体味文学美。

第二，与大自然接触。大自然之美是纯洁的，大自然之美是和谐的，大自然之美是天然的，大自然之美是野性活泼的，总之，大自然之美呈现各式各样的特征。同一地方，不同季节有不同的美，不同地方的美更是丰富多彩。如带孩子出去游玩，父母可引导孩子观察，春天花儿开放，绚丽多彩；小草吐绿，清脆可爱；小鸟和鸣，动情悦耳。夏天山中满月弯月，云起雾散，日出日落，松林沙沙，溪水淙淙，各有意趣。秋天谷穗金黄，天空湛蓝，树木萧瑟。冬天雪覆山顶，梅花傲霜。总之，大自然有形态美、色彩美、声音美、动态美等。平时父母也可以带孩子在小区、公园、山野等地观看自然的优美，引导孩子热爱自然，感受自然之美。

第三，营造审美化的家庭生活环境。富有情趣的家庭生活环境建设是家庭文化教育中审美教育的基础。

家庭布置简洁大方、色调和谐、搭配合理本身就是一种美。从物质方面看，家居布置应不求高档，但求实用方便，摆放合理，干净整洁，色调和谐，布局美观。有条件的家庭可以适当种植花草，或盆栽，尽量幽静雅致。以朴素整洁为主调的家庭装饰，不仅有助于孩子养成俭朴的生活习惯，还会启发孩子对美的感受。

家庭成员服饰形象美也是一个人内在的文化素养和个人气质的反映。家庭中的每个人应根据自身条件，穿着整洁、大方、得体，适合个人身份、职业、年龄，而不是追求奇装异服。家长一方面通过自己的服饰、形象给孩子以引导；另一方面引导孩子对周围人的服饰、形象进行区分，哪些是美的，哪些是不合适的。这对孩子形成正确的审美观是一种有效的外在促进手段。

家庭的审美还体现在精神美上。家庭成员的精神生活对孩子的影响是巨大的。有句话叫"忠厚传家久，诗书继世长"。有的家长陪孩子读书，有的在墙壁上悬挂一些以名言警句、青松翠柏、梅兰菊竹等为主要内容的字画，孩子经常观赏咀嚼，可以陶冶情操，培养审美情趣。古人讲"蓬生麻中，不扶自直；白沙在涅，与之俱黑"。家庭教育中的审美教育是一种高尚的精神教育，更是情感渗透，对孩子的心灵塑造作用甚大。

家庭的审美还体现在和谐的人际关系上。父母间、父子间、子女间、亲友间等要做到民主与尊重。古人给我们留下了许多有益的教育：孝养双亲，尊师重道，妻贤夫敬，父慈子孝，兄弟和睦，言而有信，邻里互助，建立一个温馨的家庭，和美的人际环境。

家庭的审美还体现在语言、行为上。家庭成员要注意语言的准确、鲜明、生动以及和气、文雅、谦逊、文明、礼貌。"言为心声"，语言美是心灵美的直接体现。"请""谢谢""对不起"等礼貌语言，应该在家庭生活中经常听到。如果家庭成员之间恶语相向，孩子的语言无疑多具好斗性。父母是孩子的第一任老师，优秀的父母无疑在语言上也是孩子学习的榜样。行为美是指人在各种社会活动中通过所作所为而表现出来的行动、举止的美，是心灵美在具体的实践中的外显。行为美要求既美且善，行为美是心灵美的表现，具有多样性和规范性的特点。家长在生活中要言行一致，不仅说得好，还要做得好。

第四，与学校审美教育相结合。家庭审美是学校审美教育的基础，也是学校审美教育的一个有机组成部分。学校美育就是在家庭美育的基础上逐渐形成的更为丰富、更为全面、更能达到美之境界的审美教育。学校美育是教育的重要组成部分，在对人的全面发展的教育中占有特殊地位。特别是对于已经进入学校接受教育的孩子，家长要结合学校的课程设置以及对孩子的言行要求，做好这方面的配合，把家庭和学校审美教育有机结合起来，促进孩子健康成长。

二、人生观教育

（一）人生观教育的概念

人生观是人们在实践中形成的对于人生目的和意义的根本看法，它决定着人们实践活动的目标、人生道路的方向，也决定着人们行为选择的价值取向和对待生活的态度。人生观是世界观的一个重要组成部分，受到世界观的制约。家庭人生观教育就是父母在家庭生活中有意识地通过教育和引导，启发孩子对人生目的、人生态度和人生价值的思考，并进一步引申到人为什么活着，人生的意义、价值、目的、理想、信念、追求等问题。

人生观的教育其实随着人类教育的诞生就诞生了，只不过当时没有这样一个明确的提法而已。

在原始社会，长者手把手地传授制造简陋工具、进行采集渔猎等，实际上就是一种有关人生目的的教育——为生存而教育。到了阶级社会，这种人生观教育的痕迹就更加明显了。自西周开始，统治者已经意识到了"太子之善，在于蚤（早）谕教与选左右，心未滥而先教谕，而化易成也"①。为了把太子和世子培养成皇室的继承人和接班人，"选太公为师，周公为傅"。

太子的人生观教育集中体现在学会如何治国安邦。为了学会如何治国安邦，太子首先就要懂得"父子君臣之道""安邦定国之策"。"立太傅少傅以养之，欲其知父子君臣之道也"，太子对父皇，"有父之亲，有君之尊""故学之为父子焉，学之为君臣焉，学之为长幼焉。父子君臣长幼之道得而国治"。太子只有掌握了父子君臣之道，才能懂得治国安邦兴天下的策略。其次要学会礼乐。"凡三王教世子，必以礼乐。乐，所以修内也；礼，所以修外也。礼乐交错于中，发形于外，是故其成也，恭敬而温文。"就是说，这种礼乐教育可以陶冶情操，抑制内心的各种邪念，从而使其养成符合正道的思想感情。

后来，随着经济政治下移，出现了文化下移、学术下移，"天子失官，学在四夷"。随着学术下移，教育不再是皇家专利，大臣士族甚至一般的百姓家庭也开始了有针对性的育儿教育。现在流传下来的众多的家规、家范就是明证。在这些非皇族的家庭文化教育中，人生观教育依然被列在第一位，足见其重要性。

孔子是大规模私学的创办者，也是家庭文化教育的始祖之一。据说，陈亢问孔子的儿子伯鱼：你父亲给你教授过一些与众不同的东西吗？伯鱼说，没有。他只是教育我：不学《诗》就不知道怎样说话，不学《礼》就不知道怎样做事。孔子生活的那个时代，礼是各种礼仪行为的规范。不同身份的人，礼仪是各不相同的，是不可以乱伦次的。礼是那个时代处理各种人际关系的依据，离开了礼，在社会上是站不住脚的。孔子教自己的儿子以礼行事、按礼做事，充分体现了他在家庭教育中对人生观教育的重视。

东汉太守张惇常教育自己的儿子张奂"以国为家，戍边报国"，使张奂从小就受到了爱国精神的熏陶，与人聊天也会大谈男儿志在保家卫国。张奂长大之后，

① 陈汉才：《中国古代幼儿教育史》，18页，广州，广东高等教育出版社，1996。

果然不负父亲厚望，在抗击匈奴的战争中屡立战功。

平民百姓在家庭教育中也不忘人生观教育。最典型的例子就是孟母三迁。孟子的母亲为了培养儿子正确的人生观，连续三次搬迁居所，从"近墓""市傍"之地，迁居"学宫之旁"，认为这才是学习礼仪与文化的好地方。在孟母正确的人生观教育下，孟子受益匪浅，日后成为中国历史上儒家文化的代表人物之一。

父母是孩子的第一任老师，孩子日后的行为、品性、人生观，很大程度上来自家庭的熏陶和父母的教育。宋代宰相寇准自幼丧父，家境贫寒，但胸有大志，后来中了进士。喜讯传到家乡时，寇母已患重病，卧床不起。临终前她把亲手画好的一幅画交给一位知心朋友刘妈说："吾儿做官，如有错处，你就将此画交给他。"后来，寇准做了宰相，群臣为他庆贺生日，大摆宴席。刘妈认为时机到了，便将画交给了寇准。寇准打开一看，是一幅"寒窗课子图"，并附诗"孤灯课读苦含辛，望尔修身为万民，勤俭家风慈母训，他年富贵莫忘贫"。寇准看到母亲的诗画，泪如泉涌，当即撤去筵席，退回寿礼。

(二)儿童人生观教育面临的问题与挑战

当前，学校迫于升学率压力对人生观教育的不足、父母对独生子女的溺爱与放纵、市场经济环境下的功利意识的浓厚、全球一体化造成社会思潮和价值观的多元与混乱等都对儿童价值观教育提出了挑战。一部分孩童和学生不同程度地存在着以下问题：一是厌学，表现为态度不端正，目的不明确，学习缺乏动力和压力，不思进取，厌学情绪严重；二是以自我为中心，不愿受社会集体的束缚，个人主义泛滥；三是贪图享乐，金钱至上，拜金主义严重；四是急功近利，实用主义。这些都说明加强孩子的人生观教育是十分迫切的。

孩子未来成功与否，抗击挫折与困难能力的强与弱，主要取决于是否有积极向上的、正确的人生观、价值观。家长首先要深刻认识到正确的人生观、价值观对孩子成长成才的重要性，要在家庭文化教育中从早从小抓起，高度重视孩子人生观的教育；同时，要积极配合学校，与学校共同努力，抓好孩子的人生观教育。

(三)家庭文化教育中人生观教育的主要途径

在家庭文化教育中到底如何培养孩子正确的人生观呢？我们认为可以从以下几点入手。

第一，要让孩子学会客观地看待问题。客观地看待问题，就是实事求是。这一点好像很容易做到，但其实人从一开始对于世界的认识就带有一定的倾向性，同样的事物，对于不同人的认识价值和意义可以是完全不同的。客观地、中性地看待事物，不先入为主，不唯我独尊，也不被他人的意见所左右，始终保持清醒的头脑，保持必要的冷静和理智是一个人形成正确的人生观和价值观的前提和基础。因此，在家庭文化教育中父母要做到以启发为主，鼓励孩子思考，不强加给孩子成人的思想。

第二，要让孩子学会辩证地分析问题。辩证唯物主义和历史唯物主义是马克思主义的基石。在现实生活中，除了客观地看待问题之外，最重要的是要一分为二地分析问题。一事当前，既看到长处、好处，也看到短处、坏处，不盲从、不极端、不冲动。这当然不是说一个有着正确人生观和价值观的人就不能有感情，就不能有七情六欲，而是说我们需要在多数时候保持平和的心态，在顺境面前不忘乎所以，在逆境面前不自暴自弃，始终对世界、对社会、对他人、对自己保持清醒的判断和积极的态度。

第三，要让孩子正直、善良、真诚、勤奋。学会善待他人，其实就是善待自己。古人云："不以恶小而为之，不以善小而不为。"人们都说："与人玫瑰，手留余香。"一个成天想着算计别人的人，必定成天想着如何防止他人算计，因此，他的人生之旅一定是"苦海无边"，暗无天日；一个人正直、善良、真诚，多数人也会用同样的态度对待他，尽管我们不能保证他永远不会受伤，但在多数时候，他是幸福的、快乐的、无忧的。除此之外，我们还需要学会勤奋，一个人要想在这个世界立足，踏实和勤奋便是最起码的美德，学会勤奋，就是拒绝好逸恶劳，就是学会自食其力。

第四，要让孩子富有爱心和勇于承担责任。当前的学前和基础教育，把过多的时间和精力花在了知识的"灌输"上，直接的后果就是我们的教育缺少必要的人文关怀，使得我们的孩子越来越冷漠，越来越缺少爱心。一个没有爱心的人，自然也不可能有什么责任心。我们的教育，应该达到这样一个理想状态：不但增长了孩子们的智慧，也丰富了孩子们的感情；不但培养了学生追求理想和自由的愿望，也提升了学生承担责任的信心和勇气。

第五，要让孩子有远大的理想和崇高的精神追求。一个没有远大理想和崇高精神追求的人，会变得功利，目光会越来越短浅，视野会越来越狭窄，精神世界会越来越荒芜。一个没有远大理想和崇高精神追求的人，终日为世俗所劳累，为琐事所羁绊，会被眼前的困难所吓倒，亦会被一时的胜利冲昏头脑。看待事物自然也就少了几分冷静、客观和理智，生活便会失去应有的宁静与从容。远大的理想抱负、崇高的精神追求，可以帮助我们从更远的历史视角、更广的社会视野，观察和分析眼前的事物，减少盲目、摒除急躁，不但听从于客观规律的指引，也听从于内心的召唤，把有限的时间和生命，真正用在有意义、有价值的事情上来。

在家庭文化教育中坚持做到上述五点，有助于使孩子成为一个自我价值和社会价值高度统一的人。当前，对孩子进行正确的人生观的教育至关重要，是培养他们良好个性品质的前提。只有教育孩子树立正确的人生观，深刻理解人生的意义和目的，心中有他人、心中有社会，树立为祖国和民族奋发学习、积极进取的志向，才能帮助孩子形成良好的个性品质，才能使孩子适应 21 世纪对人才的需要。

本章小结

家庭文化教育的内容极为广泛，它涉及了家庭生活的方方面面。本章对人生发展起关键作用的安全与成长教育、健康与劳动教育、智力与学习教育、礼仪与道德教育以及审美与人生观教育五个方面进行了简要概述。这五个方面是相互关联、相互影响的，是一个拥有健康人格和健全体魄的人所必须拥有的核心要素。

让孩子拥有一个健康的身体，安全茁壮成长，热爱劳动，顺利融入社会，用自己的双手去创造幸福生活，是每一个父母最基本的愿望，健康与劳动教育、安全与成长教育成为家庭文化教育中最基本的内容；何为美，何为丑，何为高大，何为渺小，人应该如何活着才有意义，家长总是努力向孩子表达对这一人生根本问题的认识，审美与人生观教育成为家庭文化教育中最核心的内容；如何开发孩子的智力，让孩子爱思考、愿意学，知道学什么、怎么学，知道学以致用，这是绝大多数父母当今最为关心的问题，智力与学习教育成为家庭文化教育中最重要的内容；尊老爱幼、文明礼貌、内心善良、诚实守信、乐于助人，善于协调人际关系，受到同学、老师和周边人的欢迎和好评，这是每位父母心目中乖宝宝的美好样子，礼仪与道德教育成为家庭文化教育中必不可少的内容。上面五个方面的家庭文化教育内容，涵盖和涉及了我们日常教育中所强调的"德智体美劳"教育的各个方面。

文献链接

《教育漫话》（〔英〕约翰·洛克，教育科学出版社，1979 年），共分三部分。第一部分论述体育。洛克认为，健康的精神寓于健康的身体，要防止在衣着、饮食、动静、药物使用等各方面对孩子们娇生惯养，要锻炼出他们能够忍耐劳苦的强健体魄。第二部分论述德育。洛克认为，在绅士的各种品行中，德行应占第一位。

真正的绅士要善于获得自己的幸福，而又不妨碍其他绅士获得幸福；德育的基本原则是以理智克制欲望。在道德教育方面，他重视说理，但认为主要方法还是通过实践养成习惯。洛克认为绅士的第二种美德是良好的礼仪，他要求绅士的言语、动作都要符合其等级与地位，对人谦恭有礼，举止得体。他认为这是"处世的真诀"，可以使自己获得他人的尊重与好感，从而获得一切。第三部分论述智育。洛克认为绅士需要的是事业家的知识，不应局限于学习拉丁文和希腊文。他主张在读、写、算之外，还要学习天文、地理、历史、法律、几何、簿记、法语等，也要学点工业、农业、园艺的知识和技艺，以利于管理企业，并从这些有益的体力活动中得到消遣，从而使生活更加丰富。在教学方法上，他反对死记硬背，重视培养智力，多做实地观察，诱发学习兴趣。

《大教学论》([捷]夸美纽斯，人民教育出版社，1979 年)，代表着教育学成为独立学科的开始。该书共三十三章，重点阐释了教学理论问题。作者主张教师应当主动激发孩子们的求学欲望，并且运用温和的、循循善诱的方法，用仁慈的情操与言语吸引孩子们，而不是用粗鲁的办法使学生疏远教师。教师和学生的融洽关系对增进教学质量有很大的帮助。该书明确提出并详细论证了一系列的教学原则和教学规则，提出并论述了各种教学方法(包括一般的教学方法和分科的教学方法)，拟订了各级学校的课程设置，确立了学校教学工作的基本组织形式，制定了编写教科书的原则要求，甚至对教师如何上好一堂课也都做了具体的规定。该书还论述了道德教育、宗教教育、艺术教育和体育等。

《礼记》是研究中国古代社会情况、典章制度和儒家思想的重要著作。《礼记》是西汉戴圣对秦汉以前礼仪著作加以辑录编纂而成的，共 49 篇，分属于制度、通论、名堂阴阳、丧服、世子法、祭祀、乐记、吉事等。它阐述的思想，包括社会、政治、伦理、哲学、宗教等各个方面。东汉末年，著名学者郑玄为小戴《礼记》做了出色的注解，后来这个本子便盛行不衰，并逐渐由解说经文的著作成为经典，"到唐代，礼有周礼、仪礼、礼记，春秋有左传、公羊、穀梁，加上易经、尚书、诗经、论语、尔雅、孝经，这样是十二经；宋明又增加入孟子，于是定型为十三经"，为士者必读之书。

思考与练习

1. 家庭礼仪教育的方法有哪些？
2. 家庭道德教育的方法有哪些？

3. 家庭审美教育的内容和方法有哪些？

4. 家庭学习教育的内容有哪些？

实践与拓展

请你收集以下这两个家族教育的资料，思考这两个家族教育的历史给予我们怎样的启示，现在家庭教育应该注重从哪些方面着手。

在美国，有两个家族都已繁衍了八代子孙。一个家族的始祖是 200 年前康涅狄格州德高望重的著名哲学家嘉纳塞·爱德华。由于他重视子女教育，并代代相传。在他的八代子孙中共出了 1 位副总统、1 位外交官、13 位大学院长、103 位大学教授、60 位医生、20 多个议员……在长达两个世纪的时间里，没有一人被关、被捕、被判刑。另一个家族的始祖是 200 年前纽约州的马克斯·莱克，他是个臭名昭著的赌徒加酒鬼，开设赌馆，对子女教育不闻不问。在他的八代子孙中有 7 个杀人犯、65 个盗窃犯、324 个乞丐，因狂饮夭亡或成为残废者的多达 400 多人。这两个家族的八代人的家史告诉我们，家庭是子女的第一个"学校"，父母是孩子的第一任"老师"，潜移默化的家庭教育及影响，将会直接关系到子女的道德品质、法纪观念、人生观等的形成。

第三章 家庭文化教育的原则与方法

[本章导读]

　　家庭文化教育是一门教育科学。纵观古今中外的家庭文化教育，都有一定的原则与方法，这些原则与方法对于今天我们更好地推进家庭文化教育，具有十分重要的现实意义。中国传统家庭文化教育的众多原则中，品德教育原则被放在第一位。在帝王家庭教育中，统治阶级无不把为人君的道德教育作为家庭文化教育的重点。士大夫阶层为了迎合统治阶级对人才的要求，在家庭文化教育中也十分重视道德教育，要求自己的孩子将来能忠于职守、清廉、正直。就连一般老百姓的家庭文化教育中也坚持德育原则，如我国流传甚广的《增广贤文》中，就含有大量抑恶扬善、勤俭治家、积德助人、与人为善、见利思义等思想和内容。传统家庭文化教育也极为重视教育方法，比如示范教育，宋代司马光说："慈而不训，失尊之义；训而不慈，害亲之理。慈训曲全，尊亲斯备"，讲的就是父母的言行对孩子有着潜移默化的熏陶作用。再比如循序渐进的方法，如《三字经》中"为学者，必有初。小学终，至四书""孝经通，四书熟。如六经，始可读""经既明，方读子。撮其要，记其事""经子通，读诸史。考世系，知始终"。正是这样的由浅入深、由经到子再到史的学习过程，为子女打下良好的学习基础。此外还有因材施教、严慈相济、注重环境等原则与方法。随着时代的发展，尤其是在城镇化、现代化的今天，在教育理念、价值观发生重大变化的前提下，家庭文化教育的原则与方法都发生了巨大的变化。传统家庭文化教育中的一些有价值的原则与方法被继承下来，一些糟粕被剔除，适合现代家庭文化教育的原则与方法正在接受时代的检验与修正。

　　家庭文化教育的原则与方法既是一个认知体系，也是一套行为规范。只有认识和掌握它，并在日常生活中自觉地运用它，才能在家庭文化教育中收到事半功倍的效果。通过对古代家庭文化教育的梳理，面对当代社会发展的现状，我们在进行家庭文化教育时应该把握哪些原则？应该采取哪些有效的教育方法？我们将在本章对这些问题进行探讨。

第一节　家庭文化教育的基本原则

家庭文化教育的原则是根据家庭文化教育的目的、要求和规律性的认识而制定的指导家庭文化教育实践的基本要求。它是在家庭文化教育实践的基础上，在施教过程中认识和处理各种矛盾关系的基本规则。本节我们将重点对家庭文化教育中的生活化原则、一致性原则、严慈相济原则、因材施教原则、循序渐进原则以及发展性原则等进行阐述。

一、生活化原则

所谓生活化原则就是强调生活教育，就是要让受教育者在熟悉的生活环境中接受教育。北宋大儒张载的《经学理窟》中说："于不贤者犹有所取者，观己所问何事，欲问耕则君子不如农夫，问织则君子不如妇人，问夷狄不如问夷人，问财利不如问商贾，但临时己所问学者，举一隅必数隅反。"这种跟不同行业的人学习不同的专业知识其实就是一种生活教育。陶行知提出"生活即教育"的思想，他认为儿童过什么生活便受什么教育，主张把教育和学习的内容扩大到整个社会和大自然中去。国外一些知名的教育家在谈到学校教育时都提到了生活化教育，要求将学校教育与日常生活衔接起来。法国思想家卢梭主张让儿童在生活中和各种活动中学习。瑞士教育家裴斯泰洛齐主张通过儿童日常接触的事物进行教学。美国教育家杜威主张"教育即生活"，以儿童的直接经验为起点，让儿童通过直接生活进行学习。

家庭文化教育不同于学校文化教育，家庭文化教育是以家庭环境的营造、社会活动的参与以及接人待物的方式等与日常生活息息相关的一些细节性的东西为教育内容的。被教育者是在日常生活中日积月累地学习，既受外部环境的制约与影响，又要亲自参与这些活动。因此，家庭文化教育必须坚持生活化原则。

正如前面所提到的，家庭文化分为三个层次，一是表层文化即物化环境，二是中层文化即家庭制度建设，三是家庭成员的思想道德和情绪即精神建设。三部分的有机统一，构成了完整的家庭文化。家庭文化教育的生活化原则就是提倡在日常生活中，从以上三个方面展开家庭文化教育活动。

(一)家庭环境的营造

家庭环境的营造主要指物化环境、居住环境和心理环境、家庭气氛的营造。

营造一种和谐、温馨、自由、健康、高雅、文明的居家环境，是开展良性家庭文化教育的基础。但良好的居家环境标准也因时代、民族和国家的不同而有所不同。比如在中国古代，追求的是与自然和谐统一，期望能置身于大自然的纯美当中，达到天人合一的境界。因此，"新宅落成，市声不入耳、俗轨不至门。客至共坐，青山当户，流水在左""背山临水，气候高爽，土地良沃，泉水清美……"之地就成了当时最理想的安居之所。宋朝诗人苏轼认为："宁可食无肉，不可居无竹；无肉令人瘦，无竹令人俗；人瘦尚可肥，士俗不可医。"在这种环境熏陶下，家庭成员能养成一种恬静、自然的心态，在这种心态下，才能用心读书。

随着生产力水平的提高，科学技术的进步，人们对精神生活的追求越来越高。在闲暇时间从事什么活动，培养什么样的兴趣爱好是中西方每个家庭都关心的问题。舒适、健康、文明、高雅成了每个家庭营造的核心主旋律。

在老舍笔下，一个舒适、自然、格调高雅的家是这样的：一间小客厅，古玩字画全非必要，只要几张舒服宽松的椅子，一两个小桌。一间书房，书籍不少。一张书桌，桌上有一两枝鲜花，插在小瓶里。家中不要电话，不要播音机，不要留声机，不要麻将牌，不要电扇，不要保险柜。缺乏的东西本来很多，不过这几项是故意不要的，有人白送也不要。法国的奕龙曾说："家庭的装饰布置就像是在一张白纸上涂写你最喜爱的图画，这是一项充满乐趣的工作，它清楚地反映了主人的志趣和修养。"英国的道格拉斯也说："对于一个人来说，高雅的气质重于金银珠宝的装饰；对于一个家庭来说，优雅环境的营造重于豪华家具的堆砌。"日本著名作家志贺直哉在 1928 年亲自设计了自己的住宅：把日照好的房间留给了孩子们和夫人，自己的书房是阴面的，这样写作时不受日光的干扰，又保证了夫人与孩子们的健康。因为他的唯一信条就是：充分地爱自己的妻子和孩子们。夫人的房间位于厨房、客厅与孩子们学习的房间之间，可以有效地照顾到两边。但夫人的房间与孩子们的房间有隔断与门，是为了让孩子们不要对母亲过分依赖，而母亲又不要常常过来干涉孩子们。另一方面，来客吃饭交谈不影响家人学习和休息，而孩子们的玩耍嬉闹声也不会干扰到客人们。

古今中外，人们在具体的家庭环境文化营造方面都有着相似性，那就是要舒适、整洁、活泼、高雅。舒适的家居环境，能满足肢体充分伸展、心神松弛以及亲密归属感的需求；整洁的环境不只是赏心悦目，更有助于提升个人内在的清明、单纯、朴素的特质；活泼的家居则会使人心情舒畅，充满无限的想象力；高雅的家居环境则是一个人个性化的体现，源自对生活的热爱、对事物独特的观察与思考、对文化品位的独特而一致的追求。

(二)家庭制度的建设

家庭制度是人类历史长期发展的产物，也是一种原始的本源制度，其他许多制度都是建立在家庭之上或包含在其中并逐步发展和分化出来的。早在野蛮时代，人们即对两性关系加以限制，提出了种种禁忌，出现了家庭制度的萌芽。中国在西周和春秋时期就有了以孝悌为核心的较系统的家庭制度。早期奴隶制国家古巴比伦则通过《汉穆拉比法典》，在亲子关系方面给家长很大的权力，子女必须绝对服从，从而建立了有别于古代中国的家庭制度。

我们所讲的家庭制度建设不是法律层面的，而是根据各个家庭自身特点而形成的家庭成员遵守的一些书面的、口头的或是习惯性的东西。这些东西在中国古代被称为家规家训。家规家训的外在表现就是我们熟知的家风。

司马谈学富五车，他后来做了汉武帝的太史令，掌管天时星历，还职掌记录，搜集并保存典籍文献。这个职位是武帝新设的官职，可以说是为司马谈"量身定制"的。因此，司马谈对武帝感恩戴德又尽职尽责。由于责任心极强，司马谈在临死的时候，拉着儿子司马迁的手，边哭边嘱咐，这就是司马谈的《命子迁》。他希望司马迁能完成他未竟的大业。司马迁不负父亲之命训，最终写出被誉为"史家之绝唱，无韵之离骚"的《史记》，名垂青史。

包拯以公廉著称，刚直不阿，执法如山。他在晚年为子孙后代制定了一条家训："后世子孙仕宦，有犯赃滥者，不得放归本家；亡殁之后，不得葬于大茔之中。不从吾志，非吾子孙。"包拯的这则家训是他生前对子孙的告诫。寥寥三十七字，凝聚着包公的一身正气、两袖清风，虽千载之下，亦足为世人风范。

今天，这种成文家规家训越来越少见，但几乎所有的家庭都有适宜于自己家庭的"管理制度"，如处理重大事件的决定权在谁、孩子的学习或娱乐时间、起居生活与着装要求、接人待物的基本礼仪规范等。

在国家困难时期，有一次学校午饭又是红枣窝窝头，刘少奇的儿子刘源已经吃腻了这种午饭，他想，下午就要回家了，可以让妈妈做一顿好吃的，中午饿一会也没啥。于是他抠出红枣吃了，趁人不注意把窝窝头扔了。没想到被班主任老师看见了，老师捡回了窝窝头，并将这件事记在了《学校联系簿》上。晚上，刘少奇像往常一样打开《学校联系簿》，看到这件事很生气，刚想批评刘源，但立即改变了主意，于是将提心吊胆的刘源叫到面前，让他背出那首粮食来之不易的诗。聪明的刘源一字不漏地背出了那首《锄禾》。背完诗，刘源认识到了自己的错误，诚恳地要求爸爸批评他。但刘少奇什么也没有说，只在《学校联系簿》上写道，"老师说得对，粮食来之不易，是农民用血汗换来的。浪费最可耻，节约最光荣"。回到学校的刘源主动向老师承认了错误，并养成了勤俭节约的好习惯。

美国前总统奥巴马给自己两个不到 10 岁的女儿设立了 8 条家规：不能有无理的抱怨、争吵或者惹人讨厌的取笑；一定要铺床，不能只是看上去整洁而已；自己的事情自己做，比如自己冲麦片或倒牛奶，自己叠被子，自己设置闹钟，自己起床并穿衣服；保持玩具房的干净；帮父母分担家务，每周 1 美元；每逢生日或是圣诞节，没有豪华的礼物和华丽的聚会；每晚 8 点 30 分准时熄灯；不准追星。奥巴马的家规看似简单、琐碎，但操作性极强，每一条都蕴含着深刻含义，体现了一个父亲在家庭文化教育中的良苦用心。他希望通过这些家规，把女儿培养成能自立、有教养、负责任、讲道理、爱劳动、不慕虚荣、起居有节的人。

家庭文化教育是孩子的起点和基点，而良好的家庭制度则是孩子健康成长的助推剂。从上面的例子中我们可以看到，不管是古代成文的家训家规，还是当代不成文的行为教育，都告诉我们，良好的家庭制度建设是一个人健康成长必不可少的条件。

（三）家庭精神的建设

一个家庭的精神建设主要指一个家庭的思想道德建设。思想道德建设看起来比较抽象，实则体现并贯穿于每个家庭的具体生活中。家庭生活方式是一个回答人们在家庭中如何生活的概念，是指人们在一定的社会条件制约下和价值观念的指导下所形成的满足自身生活需要的全部活动形式与行为特征。它涵盖了家庭生活的全部领域，如起居、消费、饮食、娱乐、学习、劳动……家庭精神建设渗透在家庭生活的每一个环节中，泅漫在每一个家庭的每一个日子里。具体地说，家庭的生活方式，贯穿于孩子日日月月的生活历程中，对孩子习惯的养成、品格的形成起到潜移默化的巨大作用。

第一，家庭的消费教育。在当今中国，出现了一种奇怪的消费方式："再穷不能穷孩子"。在这种消费理念支配下，有的父母出手很大方，面对五花八门的兴趣班，"只问贵的不问对的"，认为只有收费高的才是好的，根本不考虑孩子的感受；在吃的方面，每天带孩子上餐馆，每天给孩子买大量的零食；在穿的方面，只有名牌才是好衣服。

一天，在一个商场门口发生了一起殴打妇女的事件。只见一个十一二岁的男孩紧紧扯住一位中年妇女的头发，中年妇女只能弓着腰。少年大声哭喊着，中年妇女似乎没有一点反抗的意识。几位好心的大妈上前制止，那个孩子却大喊着不让靠近，并用手拍打那位妇女。后来，孩子哭累了喊累了，才松开那位妇女的头发。事后，大家才了解到，那是一对母子，孩子看中了一个玩具，但由于价格太高，妈妈没有给他买，孩子便做出了上面的举动。

这样的例子不多，但却反映了一个非常严肃的问题，就是我们太溺爱孩子，我们没有教给孩子一种健康的家庭消费方式。人民教育出版社版小学二年级语文下册的《玩具柜前的孩子》值得我们一读，孩子不仅关心生病的爸爸妈妈，时刻为自己的家庭着想，而且面对巨大的诱惑时，也能不卑不亢地拒绝。

第二，家庭的娱乐教育。家庭娱乐方式直接影响孩子的价值观。

民国时期著名的语言学家赵元任先生，在语言学研究上享誉世界。但他并没有因为事业而放弃家庭，放弃和孩子娱乐的时间。在他的孩子们还小的时候，赵元任经常编一些儿童歌谣，每天下班后就带着孩子们在花园里、公园里唱歌。到了周末，他还会带着全家人去郊游。所以他的孩子们在长大后回忆小时候的生活时，都说是在愉快、幸福中度过的。

其实，带孩子去公园游玩，是城市家庭最普通的一种娱乐形式。孩子天生好玩，他们在玩中学，在玩中成长。家长经常带孩子逛公园，能够放松孩子的神经，使孩子得到充分的休息，从而为创造性的发展做好心理上的准备。家长还要经常带孩子去博物馆或是科学中心，像孩子那样去思考和行动，孩子们也会非常开心。

第三，家庭的学习教育。这个时代是一个学习型时代，知识的更替速度远远超过我们的想象。这个社会也是一个物质极大丰富的社会，在我们学习的道路上总有数不清的诱惑。一个家庭的阅读习惯、学习气氛、学习方式直接决定着在这个家庭中生活的孩子的读书态度。当然，阅读学习也并不仅仅局限在家中。研究表明，家长经常带孩子去书店，能够引发孩子的学习兴趣，拓宽孩子的知识面，使知识技能和创造能力这对"孪生姐妹"相互促进，共同提高。

历史课上，老师在讲《火烧圆明园》，小明则一直在打瞌睡。老师提问："小明，圆明园是谁烧的？"小明吓得睡意全无，惊慌地回答："不是我烧的！"次日家访，老师说起这件事："我问小明，圆明园是谁烧的，他居然说不是他烧的！"这时，小明的妈妈急忙答道，"我家小明一向老实，他说不是他烧的，就一定不是他烧的！"小明的爸爸是当地的一位著名企业家，站了起来，满脸不高兴地说："烧就烧了，多少钱？我赔就是了。"

古语说得好："其身正，不令则行，其身不正，虽令不从。"家长不学习，指望孩子好好学习常常是事倍功半的。家长不通过努力学习文化知识提升自身的文化素质，期望孩子拥有渊博的知识不太现实。

第四，家庭的劳动教育。在家庭劳动方面，中外名人给了我们无声的指引。在中国，曾国藩非常重视半耕半读的家风；在欧洲，教育家夸美纽斯认为懒惰是

"撒旦的蒲团"，主张从小培养孩子的劳动习惯。但在当今中国，有的年轻父母或者老人，在意识和行为上表现出歧视体力劳动者，甚至将体力劳动者作为反面教材对孩子进行劳动教育，认为孩子只要学习知识、发展智力就能获得成功和幸福，不需要参加烦琐的家务劳动和其他劳动。美国哈佛大学的一些社会学家和儿童教育专家，对波士顿地区456名少年儿童做了长达20年的跟踪调查发现，爱做家务的孩子与不爱做家务的孩子相比，长大后的失业率为1∶15，犯罪率为1∶10，平均收入高出20%，此外，离异率、心理疾病患病率也较低。因此，做家务不仅仅是让孩子帮忙分担一点劳动，更是为了他今后能够获得幸福的生活。

2004年6月，哈尔滨的一个早市上，一对讲着一口地道中国话的俄罗斯父子吆喝着卖馅饼。人们很快认出卖馅饼的父亲就是拥有百万资产的俄罗斯侨民沙克金。他为什么要和儿子一起起早贪黑地挣这点"小钱"呢？原来这是生活在中国的外国父亲对儿子实施的一种独特的劳动教育。长期生活在中国的沙克金像许多中国父亲一样，对孩子的要求有求必应，在家里也从来不要求孩子做家务，他觉得这是对儿子爱的一种表现，导致儿子从小养成自私、不懂关爱他人、衣来伸手、饭来张口的坏习惯。在儿子8岁时，沙克金带着儿子回国。由于俄罗斯的孩子都要帮自己的父母干活，所以没有时间陪他的儿子玩，使得他的儿子整日情绪低落。而沙克金看到自己的邻居、朋友的孩子都那样勤劳、热情、彬彬有礼，于是决定，今后不能再娇惯和溺爱孩子了。回到哈尔滨后，沙克金规定儿子每天都要做力所能及的家务。在儿子13岁的暑假，他还把儿子送到自己的汽车修配厂打暑期工，并吩咐厂里的师傅不许对他进行优待。在儿子再大一点时，他和儿子一起到大街上卖馅饼，于是出现了上面的一幕……

这个案例告诉我们，千万不能忽视从小训练孩子做家务这样的"小事"，它与孩子的成长乃至一生息息相关。教育家马卡连柯长期观察研究得出结论：在家里获得正确劳动教育的儿童，以后就会很顺利地完成自己的专门教育。凡是在家庭里没有接受任何劳动训练的儿童，虽然国家机关努力去教育他，他也不会获得熟练的技巧，会遭遇各种失败，会成为不称职的工作者。

生活化教育没有一个固定的范式，它由渗透在日常生活中的许多教育组成。这些教育因家庭、因教育者和被教育者的不同而不同。但良好的家庭环境、可行的家庭制度和积极健康的家庭精神建设是生活化教育中永恒的主题。

二、一致性原则

家庭文化教育一致性的基本含义是家庭内部教育观念的统一。调查显示，有

53％的父亲和母亲表示他们在家庭文化教育中"不一致"。具体而言，有父亲和母亲不一致、父母和祖辈不一致、祖辈之间不一致等情况。而这种不一致有的反映在教育思想上，有的反映在教育内容上，有的则反映在教育途径和方法上。此外，37％的家长表示，在教育孩子的过程中出现问题不知如何处理；40％的母亲倾向于以说教方式处理教育问题；而大约七成的父亲充当了家庭中"责骂""惩罚"的角色。

除了这种教育理念的不一致外，更严重的是夫妻会因为对一个问题采用何种方式教育孩子而在孩子面前发生争吵。战国思想家韩非子说过："一家二贵，事乃无功；夫妻持政，子无适从。"也就是说，一个家庭里父母争夺权力，家里的什么事也做不成；对子女进行教育，各持各的观点，子女就不知听从谁的，最后便是子女对谁的教育都不听从。如果父母在家庭文化教育中"分家"，孩子极容易对父母一方或双方产生怨恨和敌视。

一对夫妇，年届四十，才得一子。母亲自然爱子若掌上明珠。父亲爱之有度，不乏严厉的教训，但最终难于抵御母亲的溺爱，以至于孩子对父亲十分反感。最后导致夫妻因孩子的教育分歧，反目成仇，从分居到离婚。孩子虽然考上了大学，但对父亲的仇恨并未消泯，不仅从不给父亲打电话，甚至当父亲出于关爱而主动打电话问询时，孩子竟恶语相向，破口大骂。

一位高二学生迷恋网络游戏，父亲因此没收了他的手机，甚至取消了家里的宽带业务。无法上网的儿子常常会和父亲发生争吵，甚至会偷偷跑去网吧上网。而这种行为又不免会招来父亲更严厉的责骂甚至拳脚相加。见父子争吵不断，这位学生的母亲便偷偷充当"红脸"，将自己的手机"借"给儿子用。而这位学生拿到手机就会喜笑颜开，偷偷躲到一边上网玩游戏。

一惩一纵，一严一松，很容易使孩子在家里只怕一个人，只听一个人的话。孩子把父母分成好的一方和坏的一方，喜欢溺爱、祖护自己的一方，而远离严格要求的一方。

因此，在对孩子进行教育时，家庭成员应做到互相配合、步调一致，即使意见有分歧也不能在孩子面前暴露，否则会给孩子身心发展造成不良影响。在矫正孩子学习或生活方面的某些不良习惯时，父母或其他家庭成员应事先商量，达成共识，采取步调一致的方法，就某一个问题，以一个人为主和孩子交流。

陈鹤琴先生曾经对家庭成员间对孩子教育一致性问题进行专门研究，并做出精辟论述，或许对我们如何在家庭文化教育中采取一致性行动有所帮助。"父母打小孩子是因为小孩子不听父母的教训或做错事情，所以当父母打小孩子的时候，旁边的人是不应当来帮着小孩子说'可怜''真苦''不要去打他'等话语，倘使这样去说，那么小孩子以为他自己真是对的，父母打我是错的。"那么当父母责罚孩子时，其他在场的人应该怎么做呢？陈鹤琴认为："旁边人任他父母打几下，然后去把他领开，而且教他下次听父母的话。"①

三、严慈相济原则

在家庭文化教育中，所谓"严"，是指严格要求、严格训练、严格教育。父母对子女严格，平日里对孩子的品行提出高标准，对一言一行严格约束；在子女有了缺点时不姑息、不迁就、不护短，而是批评、教育、提要求，并帮助他改正。所谓"慈"，即指慈爱之意，要求家长在教育子女的过程中，对孩子爱护、尊重、宽容、谅解。"慈爱"本身就是一种伟大的教育力量。在家庭文化教育中，严格要求和爱护尊重是统一的。严格要求与爱护尊重都体现了父母对子女的期望和信任。

在处理爱与教的矛盾方面，我国古代家庭文化教育中坚持了严慈相济的教育原则。孔子曾提出"为人父，止于慈"的观点，强调身为人之父母，应当"知止"在以仁慈之心关爱子女、教育子女上。把以道德教化子女当作首要任务，作为立人之本，使子女成为德才兼备、心身健康的有用之才，能为国家民族服务奉献，这才是真正的为人父之道。北宋司马光对子女要求严格，他在《训俭示康》中写道："恶衣菲食，以终其身"，要求子女勤俭朴实，努力学习。可见，我国古代家庭文化教育既讲"慈"亦讲"严"，讲究"慈严相济"。颜之推则明确把"慈"与"严"结合起来，提出"父母威严而有慈，则子女畏慎而生孝矣"，还说"父子之严，不可以狎；骨肉之爱，不可以简。简则慈孝不接，狎则怠慢生焉"。司马光进一步发展了这方面的思想，在爱与教的矛盾上提倡慈训并重，爱教结合。他说："慈而不训，失尊之义；训而不慈，害亲之理。慈训曲全，尊亲斯备。"清代学者在处理家庭文化教育的宽与严关系上，更强调"教子宜严"，但"严"不是动辄打骂，而是严格要求，"严"不仅包括对子女的严，也包括对家长的严，为父为母要严于律己，以身作则。这就更全面地阐述了严慈相济的教育思想。

父母关心爱护孩子是人之天性。这种爱是培养孩子良好品德和行为的感情基础。没有这种爱，就谈不上教育，就难以收到好的教育效果。但爱而不教，管而不严，自然也达不到教育之目的。有些父母在教育孩子方面往往喜欢走极端，把

---

① 陈鹤琴：《家庭教育》，119 页，北京，科学教育出版社，1982。

孩子管得很严，以致酿成悲剧。

　　石家庄一位单亲母亲因生气上小学的儿子逃学，遂认为是她教育不严之过，于是将孩子拉回家中，手脚捆绑扔在车库中反省。时值盛夏，酷热难当。不久孩子就有些虚脱，不断地呐喊求救。这时，恰有路人听见，好心转告孩子的母亲，让她赶紧放人。这位母亲表面应承，支走了路人，但仍坚持认为，如不对孩子严肃处之，其必不能悔过自新。于是她任由孩子哭喊置之不理。直到下午，母亲消了气，才去车库放开儿子，幻想着这次孩子一定认错服输。等打开房门一看傻了眼，孩子早已气绝身亡。

　　以上虽然只是极端的例子，但现实生活中也不时会发生。实际上，只严不慈，孩子长大就会缺乏信心，做事过度追求完美，很难找到成功的喜悦感。但只慈不严，溺爱成性，则孩子就会成为"扶不起的刘阿斗"，在家里自私、贪婪，不知感恩图报，在外面肆意妄为，成事不足败事有余。

　　这是一个发生在我国西部某个农村的故事：一个十三四岁的独臂孩子，带着同样年纪的四五个孩子，提着砍刀、铁棍要"教训"自己本家的两位叔叔及堂哥。更让人堵心的是这个孩子的父亲竟然是幕后支持者。事情的起因是：这个家族要祭奠祖先，独臂孩子的父亲是这个家族晚辈中的老大，独臂孩子要"教训"的叔叔因为常年在外打工，不了解随礼的规矩，就去请教"老大"，结果被"老大"训了一顿。无辜被训者与训人者发生了争吵。独臂孩子另一位叔叔的孩子（在读大学生）上前劝架，将自己的叔叔拉走。结果伯伯大骂孩子不帮自己。随后就打电话给在县城游荡的独臂儿子，要其带人来"教训"。这位独臂孩子其实并非天生独臂，三年前的一天，这个聪明懂事的孩子因车祸而失去了一条胳膊。随后父母觉得欠孩子的太多，对孩子的一切要求无不满足。以优异成绩考上县重点中学的孩子，在有求必应的父母"呵护"下开始"蜕变"，最终在初二下学期退学了。随后这个孩子在县城出入酒吧、歌厅，成了一位小有名气的"独臂哥"。

　　父母对孩子严慈相济要说到做到，让孩子能在严厉中体会到爱，在关爱中体会到严厉；哪些事是不能做的，做了这样的事后果要自己承担。

　　父母对孩子严慈相济应相信孩子的能力，给孩子一个自由发展的空间。父母要将严格要求和尊重爱护相结合。没有严格要求的爱不是真爱，而是溺爱。父母应严宽有度，不迁就、不溺爱、不放任，对孩子实施正确、适当、明确的教育。对孩子的关爱，应以有利于孩子身心健康为前提，离开这个前提就容易与望子成才的愿望背道而驰；对孩子的关爱，应该是有理智的，有分寸的，绝不能溺爱，否则就会成为孩子身心畸形发展的祸根。在现实生活中，不少父母或祖父母把对孩子的关心爱护变成了溺爱，对孩子百依百顺，有求必应；对孩子的不良行为和习惯不批评、不教育，包庇护短；孩子的吃饭穿衣一切事务都由父母包办代替，孩子让父母干什么，父母就干什么，一切以孩子为中心，使孩子过着饭来张口、衣来伸手、好逸恶劳的"贵族式"生活；孩子逐渐养成自私、任性、专横的坏脾气。若任其发展下去，错过教育的最佳时机，一旦形成习惯，再去纠正就难了。

四、因材施教原则

孔子曾说"因材施教，有教无类"，孟子也说"君子之所以教者五，有如时雨化之者；有成德者；有达财者；有答问者；有私淑艾者。此五者，君子之所以教也"。唐代的大文学家韩愈在其《进学解》一文中，通过木匠对不同木材的使用来说明因材施教的重要性，"大木为宗，细木为桷，榱栌、侏儒，椳、闑、扂、楔各得其宜，施以成室者，匠氏之工也"。韩愈认为，那些大的木材做屋梁，小的木材做瓦椽，做斗栱、短椽的，做门臼、门橛、门闩、门柱的，都各适其宜地建成房屋，主要原因就是工匠能量材而用。这种思想转化到教育中就是因材施教。

家庭文化教育中的因材施教原则，是指家长要从孩子的年龄和心理特征的个别差异出发，有的放矢地进行教育，使孩子能够扬长避短、以长克短，在原有的基础上有所提高，获得最佳的发展效果。这里的"材"，主要指的是孩子心理特征的个别差异，其中主要是气质、性格、能力、需要、动机、理想等要素。

人们常说，"世界上没有两片完全一样的树叶""龙生九子，九子各不同"。就是同卵双生子，他们的生活轨迹也存在着诸多的差异。事实上，人们的差异不是由具有共性的心理过程来表现的，而是主要通过个性心理来体现的。个性心理包括三个方面：一是个性倾向性，如需要、动机、理想、信念、世界观等。二是个性心理特征，包括气质、性格、能力。三是个性的自我调节系统，如自我认识、自我评价、自我控制。它们稳定地表现在我们每个人对待客观事物的态度上。

众所周知，爱迪生是世界著名的大发明家。他一生有 1350 多项发明创造，平均每 15 天就有一项发明问世，其创造能力空前绝后。但许多人也许并不知道，爱迪生小的时候就与众不同，爱思考一些常人看来离奇古怪的问题，被他的老师认为是"捣蛋鬼"，上学仅 3 个月就被他的启蒙老师开除了。幸亏他的母亲做过教师，深知因材施教的重要性。她将爱迪生领回家自己教。她决定按照儿子的性格特点有针对性地进行教育与辅导，启发孩子的创造天性。这位伟大的母亲从儿子种种"捣蛋"的行为中发现了他身上闪光的东西——对物理和化学浓厚的兴趣以及过人的机智和创造力。正是这种因势利导的教育，终于使爱迪生走上了发明创造的道路，成为人类历史上最伟大的发明家。

在现实生活中，有些父母试图通过孩子圆自己未实现的梦。当然，当自己的梦和孩子的兴趣以及素质相统一的时候，这无疑是一件大好事，人类社会就是在下一代圆上一代人的梦，下一代在上一代拼搏的基础上不断进取、奋进，进而超越上一代中发展的。宋代苏轼、苏辙超越了父亲苏洵的文学成就，近代梅兰芳的孩子梅葆玖、梅葆玥同样在京剧艺术界取得了非凡的成就。但是，当自己的梦和孩子的兴趣、爱好、素质、特长不一致的时候，家庭文化教育就可能出现偏差。一些父母认为自己是长辈，是家庭中的领导者，强迫孩子服从自己，扼杀了孩子的兴趣和特长。如有的孩子嗓音好，表演素质好，自幼想当演员，可是他的爸爸做的是书法家的梦，于是硬逼着儿子练书法。有一部分人的某方面的天赋和才华，就是在小时候被父母扼杀掉了的。因此，家庭中对孩子的教育，一定要依照孩子的个性特长因材施教，孩子无论在哪一方面做出了突出成绩，都是一代人超过一代人，同样是圆了比自己更有作为的梦，都是对国家、对社会有益的。

五、循序渐进原则

家庭文化教育的循序渐进原则，是指根据子女不同时期素质发展的特点进行有序教育的原则。同我国重视早期教育的优良传统相一致，我国在很早就发现儿童在不同阶段具有不同的发展特点，并根据这些发展特点实施不同的教育。如早在西周时期，贵族家庭就有一套按照儿童年龄安排教育的程序，《礼记·内则》对这一程序做了介绍："子能食食，教以右手。能言，男唯女俞。男鞶革，女鞶丝。六年，教之数与方名。七年男女不同席，不共食。八年出入门户及即席饮食，必后长者，始教之让。九年教之数日。十年出就外傅，居宿于外，学书计。"宋代司马光根据《礼记·内则》的记载，还制定了幼儿教育的十年教学安排。如一至三岁学习数与方名，研练书法；七岁读《孝经》《论语》；八岁诵《尚书》；九岁诵《春秋》及诸史；十岁就读《诗》《礼》《传》，略通大意，逐步通晓经史之学。《三字经》中教育子女的程序为："为学者，必有初。小学终，至四书""孝经通，四书熟。如六经，始可读""经既明，方读子。撮其要，记其事""经子通，读诸史。考世系，知始终"。尽管我国古代在实践循序渐进的教育方法时有过于僵化的倾向，但总的来说，根据儿童不同发展时期身心发展的情况实施教育，是符合教育规律的。

美国心理学家格塞尔做过一个著名的实验。他让一对同卵双胞胎练习爬楼梯。

其中的哥哥在他出生后的第 46 周开始练习，每天练习 15 分钟。弟弟在他出生后的第 52 周开始接受同样的训练。两个孩子都练习到他们满 54 周的时候，哥哥练了 8 周，而弟弟只练了 2 周。他们都是在 54 周时学会了。后学的尽管用时短，但效果不差，而且具有更强的继续学习意愿。格塞尔分析说，其实 46 周就开始练习爬楼梯，为时尚早，孩子生理上还没有成熟，所以训练只能取得事倍功半的效果。而 52 周这个时间就非常恰当。孩子生理上的成熟为训练做好了准备，所以训练就能达到事半功倍的效果。这个实验给我们的启示是：教育要尊重孩子的实际发展水平。在孩子尚未成熟之前，要耐心地等待，不要违背孩子发展的自然规律，不要违背孩子发展的内在"时间表"。

意大利教育学家蒙台梭利试图区分儿童发展过程中的不同敏感期，她认为儿童通过各个敏感期及不同活动的交替进行，逐渐形成自己的个性。蒙台梭利关于敏感期的定义和描述是模糊的、不具体的，但却有重要的意义。她的思想充分肯定了幼年期在人的发展过程中的价值，为早期教育的重要性找到了科学的依据。

五岁半的飞飞就读于一所优秀的双语幼儿园，每天下午从幼儿园回到家，先写作业，边写边等着妈妈下班后带他去上辅导班。作业有幼儿园老师留的，也有妈妈布置的。每天的作业为：汉语拼音四遍、10 道 2 位数乘 1 位数的乘法题、10 道多个数字相加的算术题、认 5 个汉字、读带拼音的短故事三篇。如果当天上英语课，晚上还要突击英语，不停地听磁带，巩固对话。除去作业，飞飞辅导班的安排如下：周一、周四上认字班，周二、周三是围棋班，周五是珠心算，周六、周日是英语。辅导班八点结束，回到家后继续写没有做完的作业，有时要写到十一点才能上床睡觉。对此，飞飞的妈妈也很苦恼，她并不想让飞飞这么累，可是飞飞班里的孩子都在这样学习，她不想让自己的孩子输在"起跑线"上。

家庭文化教育中这种不顾孩子生理与心理发展规律，不遵循教育规律，"揠苗助长"的教育行为，既反映了家长对孩子期望值很大，强烈渴望孩子在与同龄人的竞争中占优势，同时也反映出家长对教育科学，特别是对于儿童成长过程的认知发展规律不够了解。这种超前的学习行为，可能在短时间内让自己的孩子表现得比同龄孩子"聪明"，但会使其承担与年龄和身心不相符的压力，对孩子长远的成长和发展产生负面影响。例如，有一个孩子从两岁开始学唐诗，现在 4 岁了，一看到唐诗书就扔到地上，一点也不想学了。还有一些孩子到小学、中学就不愿意写作业。因此，在家庭文化教育中贯彻循序渐进的教育原则影响深远。

六、发展性原则

信息化时代，家庭文化教育也要与时俱进，坚持发展性原则，着眼于孩子未来的发展。所谓发展性是指孩子可能的发展水平，也就是通过学习活动所获得的潜力。在家庭文化教育中坚持发展性原则有利于孩子的可持续发展。中国古代家庭文化教育中就有关注孩子未来发展的案例，其中最典型的例子就是"孟母三迁"。没有孟母的正确选择，孟子未必能成为一代鸿儒。然而在当代社会，许多父母在学习孟母三迁时却抛弃了这个故事中最具核心价值的东西——关注孩子的长远发展和价值观培养，简单片面地理解为只要学习成绩。

数学考试成绩下来了，小明垂头丧气地回到家中，胆怯地靠着门，盯着妈妈："妈妈，我考了58分。"

一个耳光落在了孩子的脸上，妈妈的眼睛瞪得像铜铃，而头上的皱纹呈现出一个倒立的八字。她抓起苍蝇拍，照着小明的屁股上就是一下，说着："你这个不争气的东西，我辛辛苦苦送你上学，你不好好读书，才考58分，太不成器了。"没过几天小明从老师手里接过语文试卷，像燕子一样飞进了家门："妈妈你看我考了100分！"

吧嗒！一个响亮的吻落在小明的脸上。妈妈大大的眼睛眯成了一条缝，额上的皱纹变得温柔了，抱着儿子，嘴巴笑得合不拢："我儿子真好！真乖！"

小明忍不住问："妈妈你到底爱什么？是我，还是我的分数？"

孟母三迁的目的在于为孟子找到一个优良的学习环境，让他能安心读书。在学而优则仕的中国古代，出仕是最高的人生追求，此外没有更多的选择。然而在"三百六十行，行行出状元"的今天，人们有着众多的人生选择，重视人的全面发展日益成为教育界的共识。因此，在关注分数的同时，更加关注促进孩子的全面发展和健康成长成为今天家庭文化教育的应有之义。社会需要的不是考试高分者，而是一个全面发展的人。近年我们常听到某些"神童"不会整理内务，一些学习成绩优异的孩子因某件小事而走上不归路等。这些孩子不是没有能力，而是因为非智力因素限制了他们的发展，尤其是家长没有帮助孩子形成正确的人生观。

在家庭文化教育中坚持发展性原则，最根本的是要帮助和引导孩子树立正确的价值观。价值观就是对什么是最重要、最贵重、最值得人们追求的一种观点和评价标准。在物质生活高度发达的今天，家长在家庭文化教育中要教给孩子的核心价值观就是如何做人。

　　陆陇其在灵寿当知县的时候，为政清简，深得人民爱戴。有一天，一位老妇人来告她的儿子不孝，那是一个 20 岁左右的青年。陆陇其对老妇人说："我还没有小仆人，你的儿子可以暂时来帮忙，如果我找到合适人选了，我就给他施用杖刑然后遣送回家。"从此以后，这位青年每天侍奉在陆陇其左右。每天早晨，陆陇其都恭候在自己老母的门外，等母亲起来了，就照应着母亲洗漱、吃早饭。午饭的时候，他在旁边服侍着，时常逗母亲开心；母亲吃完了，他才吃剩下的东西。晚饭也是这样。如果有点空余时间，就陪母亲说笑，讲些故事让母亲高兴。母亲稍有不适，立刻找医生，买药煎药，几夜不睡也不知道累。这样过了几个月，这个青年跪在陆陇其面前，请求回家看望母亲，陆陇其问："你不是和母亲不和，为什么还要看她呢？"这位年轻人哭着说："过去我不懂事，对母亲不好，现在好后悔啊！"于是陆陇其让他们母子相见，两人抱头痛哭。青年和母亲回家后，与以前判若两人，后来因为孝顺在乡里闻名。

　　如何做人，仁者见仁，智者见智。毛泽东同志在《纪念白求恩》一文中提出要做"一个高尚的人，一个纯粹的人，一个有道德的人，一个脱离了低级趣味的人，一个有益于人民的人"。简单地讲，家庭教育就是要培养一个对长辈孝顺、对家庭负责、对他人友善、对社会有用的人。孝敬父母长辈是中华民族的传统美德，是做人的起码规范。不孝敬父母长辈的人，在社会上就不会宽容别人。连自己的父母长辈都不能孝敬的人，一定是一个自私自利的人。优秀的家庭文化教育会使孩子懂得如何孝敬父母长辈、如何与他人友好相处、如何做到不损人利己。

第二节　家庭文化教育的基本方法

　　家庭文化教育的方法，是指家庭文化教育中父母或长辈所采用的具体教育措施或手段。不同的家庭采用的教育方法可能有所不同，但纵观中西方家庭文化教育，目标激励法、榜样示范法、兴趣培育法、环境营造法和奖惩并用法都是行之有效的教育方法。

一、目标激励法

　　目标就是人们希望达到的成就和结果。帮助孩子确立一个看得见的目标，才能激发孩子为这个目标奋斗的热情，才能鼓舞孩子不断努力。一个小孩，你让他观察一棵树然后告诉你这棵树有何特点，不如让他说出这棵树的树枝、树干有何特点。前者就是目标不明确。在《爱丽丝漫游奇境记》中有这样一段对话：

"请你告诉我，我该走哪条路。"爱丽丝说。

"那要看你想去哪里。"猫说。

"去哪儿无所谓。"爱丽丝说。

"那么走哪条路也就无所谓了。"猫说。

这个故事讲的是人要有明确的目标，当一个人没有明确目标的时候，自己不知道该怎么做，别人也无法帮到你。天助先要自助。当自己没有清晰的目标方向的时候，别人说得再好也是别人的观点，不能转化为自己的有效行动。在家庭文化教育中，家长要帮助孩子制定自己的目标，这个目标一定是孩子能力范围内、通过一定努力能实现的，家长千万不能把自己心目中的目标强加给孩子。换句话说，目标不能定得过高或过低。过高，孩子经过一番努力后不能实现，就会逐渐丧失信心；过低，孩子轻而易举就可以达到，总处于一种满足状态，激励作用就会减弱。目标，应基本符合孩子的天赋、兴趣、能力等客观条件，对孩子个性、特长、爱好的发展有促进作用。除此之外，家长要教会孩子树立单一目标，不能一下子树立许多目标；在实现目标的过程中，要设立一些易见成效的短期目标，循序渐进，逐步提高。

一位青年满怀烦恼去找一位智者。他大学毕业后，曾雄心勃勃地为自己树立了许多目标，可是几年下来，依然一事无成。他找到智者时，智者正在河边小屋里读书。智者微笑着听完青年的倾诉，对他说："来，你先帮我烧壶开水！"

青年看见墙角放着一把极大的水壶，旁边是一个小火灶，可是没发现柴火，于是便出去找。他在外面拾了一些枯枝回来，装满一壶水，放在灶台上，在灶内放了一些柴火便烧了起来。可是由于壶太大，那捆柴火烧尽了，水也没开。于是他跑出去继续找柴火，可回来时却发现那壶水已经凉得差不多了。这回他学聪明了，没有急于点火，而是再次出去找了些柴火。由于柴火准备得足，水不一会儿就开了。

智者这时问他："如果没有足够的柴火，你该怎样把水烧开？"

青年想了一会儿，摇摇头。智者接着说："你一开始踌躇满志，树立了太多的目标，就像这个大水壶装的水太多一样，而你又没有足够的柴火，所以不能把水烧开。要想把水烧开，你或者倒出一些水，或者先去准备柴火！"

青年恍然大悟。回去后，他把计划中所列的目标划掉了许多，只留下最近的几个，同时利用业余时间学习各种专业知识。几年后，他的目标基本上都实现了。

这个故事告诉我们，从最近的目标开始，先做好能做的事，再去做想做的事，才会一步步走向成功。在每个时期、每个阶段家长应与孩子共同确定一个经过努力可以实现的奋斗目标，培养孩子的目标意识，教会孩子为实现这一目标而努力，为实现目标付出劳动。因目标的实现而获得阶段性成功的喜悦，更会增强孩子的自信心和上进心。当孩子遇到挫折或情绪处于迷茫状态时，家长要适时给予心理干预，针对孩子的思想实际，给予鼓励或者批评。

确立目标是很困难的，一旦目标确立，要坚持实现目标也是不容易的，因为在这个过程中会有许多东西干涉我们甚至阻挠我们实现目标。

老师给孩子们讲了一个故事："有三只猎狗追一只土拨鼠，土拨鼠钻进了一个树洞。这个树洞只有一个出口，可不一会儿，从树洞里钻出了一只白色的兔子。兔子飞快地向前奔跑，三只猎狗围追堵截，兔子急了，'噌'的一下爬上了一棵大树。兔子在树上，仓皇中没有站稳，一下子掉了下来，砸晕了正仰头看的三只猎狗，兔子乘机逃跑了。"故事讲完后，老师就问大家："这个故事有什么问题吗？"孩子们说："兔子不会爬树；一只兔子不可能同时砸晕三条猎狗。""还有呢？"老师继续问。直到孩子们再也找不出问题了，老师才说："可是还有一个问题，你们都没有提到，土拨鼠哪去了？"老师的这一问题，一下子将孩子们的思路拉到了猎狗追寻的目标——土拨鼠上。兔子的突然冒出，让我们的思路在不知不觉中被分了岔，土拨鼠竟在我们头脑中消失了。

在追求人生目标的过程中，我们有时也会被途中的细枝末节和一些毫无意义的琐事分散了精力，扰乱了视线，以至中途停顿下来，或是走上岔路，而放弃了自己原先追求的目标。在家庭文化教育中，家长要随时提醒孩子，让其矫正"航向"，以免失去既定的目标。

二、榜样示范法

榜样示范，就是以自己的行为为别人树立学习的榜样。在家庭文化教育中，其含义是指家长（主要是父母）通过自己的行动给孩子做出表率。俗话说，龙生龙，凤生凤，老鼠生来会打洞。有什么样的父母就有什么样的孩子。父母是孩子的榜样，为父母者不一定是高官巨贾、文人学士，用自己的丰功伟绩、家财万贯来做孩子的榜样，但可以做一个善良、有爱心、负责任、勤奋踏实的人。不必用语言教育孩子要孝敬老人，父母孝敬老人，孩子看见了，他将来就会有样学样，反之亦然。路边的玻璃片，父母弯腰捡起扔进垃圾堆，这个行为就是"善举"，在孩子的心里就会种下"善"的种子。父母兢兢业业地工作，就会给孩子"认真"的印象，拥有"认真"品格的孩子无论是学习还是将来工作，都会是优秀的。在家里，孩子不仅在听家长的说教，更在看家长的一举一动。"有其父必有其子。"家长爱知识，孩子好读书；家长厌学习，孩子成绩差；家长谈吐文雅，孩子礼貌待人；家长常出污言，孩子不离秽语。无论是家长的思想品德还是行为性格，孩子都在亦步亦趋地模仿跟随。如果家长对自己孩子的行为表现感到十分不满，请不要埋怨别人，也不要责怪孩子，记住教育家的忠告：问题孩子的背后一定站着问题家长。

儒家十分重视人格的培养与塑造，并通过个人人格来影响他人。孔子就主张正人先正己，"其身正，不令而行；其身不正，虽令不从"。孟子发展了这种思想，他说："吾未闻枉己而能正人者也。"在家庭文化教育中他更是提出"易子而教"的主张，"公孙丑曰：'君子之不教子，何也?'孟子曰：'势不行也。教者必以正，以正不行，继之以怒，继之以怒则反夷矣；夫子教我以正，夫子未出于正也，则是父子相夷也，父子相夷则恶矣'。颜之推在家庭文化教育中也广泛地使用身教示范的方法，他说："人在年少，神情未定，所与款狎，熏渍陶染，言笑举动，无心于学，潜移暗化，自然似之。"由于家长的言行对孩子起着潜移默化的熏陶作用，因而在我国古代的家训、家书中，古人比较普遍地采用以自己的亲身经历和亲身感受来教育子女的原则，这无形中对子孙起到了一种榜样的示范作用。

民国初年，爱国将领朱庆澜也把榜样示范列为家庭文化教育的首要原则，认为父母给子女做出榜样，是家庭文化教育的"根本道理""根本法子"，还说"根本法子一错，什么教法都是无效的"。苏联著名儿童教育家马卡连柯说："不要以为只有你们在同儿童谈话或教育儿童、吩咐儿童的时候才是教育。你们生活的每时每刻，甚至你们不在家的时候也在教育着儿童。你们怎样穿戴，怎样同别人谈话，怎样议论别人，怎样欢乐和发愁，怎样对待敌人和朋友，怎样笑，怎样读报——这一切对儿童都有着重要的意义。"

这是刊登在西部某市生活报上的一个案例：寒假过后，老家一表叔打电话给我，说自己上高一的儿子怎么也不愿意去上学了，要我劝说一下。他的孩子不去上学在我的意料之中。早年我回家，他的孩子还只有六七岁，那时农村到麦收后就没事了，他父亲和母亲经常会找人到家里或者去别人家玩扑克牌，有时会玩到深夜。为了不让孩子打扰自己，他们会让孩子长时间看电视甚至会让自己的孩子和其他孩子也玩扑克牌。孩子到八九岁的时候，牌技已经"成熟"，能在三缺一时"救场"。而这种临时的救场行为毫无例外地受到了其父母和在座牌友的称赞。再后来，在吃饭时，孩子已经"敢"品尝啤酒的味道，能替自己的父亲点烟并顺便吸两口。而这些行为非但没有受到制止，反而得到了"你真厉害，能喝酒、能抽烟"

之类的半责怪半表扬的暗示。去年春节回家，孩子已经成了一个熟练的扑克牌手，没有机会做替补时，就找同龄人甚至比他小的孩子来陪他玩，如果没有人就直接上网进行人机大战。偷偷地抽烟、喝酒已经成了公开的秘密。

人们常说，身教胜于言教。从孩子一出生，父母就是孩子最亲近的人，是孩子最早的模仿对象，父母的行为有意无意地影响着孩子的行为习惯。像上面的案例，父母的做法给孩子树立了玩牌就是很开心的坏形象，才导致孩子沉迷于玩扑克牌。而这种坏的行为习惯一旦养成，就会使孩子的学习注意力分散，长此以往，孩子也就没有心思去学习了。

因此，在家庭文化教育中，家长要从以下几个方面为孩子做出表率。

第一，正确的是非观。在市场经济的今天，有公权腐败现象，有个人自私自利现象，有道德滑坡的诸种表现，做到是非分明，的确不容易。但父母对社会上的丑恶现象，不但要分辨清楚，而且要疾恶如仇。这样的态度在生活中应明显地表现出来，让孩子看得见，听得见。

某天，一个孩子跟妈妈一起坐公共汽车，孩子发现一个小偷在掏别人的钱包，孩子对妈妈说："妈妈，那个人在偷别人的钱包！"妈妈看了一眼偷钱的人，对孩子说："别瞎说，那个叔叔跟人家闹着玩儿呢。"

这位母亲是因为害怕小偷报复才这样说的，但把是非、善恶完全混淆了，对孩子会产生什么影响？在家庭文化教育中，父母的一举一动都会在孩子幼小的心灵里留下难以磨灭的印象。孩子在未成年时期，缺乏实际生活经验和社会常识，不会明辨是非，时刻都需要父母的指点。父母应该给孩子讲清道理，告诉孩子怎样做是对的，怎样做不对，应该做什么，不应该做什么。这些都是非常必要的。

第二，勤俭自律。勤俭是立家之本，是立身之本，也是立国之本。勤劳节俭相辅相成，不勤劳的人，不懂得物质财富来之不易，往往不珍惜劳动成果。每一位家长都应把勤俭这种中华民族的传统美德，在自己身上、在家庭里继承发扬。

著名科学家居里夫人经过刻苦研究，从数以吨计的沥青油矿渣中提炼出 0.1 克纯净的镭。当时，1 克镭价值在 100 万法郎以上。居里夫人的丈夫因车祸逝世，有人建议居里夫人把这些镭卖掉，用来抚养孩子。可是居里夫人毅然将这些镭无偿地赠给了巴黎镭学研究所。她认为："贫寒固然不方便，过富也是多余而且令人讨厌的，孩子们将来必须自谋生活，这才是妥当而且自然的事情。"她经常教育自己的孩子："应该不虚度一生，应该像蚕一样，自愿地、坚持地工作，永远忍耐地向一个极好的目标努力。"居里夫人以勤劳节俭的美德要求自己，也要求和影响了下一代。

一个人要做到勤劳节俭，需要有很强的自律精神。一个人要想获得任何成功和进步也离不开自律精神。家长对自己是不是严格要求并持之以恒，孩子会看在眼里，记在心上。自律，是人的意志品质的反映。家长是一个意志坚强的人，才能够要求孩子自己管好自己。如果家长抵制不了花花世界的诱惑，经常放松自己，说话不算数，是不可能教育好自己的孩子的。

第三，求知上进。渴求知识，善于思考，是人们开阔视野、拥有丰富的知识、创造性地解决问题的前提。懒得学习、懒得动脑的人，不会有什么创造性。如果家长是这样的"懒"人，对孩子说再多"要好好学习，多动脑子"的话，恐怕也无济于事。因为在父母身上，他看不到知识的力量，也看不到开动脑筋的效果。

著名作家泰戈尔，小时候曾因学习不好被学校除了名。泰戈尔的父亲为教育好儿子，以自己的示范作用影响儿子。每天早晨，父亲把泰戈尔叫醒，父子俩一起背诵古诗。早饭之后，父亲让泰戈尔坐下来，静静地听自己颂唱经文，然后一块儿去散步，散步时讲各种知识。回到屋里，教孩子读英文。晚上，爷俩又一块儿学习，还以天为书，讲初级天文知识。泰戈尔的求知欲越来越浓。父亲把家里的藏书展示给孩子。泰戈尔饱览名著，写出第一部诗剧。在父亲的精心引导下，泰戈尔经过努力，成为名扬全球的大文豪。

家长虽然已是成人，但不能没有上进心。家长不断地追求，不断地进步，对孩子有很大的激励作用。孩子会从家长那里学到做人的真谛。

第四，文明友善。家长讲文明、懂礼貌，孩子也就会学着家长的样子做一个文明的人。家长待人友善，团结亲友、邻里、同事，乐于助人，孩子也能学会与人友好相处，多做好事。社会犹如一个大家庭，文明友善的人受人尊敬，受人欢迎，人们愿意与他交往，这就为他的成功创造了更为有利的条件。

做文明友善的人，只讲道理还不够，还难以达到教育目的。对于孩子来说，大人们所讲的道理，只能在一个特定的环境中或有限的时间内起作用，有时甚至是"左耳朵进右耳朵出"，家长需要因时、因地、因事不断地提醒。对于孩子的教育，应像孔夫子说的，父母要有诲人不倦的精神。但更重要的是，父母在教育孩子时，要重视自身的榜样示范作用，做到言行一致。父母要求孩子做到的，自己应该首先做到。若父母待人接物讲究文明礼貌，为他人着想，维护公众利益，孩子就自然会对父母产生敬意，并以父母为榜样模仿效法。如果父母给孩子讲得头头是道，而实际行动却是另一回事，孩子自然就不会信服，就会对父母所讲的道理产生疑虑。

三、兴趣培育法

兴趣是人们爱好某种活动或某种事物而力求认识的倾向，就是对事物的喜好情绪。爱因斯坦曾经说："我认为对于一切情况，只有兴趣才是最好的老师。"罗素说："唯有对外界事物抱有兴趣才能保持人们精神上的健康。"教育学家乌申斯基说："没有兴趣的强制性学习，将会扼杀学生探求真理的欲望。"著名学者丁肇中曾说："任何科学研究，最重要的是要看对自己所从事的工作有没有兴趣，换句话说，也就是有没有事业心。这不能有任何强迫……比如搞物理实验，因为我有兴趣，我可以两天两夜甚至三天三夜在实验室里，守在仪器旁，我急切地希望发现我所要探索的东西。"对于一个人来说，第一重要的是身体健康，第二重要的就是要有兴趣。有了兴趣，我们才会体味到作为一个人的幸福。

莫里哀的父亲是位室内陈设商，他理所当然地希望莫里哀能继承他的事业。只是莫里哀从小着迷于戏剧。古希腊、古罗马大剧作家的剧本成了他的精神食粮。有时他竟看得忘记了白天黑夜。他走上戏剧道路后，父亲曾严厉地责备他，有时老泪纵横地哀求他，并请老师出面规劝他"改邪归正"。面对着这些戏剧路上的阻挠，他没有放弃自己的理想，而是恳切地告诉父亲，他没有兴趣经商，他喜欢戏剧。他克服了重重困难，创作了很多优秀剧本，终于成为深受人们爱戴的伟大的戏剧家。

兴趣往往成为某事物入门的向导。父母对孩子进行教育时，要注意孩子的兴趣爱好，善于发现和发展孩子的特长，充分发挥孩子潜在的能力；要注意用心观察孩子的性格和行为倾向等方面的兴趣表现，及时地进行启发引导。

父母应注意根据孩子的性格特点来培养他的兴趣。首先是满足孩子的兴趣。当孩子学到了新的东西，有了新的收获时，就会在心理上得到满足，产生一种愉快的情绪体验，就能进一步提高学习的兴趣。其次是发现和培养孩子的兴趣。当发现孩子的兴趣是好的方面时，应该鼓励，并给予一定的物质的、精神的支持，特别是一些具有丰富想象力和创造性的兴趣，更要百般保护和支持。

一个 6 岁的男孩对恐龙产生了浓厚的兴趣，总是缠着父母给他讲关于恐龙的故事。父母见他这么喜欢恐龙，便给他买了很多关于恐龙的书。在父母的指导下，他了解了各种恐龙的名字和生活习性。

男孩上了小学之后，仍然痴迷于恐龙，父母不免有些担心，害怕这会影响他的学习，便给他报了绘画、珠心算、象棋 3 个兴趣班。没想到，他还是利用课余时间查阅有关恐龙的资料。

有一次，爸爸看到男孩在看恐龙的资料，生气地对他说："整天看已经在地球上灭绝的恐龙有什么用啊？有这个时间还不如去看看书，就算是画个画也行啊！"

男孩说："我喜欢恐龙，这是我的兴趣。"

爸爸不以为然地说："这兴趣能当饭吃吗？"

后来，在父母的压制下，男孩对恐龙没有了兴趣。不过，父母给他报的兴趣班也未能收获良好的效果。更严重的是，男孩与父母之间的关系也不像以前那样亲密了。

父母把孩子的兴趣与"当饭吃"联系在一起，就如同把"做任何事情都要有功利性"的思想传递给孩子。这样的想法势必会扭曲孩子的心灵。试问：孩子做自己感兴趣的事情，这有什么不好呢？为什么非要和所谓"好处"挂钩呢？在孩子看来，发展自己的兴趣，不是为了锻炼某种能力，为了将来从事何种职业，而是为了从中获得快乐。

四、环境营造法

环境是影响事物发生或发展的重要因素。人的进步或落后，往往会受到各种环境的制约。家庭环境是指构成家庭的人、物、精神等方面给予人某种强烈的感觉或印象。家庭环境有物质的、精神的，有显性的、隐性的。环境本身就是教育。良好的教育环境对于身心均未成熟的孩子的成长有重要作用。

"孟母三迁，择邻而居"，一个传颂了数千年的历史典故反映了古人对子女教育的重视程度。我们相信环境能影响人，"近朱者赤，近墨者黑"的古训如同"孟母三迁"一样告诉了人们，拥有一个好的生活学习环境是多么重要。

有位心理学家做过这样的实验：选择一些成绩优秀的三四年级小学生抄写课文半小时，把他们分在三种不同的环境氛围中：第一种，父母在隔壁看电视或放录音；第二种，父母断断续续地大声谈话；第三种，是宁静的环境。第一种环境中，在连续高噪声的干扰下，孩子的注意力是分散的，烦躁不安，抄写正确率下降，只有70%左右；第二种环境中，孩子是处在间隙的、低频噪声的干扰下的，孩子有时倾听父母的谈话内容，有时又关注自己的作业，抄写正确率为85%左右；第三种环境安静，孩子能保持平时专心致志的学习习惯，抄写正确率在95%以上。由此可见，良好的学习习惯的形成，不仅要依靠子女稳定的心理因素，还要依靠家庭文化氛围。

除了学习方面，在日常的生活当中，家长也要以身作则，为孩子营造良好的榜样环境，使孩子在行动中得到锻炼和学习。

有这样一则公益广告：第一个镜头，是一位年轻的妈妈给年迈的婆婆端来洗脚水，为婆婆洗脚。跳过镜头，则是一个可爱的小男孩，端着一盆水，很费力却很开心地朝自己年轻的妈妈走去。然后是画外音：中华美德，代代相传。广告中的妈妈用自己的实际行动告诉孩子，该怎样对待父母，该如何尊敬老人；孩子也就立即从妈妈的行动中学到了孝敬父母的良好品德。"好雨知时节，当春乃发生。随风潜入夜，润物细无声"，家庭教育的好坏，就如这春雨一般，都是"润物细无声"的。

这位妈妈用自己的行动给自己的儿子树立了孝敬老人的好榜样。孩子在母亲营造的这种浓浓的亲情气氛中深刻理解了如何做一个孝敬长辈的人。这种教育方式比严厉的命令要有效得多。

概言之，家庭要尽可能地为孩子的健康成长提供良好的环境。在学习生活上，要对孩子有理论方法的指导，如父母受教育程度所限而不能做到这一点，可以尽可能地为孩子提供安静的学习环境，保证孩子在一定的时间内能够安心学习，保质保量地完成当天的学习任务。在物质生活上，要根据孩子的身体发育情况，调节饮食，注意营养成分，促进智力发育。在文化娱乐方面，不能让孩子养成沉溺于电视、网络的不良习惯，要严格控制孩子的娱乐时间并尽可能地在父母能够直接监控的范围内进行。在生活实践中，父母要发现和培养孩子的生活兴趣和特长，安排和鼓励孩子参加家庭活动、学校活动和社会活动，鼓励孩子多参加社会实践，培养孩子服务社会和服务自我的能力。在条件允许的情况下，父母应尽量给孩子创造开展游戏和娱乐活动的环境，让孩子玩得高兴快乐，好奇心得到满足，想象得到实现，从而训练孩子的思维，培养孩子的动手能力。

五、奖惩并用法

所谓奖惩就是通过一定的物质或精神的方式，对符合管理意图、达到管理要求的人或事进行赞美，给予肯定和鼓励；对不符合管理意图、违背管理禁令的人或事进行批评，给予否定和处罚的一种方法。奖惩是针对一定的行为及后果而进行的。实施奖惩是家庭文化教育的重要方法。奖励能使孩子明白"应该或必须做什么"，充分调动孩子的积极性、挖掘孩子潜力，有助于孩子各方面的发展；适当的惩罚能使孩子明白"什么是错误的"，不再犯类似的错误。

陶行知先生在担任一所小学的校长时，看到男生王友用泥块砸班上的同学，当即制止了他，并要他放学时到校长室去。

放学后，陶行知来到校长室，王友已经等在门口准备挨训了。陶行知没有批评他，却送了一块糖给他，说："这是奖给你的，因为你按时来到这里，而我却迟到了。"

王友惊疑地接过了糖果。

接着，陶行知又从口袋里掏出一块糖给王友，说："这块糖也是奖给你的，因为当我不让你再打人时，你立即住手了，这说明你很尊重我，我应该奖你。"

王友疑惑不解地又接过了糖。

陶行知又掏出第三块糖，说："我调查过了，你用泥块砸那些男生，是因为他们不守游戏规则，欺负女生。你砸他们，说明你很正直善良，有跟坏人作斗争的勇气，应该奖励你啊！"

听到这里，王友感动极了，他流着眼泪后悔地说："陶校长，你打我两下吧！我错了，我砸的不是坏人，而是自己的同学呀。"

陶行知满意地笑了，他随即掏出第四块糖，递给王友："为你正确地认识错误，我再奖给你一块糖。"待王友接过糖，陶行知说："我的糖发完了，我看我们的谈话也结束了。"

这个耳熟能详的故事告诉我们，正面具体行为的奖励不仅能拉近教育者与被教育者的距离，让被教育者易于接受教育，还能让被教育者主动检讨自己的行为，达到教育的目的。有时候反面的奖励教育也能达到教育目的。

一群孩子在一位老人家门前嬉闹，叫声连天。几天过去了，老人难以忍受。于是，他出来给了每个孩子25美分，对他们说："你们让这儿变得很热闹，我觉得自己年轻了不少，这点钱表示谢意。"

孩子们很高兴，第二天仍然来了，一如既往地嬉闹。老人再出来，给了每个孩子15美分。他解释说，自己没有收入，只能少给一些。15美分也还可以吧，孩子仍然兴高采烈地走了。

第三天，老人只给了每个孩子5美分。

孩子们勃然大怒，"一天才5美分，知不知道我们多辛苦！"他们向老人发誓，他们再也不会为他玩了！

中国古代教育倡导"苦"教，"头悬梁锥刺股""凿壁偷光""梅花香自苦寒来，宝剑锋从磨砺出"等就是明证。现在，在物质生活上我们已经没有办法再让孩子去受"苦"了，但在教育方法上，当说服教育和奖励教育都没有办法阻止其错误思想、没有办法使其坚持自己的目标时，运用适当的惩罚手段，让孩子受一点"苦"，对孩子是有益的。

著名作家马克·吐温有三个女儿。他们夫妇从没有骂过孩子一声，更没有打过孩子一巴掌。三个女儿都被培养得很好。他的方法就是让孩子自我教育。一次，马克·吐温想带着女儿们到郊外度假，这是女儿们期待已久的事。可是，就在出发前，大女儿苏西动手打了妹妹克拉拉。怎么办？根据马克·吐温的家规，孩子有了错，由孩子自己提出惩罚办法，经父母裁决后，付诸实施。苏西想了几种处罚办法，犹豫了好长时间，终于下了决心对母亲说："今天我不去旅游了，它会让我永远记住，不再犯今天的错误。"

父母应多激励，慎惩戒。对孩子符合社会规范和行为准则的表现和具有创新意识的思维，父母应及时给予肯定和鼓励。但对孩子违反文明准则的言行或违法违纪的行为，比如打架斗殴、小偷小摸等，父母要及时制止，并根据情节危害的轻重和发展趋势等因素，给予适当的惩戒，防患于未然。合理的奖惩措施能让孩子在正确的道路上大步向前，在错误的道路上及时回头。

本章小结

家庭文化教育是一门科学。科学都有一定的原则与方法，掌握了这些原则与方法对于我们更好地推进家庭文化教育具有十分重要的现实意义。尽管对于家庭文化教育的原则与方法还有不同的认知，但大家普遍认为家庭文化教育的主要场所在家庭内部，家庭教育与学校教育还是有一定的区别的，因而生活化的原则就成了教育过程中首要的原则。同时，家庭文化教育在一定意义上说就是家庭教育，因而，家庭教育中的许多原则在家庭文化教育中也是适用的，如生活化原则、教育一致性原则、严慈相济原则、因材施教原则、循序渐进原则以及发展性原则等。虽然各个家庭所处的环境不同，各个家庭的成员素质、文化背景、经济基础等都有差别，但基于上述共同原则，家庭文化教育的方法总括起来主要有以下几种：目标激励法、榜样示范法、兴趣培育法、环境营造法、奖惩并用法等。

文献链接

《家庭教育》（陈鹤琴，科学教育出版社，1982年），为东南大学教育科学丛书之一。全书分12章，立家庭教育原则101条。前两章述儿童心理及普通教导法，为提纲挈领之讨论；后10章都是拿具体的事实来解释各项建议之含义。在这本书里，小孩子从醒到睡，从笑到哭，从健康到生病，从待人到接物的种种问题，都得到了充分的讨论。

《新家庭教育》(俞念远编译，文化图书公司，1935年)，是民国时期的一部有关家庭教育的重要著作。该书首先从祖父母与家庭教育的关系谈起，提到了父亲、母亲、夫妻与家庭教育的关系，还对家庭环境、卫生、习惯、品德等方面进行了探讨。这些都是家庭文化教育必不可少的内容。

思考与练习

1. 简述家庭文化教育的基本原则。
2. 简述家庭文化教育的基本方法。

实践与拓展

阅读下面两个案例，请你谈谈家庭文化教育与个人的成长有怎样的关系。

案例1：有一名高一男生，其父母都是机关单位的领导。可他上小学时就曾经试图撞车自杀，上初中时又欲用刀片割腕自杀，高一时曾离家出走。这个孩子为何如此过激呢？经过询问，该男生说："我觉得自己活着太累了，没有意思、没劲。从小到大经常有人对我说，你爸妈这么优秀，你不要给他们丢脸。可是我觉得自己很笨，虽然从小就上各种补习班，可从没考过第一名。中考时，我费尽全力才考上重点高中。爸妈又要我进重点班，他们总认为我没有努力，可我真的已经用尽全力了。我想肯定是投错了胎，做不了他们的孩子……"

案例2：在湖北阳新，刘时粘家一门出了五位博士，被评为全国教子有方"最美家庭"，并被央视新闻联播报道。刘时粘有两儿两女，加上儿媳妇、女婿，8个人中有博士后2人，博士2人，正在攻读博士1人，硕士1人，他的家庭也因此被称为"超级博士家庭"。刘时粘夫妻二人并没有多少文化，在孩子小的时候也并没有给孩子多少学习方面的指导，但在孩子的习惯养成方面却要求严格，孩子答应做的事就一定要按时完成，而刘时粘在做事方面也一贯是这样的。在学习方面他要求孩子们尽力而为，但并不强迫孩子学习。刘时粘认为行动是孩子的最好榜样。正如他的二女儿所说："其实我父亲是个不善言辞的人，但他的习惯潜移默化地给我们带来影响。他教育我们'知识改变命运'。"

第四章　家庭文化教育的类型与特征

[本章导读]

　　中国传统文化历来强调家国情怀,《大学》中的"心正而后身修,身修而后家齐,家齐而后国治,国治而后天下平"把中国人的家国理想阐释得淋漓尽致。在中国传统的家庭观念中,人们信奉"子孙满堂""多子多福""福寿双全","家和人兴百福至,儿孙绕膝花满堂"是人们共同的追求。但随着社会的发展,中国家庭的成员结构和规模都发生了巨大的变化,这种变化对家庭文化教育产生了深刻的影响。

　　家庭成员结构和家庭成员关系对家庭文化教育有哪些影响? 不同的家庭成员结构和家庭成员关系对家庭文化教育的影响有何不同? 本章将从家庭结构与家庭文化教育的类型和特征入手,阐述不同的家庭成员结构和家庭成员关系对孩子成长的影响。

第一节　家庭成员结构与家庭文化教育

　　家庭成员结构,是指家庭中一定的成员以及他们的相互关系。家庭成员结构包括家庭有哪些成员、成员有多少、成员的辈分、成员是否齐全和家庭的规模大小等。[①] 传统家庭文化环境下,家庭成员结构的显著特点是以父权家长制形式维系的。在这种家庭成员结构模式下,追求的是三世、四世同堂的多代大家庭,大家庭中一般由辈分最高的男性主持,主要家庭成员的位置坐标通常都是男性(父亲)在外面工作,女性(母亲)在家全职照顾小孩和做家务,即传统家庭成员结构的核心观念是"男主外,女主内"。随着时代的发展,不同文化的融合与碰撞,家庭成员结构出现了小规模化,出现了核心家庭、主干家庭以及单亲家庭、留守家庭、流动家庭、再婚家庭等其他家庭成员结构类型。

----

　　①　赵忠心:《家庭教育学——教育子女的科学与艺术》,147 页,北京,人民教育出版社,2001。

一、核心型家庭文化教育

(一)核心家庭的概念

中国传统的家庭结构是四世同堂，婚后就与父母兄弟分割家产、另立门户是一种不孝行为。因而由夫妻双方组成的小家庭很少出现。到了近代，随着西方人权主义的泛滥，人们追求个性自由，由一对夫妻组成的小家庭开始大量出现。这种由一对夫妻组成的家庭在西方学者笔下被称为核心家庭。核心家庭是由美国著名的社会学家默多克首先提出来的。所谓核心家庭，指的是由一对夫妻及其未成年或未婚子女组成的家庭。这种家庭结构较为简单，也是普遍存在的一种形式，它由夫妻、父子(女)和母子(女)组成的三角关系支撑，是一切家庭中最稳定的一种形式。[①] 核心家庭包含两层关系：一是以婚姻关系相连的夫妻关系，二是以血缘关系相连的亲子关系。[②]

社会学理论认为，父母的教育方式塑造了孩子的行为，家庭教育方式得当，能够增强家庭成员的相互关怀、学习、理解，促进心理相融，增进亲密关系，有利于家庭和谐。在现代中国社会，核心家庭是十分常见的类型。与其他家庭类型相比，核心家庭在儿童教育方面有更多优势，在这种家庭中，父母进行教育的自主权较大，教育观念也往往更接近时代要求。

(二)核心家庭的特征

核心家庭中包含着两种最基本的家庭关系，即夫妻关系和亲子关系，所以又称夫妇家庭或血缘家庭。人类学家拉尔夫·林顿认为，夫妻和子女是"一切家庭结构"的基础。他预言，"将来有一天只剩下核心家庭的一个人，他在生命的最后时刻也将寻找其妻子和孩子"。

核心家庭是现代都市和工业社会中最主要的家庭模式。核心家庭从已婚夫妇离开父族、母族独居为开端。核心家庭的特点是对亲属的依赖性较小，独立性、灵活性、机动性较大，具有性爱、生育、教育、经济、娱乐、情感交往等诸多功能。与传统的数代同居的大家庭相比，核心家庭比较明显的优势在于，家庭关系简单，对亲属网络的依赖性小，减少了家庭生活中的矛盾和纠纷；容易形成家庭

---

① 林崇德：《心理学大辞典》，482 页，上海，上海教育出版社，2003。

② Landero，H. R.，Estrada，A. B.，Gonzalez，R. M.，"Depression and Quality of Life for Women in Single-parent and Nuclear Families," *The Spanish Journal of Psychology*，2009，12(1)，pp. 171-183.

中的平等关系和民主气氛，有利于培养青年人的独立性；满足了不同代人对不同生活方式的追求。但另一方面它削弱了两代人之间的关系，不利于两代人在家庭生活中相互帮助和救援，给老人赡养和儿童抚育方面带来一些实际问题。

（三）核心家庭文化教育对孩子成长的影响

核心家庭的教育一定是由父母完成的。核心家庭在教育方面的独特优势是，教育者和受教育者关系密切。由于家中只有父母和子女两代人，父母与子女的直接交往比较多，父母有更多机会与孩子交流、沟通，也会更好地了解孩子，能有针对性地进行教育，并易于树立起父母的权威。① 父亲和母亲在抚养和照顾儿童时会起到不同的、相互补充的作用。母亲通常在对孩子身体照料的责任方面花更多时间（喂饭、洗澡、换尿布等），并对孩子表现出更多的慈爱（比如亲吻、拥抱、微笑）。母亲也会花更多时间和孩子玩游戏，和他们一起玩玩具，读书给他们听。相比较而言，父亲更愿和孩子玩活跃的体力游戏，在帮助儿童与家庭以外的人相处方面有特别的指导。

除了个人单独的影响，父母之间的关系对孩子也有影响，当儿童和父母双方生活在一起时，他们在合作、角色协商、问题解决、矛盾解决等能力方面获得有价值的经验。当父母有良好健康的关系时，他们和孩子也有很好的关系并对孩子发出慈爱的信号。婚姻幸福的夫妇，其子女会感到他们的生活很快乐很满意，并且孩子成人后，通常也能和自己的伴侣建立良好亲密的关系。相反，父母经常有矛盾纠葛，他们和孩子的关系通常也是紧张的，并且他们可能失去管教能力。婚姻矛盾与儿童及青少年的各种问题有关，包括高水平的外向型行为（比如身体攻击）和内向型行为（比如消沉和焦虑），另外还有在信任他人以及维持亲密关系方面长期存在困难。②

高级家庭教育指导师刘称莲通过自己真实的案例生动地讲述了核心家庭文化教育对孩子成长的影响。

在刘老师的女儿上小学三年级时的国庆节，一家三口去爬山，女儿说："我觉得生在你俩的家里好幸福啊！"而当时刘老师夫妇只是漂泊在北京的一对打工夫妻，刚刚带着女儿离开大杂院里一间破旧的小平房，租住到一套50平方米的楼房里。女儿的幸福感应该来自爸爸妈妈一起对她的陪伴和爱，来自她看到的爸爸妈妈之

---

① 王乃正、王冬兰、张小永：《学前儿童家庭教育》，174页，北京，北京师范大学出版社，2013。

② ［美］特里萨·M.麦克德维特、珍妮·埃利斯·奥姆罗德：《儿童发展与教育》，李琪等译，670页，北京，教育科学出版社，2007。

间的相互爱护和扶持。原来在女儿两岁多的时候，刘老师独自"下海"闯北京，把女儿放在农村的奶奶身边。三个月后，她丈夫也来到北京，当他告诉刘老师女儿被蚊子叮得浑身都是包的时候，刘老师毅然决定把女儿接到身边。那个时候，虽然生活非常拮据，但他们一家却过得其乐融融。对她女儿来说，没有日子过得好坏的概念，只要吃饱穿暖，只要在爸爸妈妈的身边，只要能看到爸爸妈妈彼此相爱，并给她足够的爱，她就会觉得非常幸福。在陪伴孩子的过程中，刘老师和丈夫高度一致，就是要给孩子一个宽松和谐的环境，让孩子快乐地长大。每周，他们都要有一个"家庭日"，他们都尽量不安排工作，全家在一起度过一天。这个家庭日，他们一直持续到女儿初中毕业，就算到了高中，女儿的功课非常忙碌，他们也总是抽时间一起度过。

夫妻间的相亲相爱，可以给孩子以安全感，对孩子性情的养成也非常有帮助。因为父亲和母亲彼此相爱，父母的情绪会比较稳定，在稳定的情绪环境里，孩子便可能形成宁静随和的性格，人际关系也相对比较好，可以全身心地投入到自己的学习和生活中。所以，父母关系好的孩子，也会很好地打理自己的学习和生活。

二、主干型家庭文化教育

(一)主干家庭的概念

主干家庭，即由两代或两代以上夫妻组成，每代最多不超过一对夫妻，且中间无断代的家庭，如父母和已婚子女组成的家庭。主干家庭也包括单亲父母和一对已婚子女及其孩子所组成的家庭，一对夫妇同其未婚兄弟姐妹所组成的家庭。作为现代名词的主干家庭，实际上就是我国古代的三世或四世同堂家庭。

(二)主干家庭的特征

主干家庭的特征是家庭内不仅有一个主要的权力和活动中心，还有一个权力和活动的次中心。中国古代通常称之为三代同堂，即包括祖父母、父母和未婚子女直系亲属三代人。

当今中国包含父母、已婚子女、未婚子女和孙子女三代及以上子女在同一屋檐下的联合家庭已不常见，但特有的隔代照顾孙辈这种临时性的主干家庭却大量存在。在临时性的主干家庭中存在一个权力中心，已婚夫妇与年老者谁处于权力中心取决于相处模式。多数青壮年夫妻认同核心家庭的模式，主张自己在家庭中的权力，强调自己的父母只是客居在自己的小家庭临时帮助自己照顾孩子的，主张孩子的教育应当由自己来抓，祖辈只起辅助作用或是照顾生活起居的作用。此

/128/ 家庭文化教育

种家庭在文化传承和教育理念上与核心家庭比较类似，只是因为老人的帮忙让他们从繁重琐碎的家务中解放出来而得以有更多的时间对孩子进行较为专业的文化教育。在有祖辈共同生活的家庭中，年轻夫妇一方面强调自己在孩子教育方面的权威，另一方面也教给孩子传统的道德规范、行为准则，以平衡家庭中的人际关系，缓和代际矛盾与冲突，保证家庭关系融洽、有序和团结。因此，在孩子的教育方面，年轻父母给孩子讲西方童话，而老人给孩子讲的故事多是他自己的经历和古代传说，使孩子在中西文化碰撞中有了自己的认识和选择。

值得一提的是，主干家庭中有一种比较特殊的组成模式，家庭成员仅由祖父母和孙辈组成。这种家庭已婚夫妇或因外出务工、海外求学等原因缺位，或因为不幸而不存于人世导致家庭成员中出现事实上的"断代"，祖父母身兼父母与祖父母双重角色，对孙代的照顾既有教育引导的力不从心，也有行为管束的纵容，从而导致在家庭文化教育方面不同程度的缺失。

(三)主干型家庭文化教育对孩子发展的影响

主干家庭因为由祖辈、父辈、孩子三代人组成，包括父子关系、母子关系、祖孙关系、婆媳关系(岳父与女婿关系)、夫妻关系等，仅在对孩子的教育方面就存在父母的教育、祖辈的隔代教育。在主干型家庭中，孩子一般要与两代或三代人打交道，而孩子的教育者，至少包括父母和祖父母两代人，因而主干型家庭文化教育对孩子发展的影响利弊兼而有之。

其中有利的因素主要有：

一是可以弥补双职工家庭中父母在教育孩子方面的时间和精力的不足。主干家庭中第一代人，有许多是从工作岗位上退下来的老年人，他们没有了工作负担，社会活动和外界交往明显减少，有足够的时间由自己支配，除了帮助子女料理家务外，还可以腾出时间带孩子，并能在家庭中充分接触和了解孩子，甚至可以直接对孩子进行文化教育。

二是两代教育者可以取长补短，发挥各自的优势，促进孩子全面发展。年青一代有知识有文化，重视书本的经验，容易接受新事物、新方法，能给孩子提供探求新事物的勇气和信心，培养孩子的探险精神；老一辈人在抚养孩子方面依靠"过来人"的经验，能教育孩子如何规避风险，平稳做事，诚实做人，能通过自身故事或传统故事将传统文化传授给孩子。

三是有利于孩子健康人格的形成。主干家庭多数是三代人生活在一起，家庭规模大，人际关系比较复杂，孩子生活在这样的家庭中，往往需要扮演多种角色，这不仅有利于培养孩子的角色意识，尊老爱幼的品德，而且有助于培养孩子对环境的适应能力以及人际交往能力等。

四是有利于祖孙两代人的身心健康发展。主干家庭中老人有较平和、宽容的心态，以及乐于助人等优良品质；很多老人有足够的时间和精力，并且喜欢陪伴孩子，他们除了照顾孩子的生活，还能够耐心地听孩子讲话；老人的耐心及丰富的实践经验，能让孩子学到很多东西。同时，孩子经常陪伴老人，可以缓解老人的孤独，使老人从孩子的成长中重获生机；另外，和孩子共同游戏，可以帮助老人保持健康的心态。祖辈家长拥有良好的心态，容易与孩子建立融洽的感情，为孩子的健康成长打下良好的感情基础，有益于两代人的身心健康。

但在主干家庭中，三代同堂，享受天伦之乐之时，也无法避免地带来了两代人在管教孩子方式上的差异。

镜头一：彬彬离开饭桌，端着冲锋枪满屋跑。妈妈生气地叫道："彬彬，还有10分钟我们就撤饭桌了，如果你不赶快洗手回到饭桌上，你就会挨饿……"话还没说完，奶奶已端着饭菜做和事佬来了："乖，先吃一口，咱们一边吃饭一边打坏蛋。"于是，彬彬在前面跑，奶奶在后面追，彬彬半天才咽下一口饭。

镜头二：彬彬最喜欢帮外婆做事。这天，他一边帮外婆洗菜，一边问着他的十万个为什么："茶树菇是长在茶叶树上的蘑菇吗？鹌鹑蛋壳上有花纹，鸽子蛋为什么没有？"妈妈已多次对外婆表示不满："小孩子做家务，纯粹是捣乱，您还鼓励他。有这个工夫，多弹一会琴多好。"外婆则不以为然："现在的孩子，都被惯得四体不勤、五谷不分，要我说，孩子爱劳动、有礼貌，才是正经。你们姐弟几个都没弹过琴，如今不都很有出息？"

由于家庭成员层次较多，人与人之间的关系不同，教育者与被教育者之间既有父（母）子关系，也有祖孙关系，而且父母与长辈因年龄、精力和教育观念等方面存在较大的差异，容易在教育思想、教育方式上出现矛盾，对孩子的教育产生不利影响。

首先，完全依赖老人的隔代教育不利于孩子的健康发展。主干家庭中祖父母的溺爱和迁就，会使孩子产生自我中心意识，形成任性放纵等不良性格。大多数祖父母会因自己年轻时生活和工作条件有限，没有给予子女很好的照顾，而想把更多的爱补偿到孙子女身上。这种想法常常会导致"隔代惯"的现象。大多数老人会溺爱孩子，祖父母（外祖父母）这样的角色会使他们的心态发生转变，从而宽容孩子的错误。同时，老人格外疼爱孩子，很多事都包办代替，事事以孩子意见为主，这很容易溺爱迁就孩子，更容易促进"以自我为中心"的意识产生，导致孩子任性和自私。

其次，不和谐的两代教育不利于孩子的独立发展。由于年轻父母所处的时代背景与老一辈完全不同，他们在孩子的教育理念、教育方式上也与自己的父母有诸多的不一致，如果这种不一致在教育孩子时明显表现出来，就会造成孩子无所适从，甚至会性格扭曲，没有自己的主见。比如关于整理床铺与学习用具，年轻的父母由于工作压力或是注重培养孩子的动手能力而要求孩子做好自己的事，但老一辈父母却因为时间宽松或是溺爱孙子孙女而包办、代办。两代大人不同的教育理念使孩子不知所从，同时两代大人也会因为不同的理念而产生矛盾，最终造成家庭的不和谐。

如何化解主干家庭中的两代教育者的矛盾？下面的案例或许能给我们一些启示。

现在的家庭模式中，如果三代同堂，那么，隔代亲和老一辈一些不良习惯的影响，将是又一桩令年轻妈妈爸爸们头疼的事。起初，我们家的情况也是如此，后来，有了公公的工分大法，事情才得以完满解决。

儿子今年8岁，是婆婆的心头肉。平常，婆婆是想其之所想，急其之所急，处处护犊。偶尔我们唠叨两句，她就一脸不满："华子（老公小名）就是我这样带大的，也没见他不成器呀？"国庆节，婆婆打着过节的幌子给儿子买了辆急速赛车。吃饭时，婆婆将赛车放在餐桌上，又打开电视放动画片，结果一桌人早吃完了，儿子还在那儿玩，老公本来就有气，看到这情形，更火了，啪的一声关掉电视："快点给我吃！不吃就滚蛋！"儿子吓得瞬间变了脸色，婆婆马上赶过来，接过儿子手中的筷子："乖，快吃！奶奶喂你。"老公气得一把将儿子的饭碗端走："不许吃了！早就给你说过，吃饭时不能看电视！这辆赛车，等会也给我拿去退了！"一场家庭战争就这样爆发了。

在战事稍稍平息后，老公将公公婆婆请到书房召开家庭会议，眼看着战火又有复燃之势，公公及时出面劝解："老太婆，你也别气，孩子们说得也有道理。"不过，公公将头扭向我们："我们都活半辈子了，有些习惯一时也改不了，要不，我们来个工分大法，只要挣到足够的'工分'，就可以按各自的想法带孩子一次。"工分大法？公公笑笑，如此解释一番。走出书房，我们向儿子公布了这个工分大法。以10分为限，表现好记1分，表现差扣1分，什么时候挣足了10分，就可以满足一个心愿，然后再重新记录。爷爷奶奶的育儿行为也参与计分之中，按科学的育儿方法行事，不扣分，否则，减相应分数。

儿子果然热情高涨，极力表现好的一面：放学后立刻开始做作业，吃饭时不挑食不拖沓，自己收拾床铺、书包……而婆婆呢，为了尽早给宝贝孙子挣足10

分，也不知不觉地站到我们这边。一个星期后，祖孙三人终于磕磕绊绊地挣够了10分，拿到了那辆赛车。"交接"会上，公公豪气地说："孙子，再挣够10分，我就给你买全套的《神奇校车》!"儿子捧着赛车，一蹦三尺高。而今，挣工分已经成为我们家的传统项目。常常是祖孙三人抢着挣，比着挣，孩子的爷爷还在他们三人小群体里立下了奖励机制：10分满分中，谁挣得最多，谁就能得到额外奖励，婆婆还因此得过一条丝巾呢![①]

中国社会变迁的加剧，进一步带动了包括家庭教育在内的一系列变革。从1979年中国实行独生子女政策以来，第一代独生子女也有了自己的子女。而随之而来的像案例中的隔代教育也成为一种非常普遍的现象。近几年的一项专题调查显示，上海0～6岁的孩子中有50%～60%接受的是隔代教育；广州接受隔代教育的孩子占总数的一半；在北京，接受隔代教育的孩子多达70%。而且孩子的年龄越小，与(外)祖父母生活在一起的比例就越高。隔代教育现象的增多和普遍化，并不意味着这种教育方式一定是一种理想的教育方式。在由于种种原因采取隔代教育的家庭中，怎样处理好三代之间的关系、促进孩子健康快乐地成长，是这些家庭必须思考和解决的问题。

隔代教育作为一种客观存在的家庭教育方式，有利也有弊。

祖父母们具有抚养和教育孩子的实践经验，可以弥补年轻父母在养育孩子方面经验的不足，发挥祖辈的经验优势。祖辈有爱心、有经验、有时间，具有父辈无可比拟的优势。当今社会竞争激烈，生存压力增大，不少年轻父母都会不自觉地把紧张气氛带入家庭，过早地使孩子参与竞争，剥夺了孩子应有的童年快乐。而隔代家长大多已经退出了社会竞争的主流，拥有相对平和的心态，他们更容易冷静、客观地分析孩子的需要，细致、耐心地满足孩子的需要，使孩子拥有轻松快乐的童年。老人历尽沧桑后返璞归真，自有一种"儿童心理"，特别喜欢与孩子玩乐，易与孙辈建立融洽的感情，为教育孩子创造良好的感情基础。

凡事皆有两面，隔代教育也潜藏着一些弊端，对孩子的成长产生不利影响。祖辈可能存在经验主义甚至是狭隘的经验至上观念，如案例中奶奶起初对孩子父母的建议一脸不满，甚至振振有词。老人对孙辈的教育具有"过来人"的优势心理，使他们极度依赖可能并不适时的经验，以致延误孩子的发展。老人易"重养轻教"，老人的溺爱和迁就容易使孩子以自我为中心。老人格外疼爱孩子，孩子犯了错误

---

① 路书红、乔资萍：《中外家庭教育经典案例评析100篇》，91～94页，济南，山东人民出版社，2010。

不及时纠正，还常常满足孩子不合理的欲望。而老人对孩子过分保护，也会扼制孩子的独立能力和自信心，增加孩子的依赖性，使孩子变得更加娇气，胆小怕事。另外，孩子具有非常强的模仿能力，长期和老人生活在一起，会在潜移默化中模仿一些习性，比如动作慢，喜欢安静，做事缩手缩脚，对新事物缺乏兴趣，等等。长此以往儿童容易变得"视野狭小，缺乏活力"，天生的好奇心、冒险性和创造精神也会消失殆尽，出现"老年化"的特征，失去天真的本性。孩子长期和祖父母生活在一起，可能更喜欢依赖老人，而在情感上与亲生父母疏远，造成亲子隔阂。

面对隔代教育的两面性，父母和祖辈可以从以下几个方面入手，化解其中的矛盾与问题，促进孩子的健康成长。

一方面，父母要承担自己应该担当的责任。无论工作多忙，都应该抽出固定的时间来陪孩子，不要图省事，把孩子托付给老人就不管了。当然，也不要怕老人溺爱孩子，拒绝老人代养，从而伤害到彼此的感情。切不可忘记孩子成长过程中，父母是"主教练"，肩负教育孩子的主要责任。比如，晚饭后给孩子讲故事，周末带孩子外出活动。这样既可以增进父母和孩子之间的感情，也可以在一定程度上弥补老人教育的缺陷。

另一方面，父母要和祖辈统一认识，协调配合，形成对孩子的教育合力。由于出生与成长的环境和时代有着显著的差异，两代人在教育孩子的问题上自然存在相当大的差距。但这种差距只是思想和方式上的差距，而不是出发点的差距。无论是祖辈还是父辈，其共同的愿望就是要让自家的孩子健康成长并成为优秀的人。因此，从这一最基本的善良愿望出发，在教育孩子的事情上，两代人要尽量平心静气，多一些沟通，统一认识，才能避免在孩子面前暴露分歧。当父辈与祖辈在教育孩子的问题上发生分歧时，最好不要当着孩子的面发生冲突。孩子虽小，但他是天生的外交家，当他看到家庭成员之间出现分歧时，他就会聪明地钻空子。这不仅对改善他的行为毫无益处，而且会导致他的问题越来越严重，甚至会引发更多的问题。另外，家庭成员之间发生冲突导致的不和谐的家庭氛围也会带给孩子不安全感，对他的心理发展产生不利影响。

父母诚然是孩子最好的教育者，理应承担起教育的责任，但隔代教育存在的原因是多方面的，在父母时间和精力不足的情况下，"谈隔代教育色变"是不明智的，一味渲染和指责它的负面影响也只会起反作用。当对隔代教育的选择不可避免时，家长应清楚地认识隔代教育的利与弊，尽可能发挥老人在时间、精力和经验上的教育优势，同时正视老人自身条件限制所带来的负面影响，两代家长扬长避短，优势互补，互相监督，互相鼓励，以孩子的健康成长为出发点，发挥对孩子不同的教育功能。其实，只要我们注意方式方法，隔代教育同样可以培养出优秀的孩子，甚至一举三得，让父母轻松，孩子有长进，老人有所寄托，一家三代，其乐融融，何乐而不为？

三、其他类型的家庭文化教育

随着社会的发展，家庭的形式也日渐复杂多样，离异家庭、单亲家庭、重组家庭、领养家庭、留守儿童家庭、流动儿童家庭等特殊家庭形式不断出现。大量事实表明特殊家庭的孩子往往因为缺乏必要的关注和相对完整的家庭教育，而感到孤独、忧虑、失望，从而自卑、低沉、性格孤僻。这种心态若不及时纠正，就会使孩子的性格扭曲，心理失衡，甚至严重影响其意志、情感和品格的发展。所以关注上述特殊类型的家庭情况，及时给予适合的文化教育是我们当前必须关注的社会问题。①

（一）单亲家庭的家庭文化教育

1. 单亲家庭现状

单亲家庭是指父亲或母亲单独承担未成年人教育责任的家庭。根据形成原因，单亲家庭可分为离婚式单亲家庭、丧偶式单亲家庭、分居式单亲家庭、未婚式单亲家庭四类。其中离婚式单亲家庭最为普遍。

近三十年来，我国离婚率上升速度加快，1979 年到 2006 年，以全国离婚对数与结婚对数之比来计算的离婚率，已从 4.7％上升到 20％；而上海同期则从 5％上升到 29％，北京、天津、广州等大城市也有大幅增加。② 据国家统计局统计，中国现有上亿个家庭，全国约有上千万个单亲孩子，并且每年以 50 万～60 万的数量递增，而且中国由母亲与孩子组成的单亲家庭约占单亲家庭总数的 85％以上，由单亲母亲支撑的家庭，构成中国单亲家庭的主体。③

有调查显示，单亲孩子多表现出自闭、自卑、焦虑、孤独、多疑、敏感、冷漠、逆反等性格倾向，由此导致的社会问题已引起社会学界、心理学界、教育学界的普遍关注。

---

① 柏凤岐：《现代家庭教育实践与研究》，280 页，兰州，甘肃教育出版社，2012。

② 李梦娟：《中国高离婚率调查：6 成少年犯来自离异家庭》，载《民主与法制时报》，2008-04-27。

③ 庞海波：《家庭教育心理学》，133 页，广州，暨南大学出版社，2011。

2. 单亲家庭的文化特征

以母亲为主的单系抚养家庭成为我国单亲家庭的典型特征，这种类型家庭的文化教育往往存在诸多局限。与完整的核心家庭相比，单亲家庭的家庭文化建设在量和质上都表现出明显的缺失状态。从量上看，单亲家庭的家庭文化生活相对不足。众所周知，家庭文化是建立在以夫妻为主体的家庭成员之间的以一定的经济收入为基础的各种生活活动之上的。单亲家庭由于离异、分居、丧偶等变故使得其家庭生活的范围和空间受到了很大的限制，主要表现在：第一，相对于完整家庭经济的差异造成家庭文化消费的缩减和文化需求的降低；第二，单亲家庭的现实情况及由此产生的心理变化限制了家庭的交往活动和交往的视野。从质上看，单亲家庭的文化水准相对偏低。家庭文化除了表现为有形的文化消费、人际交往等层面外，还表现在价值观、情感等无形的心理层面。这一层面的文化水准高低往往比前者更为内在、更为深刻。[1] 单亲家庭在家庭文化深层次方面存在的问题，特别是单亲家长的心理状态和单亲家庭的子女教育，需要我们特别关注。单亲家长的心理状态主要表现为自卑、沮丧、焦虑、紧张、孤独等情绪特征，家庭变故对当事人的影响主要是精神和心理方面的，经济和健康方面的影响在其次。婚姻的失败、生活的挫折导致许多单亲父母心理失衡，特别是被动离异的单亲母亲除了忍受被遗弃的痛苦、失落和孤独外，还不同程度地受到别人的非议，因而他们沮丧、自卑、怨天尤人，对生活缺乏信心，陷入沉重的精神困境。因丧偶导致的单亲家庭，由于失去亲人的心灵创伤短时间内难以愈合，因此他们常常陷入对昔日美好生活的回忆而对新生活难以适应。单亲家长的这种心态及其调适与他们自身的文化素质和心理素质有关。心理素质较高者能用理智战胜情感，尽快摆脱不良情绪影响，自立自强；心理素质较低者则自暴自弃，把家庭变故原因归结为命运，听之任之，这种情绪和心理很容易传染给孩子，从而影响对孩子的教育。

3. 单亲家庭的文化教育

单亲家庭的文化教育普遍处于较为贫乏的状态，大多数单亲家长只能在艰难维持孩子的生存的状态下自然地完成教育任务。单亲家庭子女的家庭教育，主要有两个误区。一是情感教育误区。孩子是在家庭中学习情感的，家庭的情感体验对于一个人的情感风格具有重要的意义。在单亲家庭中，提供情感的父母少了一人，孩子因缺乏情感关怀易产生自闭、自卑、抑郁等问题。甚至，有的离异单亲

---

① 陈桂蓉：《单亲家庭文化建设的缺损与修复》，载《福建论坛（人文社会科学版）》，2004（4）。

家庭传递给孩子过多的恨，他们把家庭破裂的原因、责任归咎于对方，教唆孩子恨对方，把对对方的不满和愤怒在孩子面前发泄，站在偏激的立场上丑化前配偶。这样做的后果是破坏了孩子对父（母）的良好印象，使孩子陷入信任危机，甚至形成怀疑一切、恐惧社会的不良性格。二是极端性教育误区。单亲家庭的父母发生家庭变故后，往往会把自己的全部希望寄托在孩子身上，特别是一些经济困难的家庭，家庭变故发生后没有了属于自己的生活，希望靠子女改变自己的境遇。这样，父母在对孩子的教育上往往容易走向溺爱和严厉两个极端。从前者说，有些单亲家庭觉得对孩子有歉疚感，补偿意识强烈。他们无节制地满足孩子的需求，盲目迁就孩子的过失，缺乏必要的管教和约束。从后者说，有些单亲家庭望子成龙、望女成凤心切，对孩子要求十分严格，孩子稍有过失，不打就骂，造成孩子自尊心的受损和逆反心理的增强。极端性教育导致单亲家庭中的"问题青少年"增多，给社会带来不良影响，反过来又影响了家庭成员关系。

因此，单亲家庭在文化教育中必须有效避免以上两个误区。在单亲家庭中，文化教育的关键是单亲母亲（父亲）要正视单亲家庭的现实和现状，并努力调整好自己的情感、心态，使自己恢复到正常的生活状态，并努力弥补单亲家庭教育的缺失，传递给孩子更多的爱，教会孩子理解、包容、坚强、接纳、乐观，以代替缺憾、悲伤、封闭和仇恨。

（二）重组家庭的家庭文化教育

1. 重组家庭现状

在传统社会，特别是在一贯褒扬婚姻长久恒定，提倡女子"从一而终"、夫妻"白头偕老"的古代中国，重组家庭通常被看成异类家庭，受到异样的目光，甚至会被排挤。但随着时代的发展，重组家庭日益增多。20世纪80年代中国再婚队伍不断扩大，中国每年进入再婚队伍的人口有50.5万，1999年增加到100.5万，2005年增加到163.1万人。[①]

调查显示，重组家庭中40.5%的儿童情绪不稳定。[②] 这是因为重组家庭的儿童对继父或继母难以接受或难以完全接受，会产生抵触情绪。当与亲生父母在一起时，表现为快乐、自由的情绪和行为；而在继父和继母面前，则表现为冷漠、拘谨的情绪和行为，孩子用沉默、发脾气、搞恶作剧来表达内心的焦虑、不满和愤怒，这些都是常见的问题。

---

① 张翼：《中国当前的婚姻态势及变化趋势》，载《河北学刊》，2008(3)。
② 庞海波：《家庭教育心理学》，137页，广州，暨南大学出版社，2011。

2. 重组家庭的文化特征

重组家庭相对于核心家庭来说具有不同的特征，主要表现在以下几个方面：两个家长中只有一个是亲生父或母；孩子通常只会亲近一个家长；亲生兄弟姐妹可能同住或不同住；同住的孩子外貌很少有相同之处；亲子关系比婚姻关系更早建立；亲生父母或继父母角色不清晰；家庭成员角色和职位须重新界定；新一段婚姻和新重组的家庭开支增多，家长时常会争执亲生子女和继子女的生活费等。①

重组家庭成员从建立新家庭开始会经历七个阶段：新的开始、努力同化、醒觉、重新建构、做出行动、整合以及解决变成两个核心家庭的问题。由黄河清主编的《家庭教育学》对重组家庭进行了专门的总结，认为重组家庭在生活中，容易遭遇一些共性的问题：一是家庭成员常有失落感和情绪投射反应。离异家庭通常会经历与亲人分离的失落感与悲伤历程。再婚后，这些情绪往往继续投射在重组家庭的家庭成员身上。二是过去分歧经验影响新家庭观念与行为。重组家庭成员拥有各自不同的家庭背景与经验。因此，无论父母或子女都会将此经验带入新的家庭中，这足以影响他们对新家庭的观感，也可能影响他们日常生活中的行为。三是继父母的角色含糊不清需要摸索学习。由于重组家庭尚未制度化，继父母对应扮演的角色并不明确，而且缺乏可以学习的对象，因此继父母都需要一段摸索学习的时间才能找到合适的模式。四是亲生父母与继子女间的羁绊联结难以拆开。由于亲生父母与子女共同生活一段相当长的时间，其联结不易被拆开，因此继父母常有一种被排斥在外的感觉，若想进入原有亲子关系中，则需要付出更多的努力。五是继子女分属两个家庭，且面对两套家规。父母再婚后，子女成为两个家庭的成员。多数重组家庭子女不仅与目前家庭牵连，也与未获得监督权利的父母一方的家庭有往来。在此情况下，子女经常要面对两套不同的家规与期待。六是婚后亲子关系优于夫妻关系的经验。初婚时，夫妻双方在子女出生前通常有充分的机会沟通与协调，但对重组家庭而言，在婚后，亲子关系的实际问题立即呈现，夫妻间没有蜜月期。因此在婚后亲子关系的经营往往先于夫妻关系的经营。七是重组家庭需要坚持调适与付出较多努力。比格内（Bigner）认为，重组家庭的发展任务主要是基于彼此的认同和功能之上的。一般而言，重组家庭若要达成一般社会期许的家庭任务与功能，则其家庭成员需要经历一段较长时间的调适历程与付出较多努力。八是重组家庭凝聚力较低，但其适应力较高。子女与亲生父母的情感远比和继父母的情感更为密切和接近，健康的重组家庭凝聚力虽然比传统核心

① 黄河清：《家庭教育学》，176页，上海，华东师范大学出版社，2014。

家庭低，但其适应力较高。因为重组家庭必须不断面对家庭成员来往于重组家庭与亲生父母见面，无形中也较有适应能力。九是缺乏爱的保证，需表达爱与关怀的承诺。"血浓于水"最能形容一般家庭的亲子关系，也被用来作为一种爱的保证。但是，重组家庭则缺乏对爱的保证，因此，必须实施表达对爱与关怀的承诺以增进家人间的向心力与凝聚力。

3. 重组家庭的文化教育

重组家庭的子女教育问题，首先要求父母要站在孩子的立场上看待问题。从夫妻感情破裂直至离婚、再婚、重组家庭，对孩子来说，在不太长的时间内经历了重大的家庭关系变化，这整个过程都会给孩子的心理带来痛苦和折磨。

第一，"爱"是基础。重组家庭的子女对"爱"的渴望更为强烈。重组家庭孩子更感到孤单、寂寞、无助，因此重组家庭中的父母对子女要给予更多的关心和爱护。而现实中，一些继父母对子女的感情投入极少，他们很少会像亲生父母那样亲吻、搂抱孩子，认为在物质上给孩子满足就是爱孩子，实际上这种体验和爱是无法用物质来满足的。孩子由于缺少与父母的良好感情交流，常常得不到健康的发展。情感疏离使得继父母在子女的教育中缺乏权威性，而亲子沟通不畅会导致继子女对继父母的言行更敏感，造成教育影响弱。因此，继父母对继子女的爱及无私的独处是重组家庭子女教育的基础。

第二，"理解"是桥梁。对于重建家庭而言，首先，继父母须把孩子视为朋友，不带偏见地看待孩子的行为。站在一个朋友的角度，了解孩子内心的感受，客观分析孩子行为背后的原因，从而找到改变他外在行为的办法。其次，继父母应以轻松的心态与孩子交流，消除孩子的恐惧、烦恼和孤独，激发其学习、成长的勇气和热情。再次，理解中既没有表扬也没有批评，理解是两个人心灵的沟通。理解就是不加评判地搞清楚孩子为什么做，心中是怎样想的。只有这样才能真正地走进孩子的内心世界，在继父母与继子女之间架起理解的桥梁。

第三，"尊重"是法宝。对于重组家庭的孩子，尊重他们不仅是因其年龄小，需要爱护、关心和培养，还在于他们自身就是一个独立的个体，有独立的意愿和个性。而且家庭的变故会使多数重组家庭的孩子较为敏感，继父母更应以宽容、豁达、尊重的态度对待他们，通过文化阅读、文艺活动对他们加以引导和帮助，慢慢地让他们成为自己的主人，切实感受到自己在家中、父母心中的重要地位，而不是事事替孩子做决定，对继子女冷淡，加重他们已受伤心灵的痛苦程度。

第四，努力发现孩子的闪光点。多发现孩子的闪光点，能够引导孩子全面发展。一味批评只会让孩子有很强的自卑感，没有自信心，特别是重组家庭的孩子，更为敏感。家长要努力发现孩子身上的闪光点，多鼓励孩子发展自己的兴趣爱好，对于他们的优点要多表扬，使孩子树立自信心。

第五，鼓励孩子参加家庭活动和户外活动。重组家庭的孩子容易在自卑中自闭，家长要鼓励孩子多参加家庭和户外活动，转移孩子的注意力。同时，参加集体活动，可以增强孩子的协作能力和人际交往能力，使其拥有一个更宽广的学习、锻炼和交友的平台，树立开放、积极、乐观的心态。在这个过程中，家长要注意观察活动个体不同的家庭文化背景，要增加与学校的联系，通过班主任多了解孩子的表现，及时给予表扬和教育，做到心中有数，调控得当。

可见，重组家庭的教育由于其特殊性，需要家长付出更多的心血、更多的耐心，并掌握一些必要的方法和技巧，在生活上、学习上关心孩子，时刻注意调动孩子的上进心和积极性，对孩子倾注更多的关爱，给他们更多的关怀，营造适合他们成长的良好的家庭文化环境。

(三)留守儿童家庭的家庭文化教育

2000年以来，我国的留守儿童群体成为政府、社会和学界十分关注的对象。根据第六次人口普查(2010年)数据估算，农村留守儿童规模已达6100万，占农村儿童的40%，占全国儿童的22%。① 如此多的儿童远离父亲和(或)母亲，他们在成长过程中面临一系列挑战，其教育、健康和心理等各方面的发展引发了社会广泛的忧思。而且，留守儿童问题与当前的人口流动、城市化、社会融入等问题相互交织和影响，变得更为复杂。做好留守儿童教育首先需要从复杂的家庭文化和社会问题中抽丝剥茧，从多方面和多层次的角度认清问题的本质，探寻对策。

1. 留守儿童家庭现状

"留守儿童"一词最早是《父母必读》杂志1993年第11期《隔代抚养与留守儿童》一文提出的，作者是上官子木。当时是指父母在国外工作、学习而被留在国内的孩子，而现在这一概念已经发生了很大的变化。② 综合国内学界对留守儿童的定义，较具有代表性的有以下几种。

第一，中国留守儿童问题研究课题组负责人吴霓将农村留守儿童定义为：由于父母双方或一方外出打工而被留在农村，并且需要其他亲人或委托人照顾的处于义务教育阶段的儿童。③ 此定义从留守原因和年龄结构上对留守儿童进行了

---

① 段成荣、吕利丹、王宗萍：《城市化背景下农村留守儿童的家庭教育与学校教育》，载《北京大学教育评论》，2014(3)。
② 郭永刚：《陕西农村留守儿童社会化问题研究》，硕士学位论文，西北大学，2008。
③ 吴霓：《农村留守儿童问题调研报告》，载《教育研究》，2004(10)。

界定。

第二，一部分农民工子女随父母一起进城，在父母务工、经商所在地接受教育，这部分儿童被称为流动儿童；另一种情况是大部分的农民工子女因为种种条件限制不能随父母进城，而只能留在原籍入学接受教育，这一部分儿童被称为留守儿童。此定义从分类的角度对留守儿童进行了界定，由于农民外出务工造成子女跟随的即为流动儿童，未跟随的则称为留守儿童。①

第三，留守儿童是指父母双方或一方流动到其他地区，孩子留在户籍所在地并因此而不能和父母双方共同生活在一起的儿童。②

第四，留守儿童是指农村地区因父母双方或单方长期在外打工而被交由父母单方或长辈、他人来抚养、教育和管理的儿童。③ 后面两种说法与第一种概念基本相同。

综合以上说法，我们将农村留守儿童定义为：父母双方或一方从农村流动到其他地区，孩子留在户籍所在地的农村地区，并因此不能和父母双方共同生活而由父母单方或长辈、他人来抚养、教育和管理的儿童。这些留守儿童往往存在着不少问题。由于缺乏父母的有效监护，有的留守儿童形成了懒散、怕吃苦的生活习性；由于缺乏家庭的亲情温暖和良好的文化熏陶，有的留守儿童受不良文化群体影响，形成孤僻、任性、以自我为中心等性格；调查还表明，目前农村留守儿童绝大部分是由祖辈抚养和教育的，这些祖辈受自身的文化教育水平的局限，只专注于物质生活的给予，往往无条件地满足留守儿童的需求，从而使孩子的教育不完整并导致部分孩子任性性格的养成。因此，家庭和学校应充分认识留守儿童的现状，并采取相应办法，以促进留守儿童的健康成长。

2. 留守儿童家庭的教育

留守儿童的家庭教育状况与其监护方式有着直接关联。同监护方式相对应，留守儿童的家庭文化教育缺失问题主要表现为如下几种情况。

第一，单亲家庭教育。这里的单亲家庭与前文所述的因离婚或丧偶等原因而形成的单亲家庭并不是同一概念。这里的单亲家庭一般是指在农村等落后、偏远地区，迫于生计，家里需有人外出务工从而形成了隐性的单亲家庭，即父亲（母亲）还在家庭关系中，但一直在外地，处于隐身状态。并且受"男主外、女主内"的传统影响，女性户主隐性单亲家庭所占比例更大。这种家庭文化教育模式存在的

① 蒋平：《农村留守儿童家庭教育基本缺失的问题及对策》，载《理论观察》，2005(4)。
② 段成荣、周福林：《我国留守儿童状况研究》，载《人口研究》，2005(1)。
③ 叶敬忠等：《对留守儿童问题的研究综述》，载《农业经济问题》，2005(10)。

问题主要在于：一是留守一方要承担所有繁重的家务和农耕劳动，身心疲惫，导致在孩子教育方面缺乏耐心，不能很好地和子女沟通与交流，这对孩子的人格形成不利。二是单亲监护人文化素质往往偏低，不能恰当地选择教育孩子的方式，甚至不能理解监督和辅导孩子学习的重要性，使这些留守儿童的学习出现更多的障碍。三是没有充足的时间与孩子交流，再加上文化素养的不足，缺少言传身教与耳濡目染的文化熏陶。

第二，隔代家庭教育。这里的隔代家庭教育与前文讨论的主干型家庭中，多代共同生活所形成的祖孙隔代家庭教育不同。这里的隔代家庭教育特指在农村地区，由于父母外出务工不能进行家庭文化教育，将孩子留给其祖父母或外祖父母监护，由祖辈承担留守儿童的衣食住行和家庭文化教育责任的一种模式。这种家庭模式中，祖辈拥有丰富的劳动经验，但也存在诸多问题，表现为：一是隔代监护的祖辈既要受田间劳作之苦，又要照顾孩子的衣食住行等日常生活，体力和精力消耗过度，同时文化素质普遍偏低，所以在辅导孩子的学习上显得力不从心。二是由于代沟的存在，祖辈与孙辈之间对角色的期望与领悟有极大的差异，彼此之间互不理解，以至于在留守儿童出现性格变化或者心理问题时，祖辈难以及时察觉。三是溺爱使得老年人一味地满足孩子的需要，放任甚至祖护孩子的错误。这种管教方式，造成很多留守儿童难以养成良好的生活和学习习惯，在交往中缺乏沟通能力，在举止上缺乏文明和礼貌。

第三，上代家庭教育。这种模式是指由外出父母信任的近亲、邻居或朋友来做留守儿童的监护人，承担留守儿童的衣食住行和家庭文化教育责任。在这种情况下，虽然孩子得到的生活照顾同隐性单亲家庭差别不大，但其得到的家庭文化教育却更加不足，表现在：一是亲戚朋友对留守儿童教育的分寸难以把握，过分严厉容易伤害孩子自尊心，造成抵触情绪；过于宽松又容易放任自流，达不到教育效果。二是从留守儿童来讲，内心情感容易处于压抑状态，不利于健康人格的形成。

第四，寄宿制学校教育。这是农村地区针对留守儿童现实，通过建立寄宿制学校以弥补和缓解留守儿童家庭教育不足问题的一种教育模式。这种模式有利于孩子集体主义精神的培养和良好生活学习习惯的养成，但却不利于孩子个性的成长，容易造成留守儿童家庭亲情的缺乏。

3. 留守儿童家庭的文化教育

由于留守儿童生活环境的多样性，其家庭文化教育问题也复杂多样，家长要根据不同的情况施加教育，总体上要努力做到"缺人不缺位"，尽量弥补不在孩子身边的缺失，要从以下几个方面着手。

第一，给孩子选择素质比较高的监护人。从孩子的健康成长角度出发，在能选择的监护人中，统筹考虑血缘、品格、文化素质、身体状况、经济状况等多方因素，确定一个素质高的监护人，不仅能够在生活上照顾孩子，而且能够辅导孩子的学习以及关注孩子的心理变化，妥善落实孩子的监护权，给孩子一个良好的模仿榜样。家长不能简单地认为给孩子丰富的物质生活，孩子就能认真学习，就能向优秀和卓越方向发展。

第二，采取多种方式增加对孩子的关爱。父母不能期望用金钱弥补对孩子缺失的感情，陪伴是最好的教育，倘若条件不允许经常把孩子带在身边，父母要充分利用现代信息工具和一切机会，保证定期和孩子联系，可用写信、打电话、微信聊天、QQ 聊天等方式让孩子随时感受到父母的关爱，打破空间的局限，保证以正确合适的教育方式熏陶孩子，避免和减少不良文化因素对孩子的影响和伤害。

第三，与监护人和学校保持密切联系。外出父母应该主动联系孩子监护人和学校教师，及时关注孩子的最新动态，了解孩子学习和生活上的问题，对孩子在家和在校的良好表现及时给予表扬，对孩子的不良行为做出提醒或批评并及时施加影响。

第四，鼓励孩子发展自己的兴趣爱好。兴趣爱好可以转移孩子对不良情绪的注意力，把孩子从悲伤的情绪中拉出来，而且对于孩子的未来发展也有一定的帮助。与此同时，参加课外文体活动也可以使孩子认识更多的朋友，性格更加开朗，改善人际关系。

留守儿童教育问题并不是单靠家庭教育就可以解决的，还需要社会各界的帮助，要为留守儿童的健康成长提供良好的校园和社会环境。学校应该给予他们特殊的关爱，与家长保持密切联系，方便家长了解孩子的成长情况，形成教育合力。社会要对这个特殊群体给予更多关注，要建立健全社会保障体系和帮扶机制，帮助留守儿童的教育和成长。

(四)流动儿童家庭

1. 流动儿童家庭现状

流动儿童是相对于留守儿童的一个概念。1998 年国家教委、公安部发布的《流动儿童少年就学暂行办法》规定，流动儿童是指"6 到 14 周岁(或 7 到 15 周岁)，随父母或其他监护人在流入地暂时居住半年以上有学习能力的儿童少年"。

在现代化、城市化不断发展的过程中，农村人口向城市迁移流动是历史发展的必然。2010 年第六次全国人口普查的主要数据显示，居住地与户口登记地所在的乡镇街道不一致且离开户口登记地半年以上的人口为 26139 万人，其中市辖区内人户分离的人口为 3996 万人，不包括市辖区内人户分离的人口为 22143 万人。同 2000 年第五次全国人口普查相比，居住地与户口登记地所在的乡镇街道不一致且离开户口登记地半年以上的人口增加 116995327 人，增长 81.03%。这主要是因为多年来我国农村劳动力加速转移和经济快速发展促进了流动人口大量增加。随着市场经济的不断发展与完善，人口流动的自由度还将大大增强，流动人口的构成更趋复杂化，流向也会变得更加多元化。

从 1996 年到 2008 年，为了进一步解决农民工子女在流入地的义务教育问题，国家对流动人口中适龄儿童的义务教育问题不断进行补充完善。从 2008 年秋季开始，农民工子女义务教育在全国全面推行，实行了全国城乡义务教育全部免除学杂费。修订后的《中华人民共和国义务教育法》规定，"适龄儿童、少年父母或者其他法定监护人在非户籍所在地工作的，居住地人民政府应当为适龄儿童、少年提供平等接受义务教育的条件"。从其家庭来看，流动儿童能否在家庭中得到应有的家庭教育，是促进流动儿童能否健康成长的关键。家庭教育是教育的基础，家庭教育是塑造孩子的性格的主要场所，影响他们的文化品位和价值观念。

2. 流动儿童家庭的文化特征

第一，流动儿童家庭文化教育中的积极方面。城市为流动人口家庭打开了一个丰富多彩的文化生活画面。城市中的生活经历，让为人父母的他们或多或少地认识到知识的重要性，因此他们中大部分对子女的期望较高，并且努力为子女的学习和成才创设机会，如他们重视子女作为"城里人"所需的文化综合素质的提高，重视对子女教育的投入，等等。

第二，流动儿童家庭文化教育中的消极方面。作为社会资源、经济资源和文化资源都相对来说比较匮乏的群体，城市流动家庭在家庭教育实践中面临很多问题。

首先，经济和时间投入的不足，使得流动儿童教育的"量"不足。父母忙于生计，在一定程度上减少了与子女相处的时间，甚至忽略了对子女的教育，更谈不上文化影响，因而不能保证对子女各方面给予很好的指导。

其次，家庭本身文化资源的不足，使得父母对子女教育认识不全面、不科学，不能为子女提供好的职业规划。总体上，他们在教育子女的过程中，多采用比较自然的方式。

再次，由于他们所处的社会环境和家庭本身的一些因素，他们城市化的程度并不高，接触到的教育子女的方式和途径很少，因此他们还保留着农村教育的习惯，如很少与学校联系，不注重子女的兴趣爱好的培养，教育方式单一，等等。虽然生活在城市，但是对子女教育的评价取向却有农村传统的特点，注重实用，看重成绩，忽视子女综合素质的培养。

最后，城市给他们的家庭带来很多新问题。由于流动给儿童造成很多不安定因素，如上学问题、业余时间的活动问题，子女在成长过程中面临的与城里孩子攀比、早熟等这些新问题，父母并不能完全解决，甚至采用过激的方法导致问题更为严重。从父母的角度来说，有的忙于生计，不能顾及子女的情绪；有的对子女的期望过高，对子女的高压，反而阻碍子女的成长。从子女的角度来看，由于家庭文化资源的缺乏，生活空间狭小，文化生活贫瘠，子女不能够得到足够的关爱和正确的教育，与父母之间的分歧越来越大，导致父母权威下降，亲子之间的和谐关系很难继续，使得家庭教育问题得不到解决，形成恶性循环。

因此，流动儿童家庭父母的文化能力的提高和习惯的改变对流动儿童家庭教育质量的改善非常有意义。政府应从帮助流动儿童家庭融入当地社会来改变流动人口不合理的习惯、帮助流动儿童家庭增加家庭文化资源含量、挖掘流动人口勤劳节俭等文化优势、着重于培养子女积极的心态等方面来改善流动儿童的家庭文化教育现状。当然，无论是流动儿童还是留守儿童教育，最根本的是打破城乡二元体制和传统户籍制，并大力实施教育资源均衡化，实现教育公平。我国已经开始着手推动一系列改革，来改变这些状况。

3. 流动儿童家庭的文化教育

受流动儿童家庭条件的限制，在家庭文化教育中，父母比较重视子女的健康和学习，但对子女在城市中面临的情感、人格、交际等问题重视不够；父母对子女的期望很高，但政策、经济条件、自身等现实因素的影响，迫使他们对子女的期望降低，延伸出悲观、失望的情绪。因此，流动儿童家庭更应该注重教育的方式方法。流动儿童家庭的文化教育，不仅依赖于家庭内部父母的教育方式，还有赖于社区与全社会的帮助。

第一，传递积极向上的进取精神，建立健康和谐的家庭文化生活。大多数流动人口的家庭经济条件较差，生存艰难，当他们无法改变现状时，就会把所有的希望寄托在子女身上。当子女没有达到他们的预期时，他们轻则责骂孩子，重则对孩子实施暴力。孩子们每天在这种情况下生活，心惊胆战，小心翼翼，长久下去，心理压力会越来越大。父母总是责骂而不是鼓励孩子，会打击孩子的积极性，造成孩子自卑的心理，挫伤孩子脆弱的心灵，给他们的身心带来负面的影响。在这种家庭环境中，家庭文化教育无疑是无效的。因此流动儿童家长应该改变这种方式，学会鼓励引导孩子，学会尊重孩子，帮助孩子树立积极向上的心态，促进孩子健康成长。

第二，建立正确的职业价值观，激发孩子奋发拼搏的精神。流动人口离开自己的家乡，来到陌生的城市打工生活，其主要的目的还是希望给自己的子女一个美好的未来。流动儿童家长对子女的教育期望高，若子女学习成绩好，父母对子女的要求会更高；若成绩不好，家长就会天天在孩子跟前唠叨：自己在外打工不容易，做的一切都是为了孩子，希望孩子能理解自己，努力学习，将来出人头地回报自己。殊不知，天天唠叨会让孩子产生厌烦的心理，形成职业偏见，造成孩子压力过大，学不进去。在家庭文化教育中，父母应该为孩子树立职业无贵贱的价值观，对自己的言行举止有所规范，对孩子言传身教，以身作则，通过个人的努力拼搏，引发孩子的共鸣，从而激励孩子奋发图强。

第三，挖掘社区资源，为流动儿童家庭文化教育服务。良好的社区环境也是家庭文化教育的重要方面。社区要在流动人口聚居的地方建立社区图书室和活动场所，杜绝非法网吧等，大力开展社区服务。同时，开展社会活动，使流动家庭的成员也能参与到活动中，增强流动儿童及其家长的信心，促进流动儿童及其家长形成社会网络，融入社区，从而为流动儿童的家庭文化教育提供良好的外部环境。

第四，构建社会支持体系，提升家庭文化资源。文化资源是指任何与文化及文化活动相关的有形与无形资源。从家庭文化教育的意义来讲，家庭文化资源包括家庭的文化氛围、家长的教育方式、家庭的艺术气息、父母的职业及文化水平等。家庭文化资源是家庭文化教育的重要保障。在提升流动儿童家庭文化资源方面，政府和社会应该为流动儿童家长的城市化提供平台，在文化学习尤其是就业方面，保障他们同城市居民享有同等的权利，以确保他们在家庭文化教育中对自己的孩子给予正确、恰当、有力的教育。

第二节　家庭成员关系与家庭文化教育

一个家庭的成员关系，在很大程度上影响着儿童的认知发展和个性形成。和谐的家庭成员关系有助于父母把正确的价值观、行为规范、社会道德传递给孩子并且塑造孩子行为。如何有效传递家庭文化，主要体现在家庭教育方式方面。对于家庭教育方式，目前还没有一个明确、统一的定义。20 世纪 60 年代后期以来，鲍姆林德(Baumrind)从控制、成熟的要求、父母与儿童交往的清晰度以及父母的教育四个方面来评定父母的教育行为，将父母的教育方式分为权威型、宽容型和专制型三种。① 马克比和马丁(Maccoby & Martin)基于维度理论将家庭教育方式分为四个基本类型：权威抚养型、独断抚养型、宽容溺爱型和宽容冷漠型。②

根据现有的研究成果，我们认为家庭教育方式是指父母将社会价值观念、行为方式、态度体系及社会道德规范传递给儿童的方式。根据这个概念，我们将家庭教育方式分为以下几种类型。

权威型教育方式——父母树立权威，对孩子理解、尊重，经常与孩子交流及给予帮助的一种教育方式。

专制型教育方式——父母要求子女绝对服从自己，对子女所有行为都加以保护监督的一种教育方式。

民主型教育方式——父母对子女的要求是与子女协商或在充分尊重子女意见的基础上提出的一种教育方式。

放纵型教育方式——父母对子女抱以积极肯定的态度，但缺乏控制的一种教育方式。

家庭是儿童最初的生活场所，儿童的社会性发展首先从家庭开始。通过家庭成员特别是父母的抚养与教育，儿童逐渐获得了知识和技能，掌握了各种行为规则和社会规范。正是父母对子女的教育行为，把社会的价值观念、行为方式、态度体系及社会道德规范传递给儿童。当然，每个家庭应该采用何种教育方式是没有统一标准的，因为每一种教育方式都有其利弊。每个家庭只有根据家庭的具体情况不断调整适合孩子年龄特点的教育方法和方式，克服存在的弊端，才能真正达到科学教育的目的。

一、权威型家庭文化教育

(一)权威型家庭教育的概念

权威型家庭教育是典型的父母主导型家庭教育，父母充当合格教练的角色。"权威型"父母具有"高要求、高反应"的典型特征，此类父母对孩子的要求相当的"高"和"严"。他们有明确合理的要求，会为孩子设立一定的行为目标，对孩子不合理的任性行为做出适当的限制并督促孩子努力达到目标；同时，他们并不缺乏

---

① 王勍、程利国：《父母教养方式研究综述》，载《当代教育论坛》，2007(7)。
② 陈培娟：《家庭教养方式与学业成就相关研究——以上海 S 初中农民工子女为例》，硕士学位论文，上海师范大学，2012。

父母应有的温情，能主动关爱孩子，能够耐心地倾听孩子的述说，而且能晓之以理、动之以情，激励孩子自我成长。这类父母施行"理性、严格、民主、关爱和耐心"的教育方式。在这样的教导之下，孩子会慢慢养成自信、独立、合作、积极乐观、善社交等良好的性格品质。由于教育方式中有较多的民主成分，因而还有学者将其称为权威民主型。

这是一种较为理性的教育方式。父母以积极肯定的态度对待儿童，及时热情地对儿童的需要、行为做出反应，尊重并鼓励儿童表达自己的意见和观点。同时他们对儿童有较高的要求，对儿童不同的行为表现奖惩分明。这种高控制且在情感上偏于接纳和温暖的教育方式，对儿童的心理发展有许多积极的影响。这种教育方式下的儿童独立性强，善于自我控制和解决问题，自尊感和自信心较强，喜欢与人交往，对人友好。

权威型父母并不是以一种独裁方式抚养孩子的。权威型父母会尝试创建一个让孩子有安全感的家庭环境，当孩子犯错误时，父母会利用自己的权威帮助孩子纠正，而不是简单地管理处罚孩子。父母会采取一些措施来帮助孩子理解为何其行为是不可接受的，也会帮助孩子识别哪些替代行为是可以接受的。当孩子犯下严重的错误时，权威型父母可能也会采取一些惩罚性措施，但至少孩子已经理解了惩罚的原因。

（二）权威型家庭教育的特点

权威型家庭教育中家长在约束性和自主性之间掌握了一种合理的平衡，在给孩子发展自理自立能力机会的同时，也为孩子的成长提供了所需的标准、必要的限制和指导性原则。权威型家长与孩子保持广泛的交流，孩子能从中受益并能得到启发，心智和社会能力都得到较有力的发展支持。父母在家庭交流中对所做的决定、制定的规则、达到的目标进行解释，帮助孩子理解社会规范、社会关系，提高了孩子对自己的社会角色、社会任务、社会期待的理解，提高了他们的道德水平和自我约束能力。需要指出的是，权威型的教育方式是以温情的亲子关系为基础的，是孩子喜欢接纳的，在此基础上孩子与父母建立起强烈的依恋关系，孩子更容易接受父母的影响，与父母有相似的生活态度和价值观，在家庭生活中与父母更加和谐。当然，权威型家长不能是为了权威而树立"权威"，这种权威应该来自他们与孩子的不断交流，应该来自父母对孩子的尊重和理解。因此在严格要求孩子的同时，家长也要善于了解孩子的需要，及时发现孩子的困惑，允许孩子发表自己的见解，帮助孩子达成目标。

权威型家庭的家庭氛围表现在父母和孩子很亲密，情感和思想的交流都很充分。孩子觉得父母可亲可敬，信赖父母，对父母的教育持开放和接受的态度，父母在孩子心目中有很高的威信。家长的特点是关心孩子，倾听孩子的心声，对孩子的需要能做出敏感的反应，给孩子贴心的帮助，让孩子感受到温暖和关爱。要强调的是，权威型父母对孩子提出明确的要求，这些要求是一个人适应社会所必需的，而不是从父母自身的喜好或者情绪出发的，因此要求也是理性的、一贯的，同时对父母自身也提出了很高的要求。父母在提要求的同时会向孩子解释为什么对他提出这些要求，同时鼓励孩子与自己交流。在权威型教育方式下，孩子的发展特点是易于形成友善、真诚、合作、自立的品质，有较强的自我控制能力，社会适应良好，能愉快而自信地学习。

在鲍姆林德的调查中，权威型父母的孩子是适应最好的儿童。他们表现得成熟、友好、充满活力，在解决新任务时很自信，并能抵制分心。后来的研究发现，这些儿童表现出高自尊、较强的自主性以及很好的社会技能。另外，他们有高水平的学业成绩，在学校表现良好，并能更成功地适应家庭创伤。这种积极的影响一直持续到大学阶段。在大学，那些在权威型教育方式下的学生也表现出更好的适应能力，获得更好的成绩，并在困难任务面前更能坚持下来。[1]

权威型父母在对待孩子的过程中对自身有很高的要求，体现出以下几个方面的特征：一是以身作则，坚持原则，严格要求自己，注意自己的言行。二是对孩子的要求一致，而不是一个唱红脸一个唱白脸。三是根据孩子的发展情况，提出合理的目标和要求，并且协助孩子达成目标，不管是失败还是成功都要态度一致，不能以成喜、以败悲。四是以良好的心态和情绪面对孩子，善于倾听孩子的心声，对孩子的要求及时做出反馈，并不断提升自身的素养，避免权威变成专制。

（三）权威型家庭文化教育对孩子成长的影响

由于权威型家长在约束性和自主性之间掌握了一种相对合理的平衡，在给孩子发展自理自立能力机会的同时，也为孩子的成长提供了所需的标准、必要的限制和指导性原则，因而，权威型家庭文化教育对孩子的成长具有深刻的影响。

第一，权威型家庭文化环境有利于孩子养成良好的学习习惯。一个具有良好学习习惯的孩子应该具备以下能力和特征：有明确的学习目标，为实现目标制订适宜的学习计划，根据实际情况进行目标的微调和计划的修正，能面对困难，具备克服困难的能力以及坚持，等等。权威型家庭文化教育中，由于父母在孩子心

---

① ［美］特里萨·M. 麦克德维特、珍妮·埃利斯·奥姆罗德：《儿童发展与教育》，李琪等译，680 页，北京，教育科学出版社，2007。

目中威望较高，对孩子有明确的要求，因此父母在孩子学习目标和学习计划的制订方面一般比较重视。同时，由于权威型父母比较注重和孩子的沟通，因此往往会与孩子充分沟通，以确保目标、计划的制订相对合理，与学校对孩子学习的要求比较一致，孩子容易理解和接受，便于孩子认同和执行。此外，计划的执行和目标的实现最主要的困难是对计划的坚持以及对过程中问题的解决。权威型父母的"高反应"会促使其及时了解孩子学习计划的执行和目标的实现情况，并及时帮助孩子解决困难，对孩子实际执行情况进行评估，做出微调，这些都是孩子坚持执行计划、养成良好学习习惯的重要保证。此外，权威型家庭环境中父母言行一致、民主的生活作风、积极的生活态度都会对孩子良好学习习惯的形成产生积极的影响。

第二，权威型家庭文化环境有利于孩子养成良好的道德素质。英国哲学家培根说："美德有如名香，经燃烧或压榨而其香愈烈。"意大利诗人但丁也曾说："一个知识不全的人可以用道德去弥补，而一个道德不全的人却难以用知识去弥补。"在我国，无论是以孔子为代表的儒家，还是以老子为代表的道家，无不以高尚的道德作为他们的至高境界。只有道德高尚的人，才是一个真正有用之人。权威型父母懂得尊重孩子，在给孩子设立规则时，会给孩子讲道理，给孩子说明为什么要这样做，使道德和规则真正内化，引发孩子自觉地服从。权威型家庭文化环境中成长起来的孩子，出于对父母的尊重，懂得尊敬长辈、师长，而孝敬长辈是最基本的礼貌，也是一个孩子应该认识、尽早树立的基本道德规范。孩子只有学会尊敬长辈、热爱自己的老师，才能懂得什么是爱，也才能理解爱的深刻内涵。权威型家庭文化环境中成长的孩子规则意识较强，是非观念明确，相对有正直、诚实的品格，实事求是、明辨是非，不易与坏人同流合污，在不良的社会环境中善于坚守道德底线。权威型家庭文化环境中成长的孩子具有服从和开放的双重特点，懂得热爱祖国，懂得民族自尊心、自信心，知道为祖国的和平、富裕、强大而努力。

第三，权威型家庭文化环境有利于培养孩子的合作能力。随着人类文明的不断进步，社会化大生产导致分工的日益细致，合作意识对社会的发展至关重要，合作共赢成为社会发展的常态。合作是指为了共同的目的而两人或多人、两个集体或多个集体共同完成某一工作或某一任务的行为。合作是一种能力，更是一种艺术。唯有善于与人合作，才能获得更大的力量，争取更大的成功。欧洲著名的心理分析家阿德勒认为："假使一个儿童未曾学会合作之道，他必定会走向孤僻之途，并产生牢固的自卑情绪，严重影响他一生的发展。"权威型家庭中父母以自己的人格魅力确立的权威，在对孩子的约束性和自主性之间掌握了一种合理的平衡，能够教会孩子树立合作意识，教会孩子悦纳别人，教会孩子参加集体劳动，教会孩子感受合作的快乐，教会孩子合作的技巧，更重要的是能为孩子树立合作的榜样。

二、专制型家庭文化教育

(一)专制型家庭教育的概念

专制型家庭教育是一种要求儿童"按照我说的去做"的家庭文化教育方式。专制型家庭与权威型家庭都是父母主导型的家庭，这两种家庭文化教育中父母的角色都是教练，不同的是专制型家庭教育中教练兼完全的裁判，孩子没有任何发言权和协商权，而权威型家庭教育中家长是教练兼半个裁判，孩子有一定的发言权和协商权。权威型家庭中父母往往是合格的教练，专制型家庭中父母往往很难成为合格的教练。专制型家长把他们的权力看成是固有的，在解决冲突时，他们很看重胜负，而且重要的是他们一定要胜，这是保持他们权威的方法。非常专制的家长要求孩子无条件地服从自己，他们制定规则，孩子稍有违背就要遭到惩罚，家长的需要和期望高于孩子的需要和期望。专制型家长有很强的自尊心，他们不会以其他的方法尊重孩子。这是父母和子女在认识、情感和行为协调上一致性最低的一种家庭。这种家庭的家长只愿看到子女顺从的一面，要求孩子绝对服从自己的意见、做法、命令，说一不二，否则就实行专制甚至体罚打骂。这种家庭中长大的儿童与家长的关系十分疏远，感到自己在家中毫无地位，毫无温暖和不被理解；认为家长的要求是无理的，心中对家长权威不服；可能变得唯唯诺诺，无主动性，情绪不安甚至神经质；或变成当面一套、背后一套，攻击性强，胆大妄为。

专制型父母要求孩子绝对听从自己的意见，"我养大了你，你就得听我的"，这是专制型父母的基本信条。在专制型家庭里，孩子的自由是有限的，因为家长希望孩子的所有行为都受到保护和监督。他们希望孩子按照自己为孩子设计的发展蓝图去成长。家长与孩子之间的关系是不平等的，是一种"大人"和"孩子"的关系，是"管"与"被管"的关系。因此，相对来说，他们之间的沟通是不好的，这样的家长尽管出发点是好的，却往往不能为孩子提供切实有效的帮助。

(二)专制型家庭教育的特点

专制型家庭教育中家长要求孩子绝对听从自己的意见、服从自己的决定，为孩子设计将来的发展方向。他们与孩子的关系是不平等的，不能进行有效的沟通。专制型家长往往采用的是一种专制的方式，不考虑孩子的个性。他们强调控制，却不给予培养和支持，把听话视为优点，认为限制孩子的自主权有好处，认为孩子必须把家长的话当作正确的来接受。有些家长还尤其爱给孩子立规矩，不许看电视，不许出去玩，等等，强制孩子服从家长的主观意志，不给孩子讲清或根本没有能力讲清为什么不能这样做；不给孩子自律的机会，想方设法"看管"孩子，甚至不择手段"监视"孩子。可想而知，在这样环境中长大的孩子，沾染撒谎、欺诈等恶习是很难避免的。

专制型家庭的家庭氛围是父母和孩子不亲密，关系不融洽，甚至成为"猫鼠"关系，很少有语言交流，孩子说话、做事往往小心翼翼，孩子的需求经常得不到满足，孩子的困惑不能得到及时解决，孩子的情感也不能得到有效地宣泄。家长的特点是对孩子控制得很严，并且要求孩子无条件服从自己，一旦孩子违反，会严厉地惩罚孩子。与权威型父母相比，他们对孩子提出的要求更多是从自己的喜好出发，很少跟孩子解释为什么要这样做，使孩子几乎无法独立选择自己该干什么、不该干什么，孩子较少感受到他们的温暖和支持。父母期望孩子完全和立即地顺从，他们既不与孩子协商他们的期望，也不对他们的要求给出理由。专制型父母也会有些冷漠，甚至会惩罚孩子，他们希望孩子在很小的年龄就表现得成熟。在专制型家庭中长大的孩子，容易形成言语上和行为上的两面性。鲍姆林德发现，专制型父母的孩子有社会情感困难，因为他们退缩、不信任、不快乐。另有研究者发现，这些儿童有较低的自尊、较差的自立能力和社会技能，在有些情况下，他们对他人有过度的攻击性。[①]

(三)专制型家庭文化教育对孩子成长的影响

不同的父母教养方式的主要差别就在于爱和规矩这两个维度上。专制型家庭的父母会提出很多规矩，期望孩子严格遵守，希望孩子一味地听他们的话，服从权威。孩子并不了解这些规矩的必要性，他们的顺从完全是由于父母的惩罚和强制性措施，孩子的情绪在高压之下极易出现问题。

第一，阻碍了孩子情商的发展。有资料表明，情商在一个人走向社会方面与他的智商相比，要起到85％以上的作用。而孩子情商的培养主要在家庭教育当中。孩子的学习不仅仅是书本知识的学习，更重要的是如何做人的学习，良好品德的

---

① [美]特里萨·M. 麦克德维特、珍妮·埃利斯·奥姆罗德：《儿童发展与教育》，李琪等译，680 页，北京，教育科学出版社，2007。

培养，即情商的学习与培养。社交能力是情商的一个非常重要的方面。社交活动中，一个人的一句话，往往可以交一个朋友、一群朋友，或是得罪一个人，失去一个朋友、一群朋友，即所谓"一言兴邦，一言丧邦"。专制型家庭使孩子与他人相处的时候，不懂得如何处理与他人的关系，甚至是不会说话、不会做事，一说话、一做事就得罪人，使自己处于孤立地步进而进一步封闭自己。

第二，限制了孩子的发散思维。专制型家庭的教育使孩子对事物的观察不能有自己的思想，不敢想，不能想，没有想象力，没有创造性，不敢去做"出格"的事。一些青少年缺乏想象力与创造性，既与一些学校的应试教育有关，又与专制型家庭摧残了儿童的想象力和创造性密切相连。

第三，严重影响了孩子的自信心。专制型家庭使父母与孩子的互动中止，发展到比较严重的程度，是孩子与父母"冷战"。同时，专制型家庭的父母以己所欲，随心所欲，使孩子的言行无所适从而失去自信心。

第四，导致孩子畸形性格的形成。专制型家庭的父母，以己所欲强加给孩子，不考虑孩子的感受，总以为自己的付出都是为了子女好，是对孩子的爱，这种单方面的爱往往会造成家庭悲剧。"好学生"徐某杀母事件，就是专制型家庭教育的悲剧。

浙江省某中学高二学生徐某出生在一个工人家庭，母亲是某食品公司职工。虽然收入不高，但望子成龙的她省吃俭用，把家里的事情全包下来，一心想让孩子读好书。她要求儿子每次考试都在班级的前10名。母亲的严厉管教使徐某感觉非常委屈和压抑，感到生活没有乐趣。2008年1月17日中午，徐某饭后想看会儿电视，其母不让，并说："期末考试你一定要考进前10名。"徐某顶撞说："很难考的，不可能考得到。"母子再次争执起来。感到绝望的徐某从门口拿起一把木柄榔头朝母亲后脑砸去，将母亲活活砸死。

徐某杀母事件中表现出的家庭文化教育问题具有一定的代表性。徐某妈妈是那样爱自己的儿子，为什么却换来这样的结局？我们在为徐某妈妈感到悲哀的同时，也非常有必要以此为鉴。每位父母对子女的舐犊之情都是难以言表的，为了孩子，许多父母牺牲了自己的爱好、时间、事业。但父母满腔的爱却未必一定能够得到孩子的理解。家长爱孩子是天经地义的，但家长爱孩子的方式却是值得思考和理性选择的。

三、民主型家庭文化教育

(一)民主型家庭教育的概念

民主型家庭教育的核心是孩子与家长在人格上平等，互相尊重。家长在替孩子拿主意时，会征求孩子的意见，充分考虑孩子的合理要求与需要，但在孩子因年龄小拒绝执行正确的建议时，家长又会坚持正确的主张，因此它也有强制的一面。民主型家庭与权威型家庭最大的区别是：权威型家庭中父母的角色是强化教练意识，民主型家庭中父母的教练角色淡化，裁判角色强化，变父母主导型家庭教育为父母子女共同主导型家庭教育。民主型家庭是当前社会强烈呼唤建设的一种家庭结构模式，这种家庭结构模式主要包含以下几个特征。

第一，尊重孩子。许多家长常常犯这样的错误，以为孩子"人微言轻"，忽视他们的喜怒哀乐，觉得他们小，不懂什么感情。其实，孩子虽小，但也和成人一样有着很强的自尊心，父母应像对待成人一样尊重他们。而在发现孩子有了缺点或错误时，父母不能采取粗暴的态度给孩子施加压力或说一些伤他们心的话，更不能在众人面前训斥孩子，使孩子失去自尊，从而产生反感情绪或叛逆心理。并且父母要善于发现孩子的微小进步，并及时给予肯定、表扬，使孩子树立自信心。在这个基础上通过心平气和的交谈让孩子懂得他们的不足之处，及时纠正。只有尊重孩子，以理服人，才能使孩子形成健康的心理。

第二，平等对待孩子。有些家庭以家长为核心，认为家长就是权威，这类家庭笼罩着权力与强制，孩子都得听家长的，家庭情感处于霸道与无理之中。在这种缺少平等精神的家庭中，孩子容易形成怯懦、自私、自卑、任性等不健康心理。有关调查也表明，孩子容易冲动、性情古怪多变与父母经常发脾气有直接关系。所以当父母自己心情不佳时，应尽量克制不向子女发泄，对孩子做了错事，也要真诚地向孩子道歉，让孩子真正感受到自己在家庭中的平等地位。

第三，善于与孩子沟通。沟通意味着父(母)子关系是开放式的，沟通要坚持说心里话。家庭成员之间应用彼此接受、渐成习惯的方式，平静地直截了当地表达自己的想法。心理上的开放有益于使孩子形成开朗活泼的性格。许多人豁达大度、直言不讳、善解人意的性格与他们开放的心理特征是分不开的。父母要鼓励孩子说出自己的想法，哪怕是错的。只有这样，才不会出现一见陌生人就不知道如何说话的尴尬场面。

(二)民主型家庭教育的特点

家庭教育的效果不仅取决于家庭是否有明确的教育目标,在更大程度上取决于父母是否运用科学的教育方式,注重教育方法。20世纪80年代以来,西方许多国家普遍推行民主型家庭教育模式,并取得成功。它们的成功之处在于尊重孩子,给孩子自主权,让他们学会怎样解决自己的问题,尤其强调让孩子学会怎样在社会允许的条件下做出自我选择。在家庭里,孩子不但可以参与各种活动,而且还可以参与家庭各项大事的决策。

但正所谓"家家有本难念的经",每一个孩子都有自己的个性,我们不能对所有的孩子采取同样的教育方法和手段,但是正确的家庭教育理念对每个家庭都是有借鉴意义的。有一点是可以肯定的,即民主型的教育模式几乎对所有孩子的心理发展都是有益的。

采用民主型家庭教育模式的家庭的氛围大致有如下特点:父母对子女的态度是温和的、关心的,信任尊重,民主平等,循循善诱,启发开导,以发挥孩子行动和学习的主动性与积极性;他们鼓励儿童独立探索,允许孩子有一个独立活动的空间,激励孩子去做喜欢而又力所能及的事情;制定了孩子的行为规则,使用适当奖惩手段执行规则,尊重、理解孩子,对孩子的幼稚和错误循循善诱,而不是简单训斥。

国内外的研究均表明,首先,采用民主型教育方式的家长在家庭里能给孩子以最大安全感,孩子感到父母是最可依靠的人。其次,孩子在民主型的家庭中能感受到被爱和被尊重,也学习到怎样爱他人并尊重他人,从而增强了自尊和自信。因此,在民主和睦的家庭中成长起来的孩子,一般来说情绪稳定,性格开朗,有自信心,能与人和睦相处;他们具有积极向上的健康心态,热诚和友善的性格,并具有较强的独立性和创造性。

(三)民主型家庭文化教育对孩子成长的影响

家庭文化教育没有一成不变的方式。不同时代、不同家庭应该采取符合当时环境的教育方式。在信息化高度发达的今天,培养一个身心健康、拥有多种才能的复合型人才无疑是每位父母最大的心愿。我们不否认其他类型的家庭文化教育方式对孩子成长的重要性,但我们认为,一个身心健康、富有个性、富有创造力的复合型人才的诞生离不开民主型家庭文化教育方式。

第一,民主型教育方式有利于孩子独立、积极个性的形成。民主型教育方式和其他教育方式一样关爱孩子,不同的是它更加尊重孩子。与权威型家长相比,民主型家长更加注重培育孩子的自主意识和自主能力,父母更多的是充当裁判的角色，注重孩子的内省和自我教育。民主型家长会对孩子提出合理的要求和目标，向孩子解释遵守某些规则、达到某些标准的原因，并督促和帮助孩子努力实现目标。他们会给予孩子适度的关爱与限制，能以平等的身份与孩子进行交流与沟通，并能接受孩子合理的意见。有研究表明，在民主型的教育方式下，儿童更容易养成协作、沟通等能力，并具有乐观、自信、有责任感、自制能力强等性格特点。

第二，民主型教育方式有利于孩子平等观念的形成。民主型教育方式强调的是平等、尊重，在这种教育方式下，孩子的合理诉求能时刻得到父母的尊重，使孩子从小就感受到被尊重的喜悦，这种喜悦自然会被他接受并传递给其他人。民主型家庭教育使孩子在获得被尊重的同时，养成尊重他人的品格，从而愿意从他人的角度去思考问题，逐渐形成平等的观念。

某日听报告，在整整两个半小时里，6岁的苗苗在妈妈座位旁始终安安静静地看书、画画。某日，母亲在商场试穿衣服时，苗苗或坐在凳子上，或靠着墙，或躺在沙发上，看上去真的是很累了，但是她并没有喊累，也没有闹大人。苗苗的这种表现与她所受的家庭文化教育有很大关系。在与苗苗母亲的聊天中我们得知，在日常的家庭生活中，如果苗苗有什么问题，只要他们能放下手头的工作，就一定会先解决孩子的问题，如果他们实在无法放下手头的工作，就会告诉女儿让她等一会。同时，在女儿一个人做游戏或看书时，他们也绝不去打扰她。慢慢地，苗苗就懂得了不打扰别人就是一种尊重别人的方式。

第三，民主型教育方式更加有利于孩子创造力的提高。影响儿童创造力发展的基本因素有三个方面：遗传和生理因素、环境与教育因素和儿童自身的特点。这三大因素中除了第一因素外，其他两个因素都与儿童后天所受的教育有关。创造力并非生而有之，而是在教育训练下发展起来的，环境教育的作用是决定性的。心理学研究表明，创造力高的儿童与创造力低的儿童所处的家庭环境是不同的，前者在家中享有更多的独立自由和更多的解决问题的机会。在民主型教育方式的家庭中成长的儿童，创造力和独立性普遍较高；权威型家庭教育中培养的孩子次之；而专制型家庭中长大的孩子，则依赖性强、情绪多变、幼稚而缺乏创新精神。这种差别的出现，主要是因为生活在民主型家庭中的儿童，由于有相对自由的交流环境，个人的思想容易受到他人的关注，自主意识从小得到培养和强化，从而变得热情、有信心、敢于想象，有独立性、好奇心强、富于冒险精神、喜欢尝试困难工作，能自我观察、兴趣广泛、爱思考、不盲从等，这些性格特点和良好品格本身就是发展创造力的重要因素。

四、放纵型家庭文化教育

(一)放纵型家庭教育的概念

放纵型家庭教育指家长在对待子女教育的问题上采取不闻不问、放任自流的态度。放纵型家庭教育既与父母主导的权威型、专制型家庭教育不同，又与父母与子女共同主导的民主型家庭教育不同。放纵型家庭教育中，父母既不是教练员，也不是裁判员。放纵型家庭中，由于教育引导中家长的缺失，孩子成了家庭教育的主导，但这种主导不是孩子的内省和自觉，而是带有很大的自发性和盲目性。

放纵型家庭中，有的家长称自己工作忙，无暇顾及孩子，把教育子女的一切责任推给学校；有的则认为孩子年龄小、不懂事，"树大自然直"，对孩子的言行从来不过问、不观察，也没有一定的要求和约束。他们很少关心子女的学业、身心发展状况，对于子女的品德操行更是所知甚少。当孩子做了错事的时候，他们也只是轻描淡写地一带而过，既不及时给予正确引导，也不追究犯错误的原因。[①]在这样的家庭里，孩子虽然很有个性，处理事情时不容易受外界干扰，但容易养成自由散漫、随心所欲、胆大妄为等习性，而且情感淡漠。

放纵型父母很少向孩子提出要求，他们给孩子最大的行动自由，把尊重孩子的个人意愿放在首位，甚至采取"听之任之"的态度。但放纵型父母在孩子需要帮助时，也愿意提供帮助。放纵型家长很少或根本不限制孩子，他们放纵孩子的冲动行为，无视孩子的不良习惯，在保证身体安全的条件下尽可能给予孩子自由。放纵型家长有时容许孩子的一些令他们生气的行为，但他们不知道如何表达自己的愤怒，往往以"我很忙、我不懂"来放弃教育孩子的责任。结果是当怒气积累到不可控制的程度时，他们就会痛斥孩子，甚至会伤害孩子。

(二)放纵型家庭教育的特点

放纵型教育方式下父母对孩子很少管教。放纵型家庭的父母主要有两种类型。

第一，放纵溺爱型父母。

放纵溺爱型父母是对孩子合理照顾但是缺少指导和管束的父母。此类父母慷慨给予孩子物质营养和慈爱，但是他们放弃对孩子的教育和要求，对于孩子什么时候写作业、做什么家务事、遵守什么样的作息时间等完全听之任之。这类父母

---

① 梁志燊：《中国学前教育百科全书·教育理论卷》，173～174 页，沈阳，沈阳出版社，1995。

虽然也对儿童抱以积极肯定的情感，但这种情感缺乏理性。父母放任儿童自己做决定，即使他们还不具有这种能力。他们对儿童违反规则的行为采取忽视或接受的态度，很少发怒或训斥儿童。这样教育方式下的儿童大多很不成熟，他们随意发挥自己，往往具有较强的冲动性和攻击性，而且缺乏责任感，合作性差，很少为别人考虑，人际关系较差。

第二，放纵忽视型父母。

放纵忽视型父母是对孩子的关爱需要疏忽或冷漠的父母。父母对他们的孩子要求很少，这种要求少与放纵溺爱型父母对孩子的放纵不同，他们主要以不关心和拒绝的方式对孩子做出反应，他们给孩子带来的是孩子和父母之间没有信任基础。这类父母对孩子既缺乏爱的情感和积极反应，又缺少行为方面的要求和控制，因此亲子间的互动很少。他们对儿童缺乏最基本的关注，对儿童的行为缺乏反馈，且容易流露厌烦、不愿搭理的态度。如果儿童提出诸如物质等方面易于满足的要求，父母可能会对此做出应答；然而对于那些耗费时间和精力的长期目标，如培养儿童良好的学习习惯、恰当的社会性行为等，这些父母很少去完成。这种教育方式下的儿童与放纵溺爱型教育方式下的儿童一样，具有较强攻击性，很少替别人考虑，对人缺乏热情与关心。这类孩子在青少年时期更有可能出现不良行为问题。

放纵忽视型是最不成功的教育方式。如一些父母为了自己的事业完全不管孩子，还有些父母长期在外务工把孩子丢给老人。由于家长较少参与到孩子的成长中，他们好像并不是很关心孩子，或者家长被自己的问题已经搞得晕头转向了，他们很难投入精力来表达他们对孩子的爱，并制定规则要求教育孩子。这种父母对孩子教育投入的时间和精力严重不够，要么拒绝孩子的要求，要么忽视孩子的要求，而忽视是最大的拒绝。这一类家庭教育方式往往对孩子的伤害最大。

(三)放纵型家庭文化教育对孩子成长的影响

放纵型家庭教育被认为是会伤害孩子的家教方式。放纵型家庭中，家庭规矩非常少，并且没有持续性，很少对孩子的不良行为施以控制。孩子在这种无拘无束、自生自长的环境中生活，必然养成自由散漫的习惯，组织纪律性差，家庭观念差，是非观念不强，对什么事都采取无所谓的态度。研究表明，无论是智力的开发还是行为习惯的养成，都要趁早抓。人的大脑细胞，一旦错过了最佳期，可塑性就被稳固性所代替。早期没有得到良好的智力刺激，将来就很难达到本来应该可以达到的最高水准。同样，早期的行为习惯没有得到良好的培养，今后就要花很长的时间、很大的精力去纠正。对儿童早期教育的放任自流导致的损失是很难挽回的。概言之，放纵型家庭教育对孩子未来发展弊大于利。

第一，放纵型家庭的孩子自控力差。无论是父母的溺爱还是忽视，结果都可能是使孩子对自己的社会责任模糊不清，道德观念薄弱，缺乏行为准则和规范，形成自私自利的品德和嫉恨的心理，放纵骄横，以自我为中心，与人交往产生对立仇视情绪，形成不合理的需求，欲望不断增加，不能学会在欲望无法得到满足时忍耐和克制，很难适应正常的社会生活。

第二，放纵型家庭的孩子竞争力差。在放纵型家庭中成长的孩子，由于缺乏合理的引导和要求，没有明确的目标，遇到困难没有得到及时合理的帮助，因此大多缺乏主动进取的精神，缺乏刻苦钻研的韧性，生活目标不明，是非观念不清，在学习、工作、生活中容易得过且过，缺乏比拼精神。

第三，放纵型家庭的孩子学习能力差。美国心理学家本杰明·布卢姆认为，5岁前是智力发展最为迅速的时期，从4岁起就约有50%的智力，其余的30%是在4～8岁获得的，最后的20%是在8～17岁获得的，人的智力总量的3/4在他上三年级时就具备了。学龄前孩子的潜在能力是巨大而惊人的，如果父母在其成长过程中不懂或不知孩子大脑潜力的存在，放任孩子，不注意及时运用适当的方法，加以循循善诱，训练教育，孩子的潜在能力是不会自发地发挥出来的，而这个阶段孩子智力发展的水平和状况将影响孩子入学后的学习与成长。

一个人在成长的过程中所受的教育是多种多样的，一个家庭在教育孩子的过程中也不会拘泥于一种教育方式。不同民族、不同国家、不同时期、不同文化背景下的家庭文化教育方式都是不同的，即使在同一个家庭，在孩子成长的不同阶段所采用的教育方式也不一定相同。同时，各种教育方式都各有优缺点，它们之间也是可以互相转化的：当民主型教育方式失去了约束时就变成了放纵型教育方式，当权威型教育方式过于严厉或父母自身的素质无法形成权威时就变成了专制型教育方式。各种教育方式之间存在着一个"度"的问题，突破了这个"度"，一种教育方式就会转变成另一种教育方式，因而我们不能说某一种教育方式就是错的，某一种教育方式就是对的，甚至不能说哪一种教育方式就是好的，哪一种就是不好的，只能说某一种教育方式在某一具体的家庭环境中更有利于孩子的成长与发展。但总体来说，权威型家庭教育与民主型家庭教育是比较好的家庭教育方式，而相对来说，专制型家庭教育与放纵型家庭教育则弊端较多。针对不同民族、不同国家、不同的历史时期、不同的家庭环境、不同的儿童，我们应选择不同的家庭文化教育方式。同时，在选择教育方式时，我们应该把握好以下三个问题。

第一，要认识自己。在这里，"认识自己"主要包括三点内容。一是要了解自己过去的家庭，也就是说，要了解自己的父母是如何教育自己的。因为我们往往会借鉴他们的教育方式来教育自己的子女，我们要认清父母在教育自己时，哪些方法是可取的，哪些方法是不可取的，这是家庭文化教育的反思和传承。二是要认清现在的家庭，也就是说，要认清现在自己家庭在整个社会中所处的地位，然后根据自己家庭的实际情况来教育自己的孩子。比如如果父母的文化程度不高，就不要勉为其难地给孩子讲高深的物理、化学知识，但父母完全可以告诉孩子如何做人、做事。再如，如果孩子出现了不听教育的苗头，父母还是一味地讲民主，只能是火上浇油。这是家庭文化教育的具体操作层面，要具体情况具体分析。三是要把握社会对"人才"的要求。每个时代对人才的要求标准都是不一样的。我们要认清未来社会需要什么样的人才，才能有的放矢，与孩子一起努力，开拓未来发展之路。这是家庭教育与社会发展的对接。

第二，要尊重子女。民主、轻松、和谐的家庭给子女更多的是支持和鼓励。对子女的尊重是有限度的，这个限度的制定者就是父母。知道尊重子女的父母会将这个限度划定在一定范围内：父母能够握得住，孩子能够看得见。在这个限度范围内，父母与孩子之间是自由的、无话不谈的，但越过这个界限是不容许的。放纵不是尊重，而是不尊重。因为放纵导致父母创设的环境不利于子女的成长和发展，这种环境没有限度，不能让子女正确地学会如何遵守社会规范，从而形成不良的性格和习惯，不能适应社会的发展和要求。同样，包办也是一种不尊重，有些父母只要孩子学习好，什么事情都替孩子做，其实是剥夺了孩子自主探索、自我成长的机会。

第三，要理解子女。多花一些时间和孩子沟通，及时了解他们生活中遇到的事情和他们的感受。做好这一点首先要求父母要敢于向孩子敞开心扉，跟他们说说发生在自己身上和身边的事情，以及自己的感受。对子女来说，父母的行为就是榜样，他们也会向父母学习，主动跟父母讲自己的事。随着年龄的增长，他们会把父母当作自己的朋友，当自己遇到困难和挫折的时候也愿意寻求父母的帮助。

只要父母在教育孩子的过程中能把握以上三个方面，能够认清自己的家庭情况，认清自己孩子的性格特点，并不断努力学习和总结，就能够找到一种适合自己家庭、自己孩子的教育方式。对孩子的教育是一项系统工程，在不同的环境下我们应该选择不同的教育方式，而每个孩子又都是具有鲜明特点的活生生的个体，自然也就需要不同的家庭教育方式。

本章小结

本章主要从家庭成员结构和家庭成员关系两个方面，阐述了不同的家庭成员结构和家庭成员关系对孩子成长的影响。针对核心家庭、主干家庭、单亲家庭、重组家庭等不同家庭结构的具体情况，本章分别描述了这些家庭对孩子成长的影响，同时介绍了一些促进孩子发展的家庭教育方法。针对权威型、专制型、民主型、放纵型家庭，本章分别说明了每种家庭类型对孩子成长的影响，并以几个案例具体说明了家长在教育孩子的过程中，应该怎样努力避免消极因素，促进孩子积极健康地成长。

文献链接

《傅雷家书》（傅雷，译林出版社，2016 年）。傅雷是我国著名文学翻译家、文艺评论家，一生译著宏富，译文以传神为特色，更兼行文流畅，用字丰富，工于色彩变化，形成享誉译坛的傅译特色。身后由次子傅敏选编出版的《傅雷家书》，则是他性情中的文字，不经意的笔墨，不为发表而创作。"文化大革命"后的读者，大多通过家书才认识傅雷，甚至把书信家傅雷置于翻译家傅雷之上。

《儿童发展与教育》（上下册）（[美]特里萨·M. 麦克德维特、珍妮·埃利斯·奥姆罗德，教育科学出版社，2007 年），将理论与实践相结合，从父母、教师、心理学家和研究者的亲身经历之中，得出促进儿童与青少年生理、认知和社会性发展的策略。整套书共 14 章，每一章都从个案研究的例子出发，结合发展的基本问题和趋势阐述相关内容，同时包括相对应年龄段的儿童作品。通过阅读该书，读者不仅能够理解某些概念的最新观点，诸如有关儿童理论的建构及相关问题，而且能够看到这些观点对儿童教育工作的适切性和实用性。

《父母平和 孩子快乐》（[美]劳拉·马卡姆，上海社会科学院出版社，2014年）。作者将自我调整、培养亲情、引导而非控制三个重要的理念贯穿全书。该书认为，父母必须控制自己的动机和情感，才能更加有效地引导和联系自己的孩子，确保自己处于平和的状态，然后再去干涉孩子的行为，以积极和正确的方式培养孩子。作者提出了一系列循序渐进的方法，指导父母如何引导孩子、支持孩子短期和长期成长目标，使孩子成为一个更加自信、坚韧、自律和高情商的人。

思考与练习

1. 单亲家庭对孩子的影响表现在哪些方面？

2. 重组家庭对孩子的影响表现在哪些方面？

3. 主干家庭在教育孩子的过程中会出现哪些问题，应该如何避免？

4. 分析对比权威型、专制型、民主型、放纵型家庭的不同特点及对孩子成长的影响。

实践与拓展

阅读《亲爱的安德烈：两代共读的 36 封家书》序言——"认识一个十八岁的人"（节选），感受两代人不同的文化和思想碰撞，并思考母子平等对话对彼此有怎样的影响。

我离开欧洲的时候，安德烈十四岁。当我结束台北市政府的工作，重新有时间过日子的时候，他已经是一个十八岁的青年，一百八十四公分高，有了驾照，可以进出酒吧，是高校学生了。脸上早没有了可爱的"婴儿肥"，线条棱角分明，眼神宁静深沉，透着一种独立的距离，手里拿着红酒杯，坐在桌子的那一端，有一点"冷"地看着你。

我极不适应——我可爱的安安，哪里去了？那个让我拥抱，让我亲吻，让我牵手，让我牵肠挂肚，头发有点汗味的小男孩，哪里去了？

我走近他，他退后；我要跟他谈天，他说，谈什么？我企求地追问，他说，我不是你可爱的安安了，我是我。

我想和他说话，但是一开口，发现，即使他愿意，我也不知说什么好，因为，十八岁的儿子，已经是一个我不认识的人。他在想什么？他怎么看事情？他在乎什么，不在乎什么？他喜欢什么讨厌什么，他为什么这样做那样做，什么使他尴尬什么使他狂热，我的价值观和他的价值观距离有多远……我一无所知。

他在德国，我在香港。电话上的对话，只能这样：

你好吗？

好啊。

学校如何？

没问题。

··········

假期中会面时，他愿意将所有的时间给他的朋友，和我对坐于晚餐桌时，却默默无语，眼睛，盯着手机，手指，忙着传讯。

我知道他爱我，但是，爱，不等于喜欢，爱，不等于认识。爱，其实是很多不喜欢、不认识、不沟通的借口。因为有爱，所以正常的沟通仿佛可以不必了。

不，我不要掉进这个陷阱。我失去了小男孩安安没有关系，但是我可以认识成熟的安德烈。我要认识这个人。

我要认识这个十八岁的人。

于是我问他，愿不愿意和我以通信的方式共同写一个专栏。条件是，一旦答应，就绝不能半途而废。

他答应了。我还不敢相信，多次追问，真的吗？你知道不是闹着玩的，截稿期到了，天打雷劈都得写的。

我没想到出书，也没想到有没有读者，我只有一个念头：透过这个方式，我或许可以进入一个十八岁的人的世界。

因此，当读者的信从世界各地涌入的时候，我确实吓了一跳。有一天，在台北一家书店排队付账的时候，一个中年男人走过来跟我握手，用低沉的声音说，"如果不是你的文章，我和我儿子会形同陌路，因为我们不知道怎么和对方说话"。他的神情严肃，眼中有忍住的泪光。

很多父母和他一样，把文章影印给儿女读，然后在晚餐桌上一家人打开话题。美国和加拿大的父母们来信，希望取得我们通信的英文版，以便他们在英语环境中长大的孩子们能与他们分享。那做儿女的，往往自己已是三四十岁的人了，跟父母无法沟通；虽然心中有爱，但是爱，冻结在经年累月的沉默里，好像藏着一个疼痛的伤口，没有纱布可绑。

这么多的信件，来自不同的年龄层，我才知道，多少父母和儿女同处一室却无话可谈，他们深爱彼此却互不相识，他们向往接触却找不到桥梁，渴望表达却没有语言。我们的通信，仿佛黑夜海上的旗语，被其他漂流不安、寻找港湾的船只看见了。

写作的过程，非常辛苦。安德烈和我说汉语，但是他不识中文。所以我们每一篇文章都要经过这几道程序：

一、安德烈以英文写信给我。他最好的文字是德文，我最好的文字是中文，于是我们往前各跨一步，半途相会——用英文。

二、我将之译成中文。在翻译的过程中，必须和他通过越洋电话讨论——我们沟通的语言是汉语：这个词是什么意思？为何用这个词而不用那个词？这个词的德文是哪个？如果第二段放在最后，是不是主题更清楚？我有没有误会你的意思？中文的读者可能无法理解你这一个论点，可否更详细地解释？

三、我用英文写回信，传给安德烈看，以便他作答。

四、我将我的英文信重新用中文写一遍——只能重写，不能翻译，翻译便坏。

四道程序里，我们有很多的讨论和辩论。我常批评他文风草率，"不够具体"，他常不耐我吹毛求疵，太重细节。在写作的过程里，我们人生哲学的差异被凸显了：他把写作当"玩"，我把写作当"事"。我们的价值观和生活态度，也出现对比：他有三分的玩世不恭，二分的黑色幽默，五分的认真；我有八分的认真，二分的知性怀疑。他对我嘲笑有加，我对他认真研究。

认识一个十八岁的人，你得从头学起。你得放空自己。

专栏写了足足三年，中间有多次的拖稿，但总算坚持到有始有终。写信给他的年轻读者有时会问他："你怎么可能跟自己的母亲这样沟通？怎么可能？"安德烈就四两拨千斤地回信，"老兄，因为要赚稿费"。

我至今不知他当初为何会答应，心中也着实觉得不可思议他竟然真的写了三年。我们是两代人，中间隔个三十年。我们也是两国人，中间隔个东西文化。我们原来也可能在他十八岁那年，就像水上浮萍一样各自荡开，从此天涯淡泊，但是我们做了不同的尝试——我努力了，他也回报以同等的努力。我认识了人生里第一个十八岁的人，他也第一次认识了自己的母亲。

日后的人生旅程，当然还是要漂萍离散——人生哪有恒长的厮守？但是三年的海上旗语，如星辰凝望，如月色满怀，我还奢求什么呢。

第五章　家庭文化教育与学校教育、社会教育

[本章导读]

　　家有小学生的父母最头痛的问题之一就是要不要检查孩子的作业。老师希望家长能多辅导自己的孩子，认真检查孩子的作业。但很多家长却认为，孩子作业错了，老师才更有机会了解和把握孩子的真实水平，以解决孩子遇到的实际问题。如果家长辅导了，检查了，没有错误了，那老师还能如实了解孩子吗？

　　关于这个问题相信不同的人有不同的答案。个体的一生必然经历家庭文化教育、学校教育和社会教育。那么这三者的内涵是什么，它们有什么异同，它们在人的成长过程中应当如何配合？本章将就相关问题进行介绍。

第一节　家庭文化教育与学校教育

　　家庭教育是在家庭生活中，由家长（首先是父母）对其子女实施的教育。家庭文化教育是把家庭教育上升到文化的层面，强调家庭教育中的价值引领、系统性和生活化，家庭文化教育是精神与物化成果的结合，是家长有意识地通过自己的言传身教和家庭生活实践、家庭环境布置对子女施以一定教育影响的社会活动。学校教育是专指受教育者在各类学校内所接受的各种文化教育活动，一般是被当作与社会教育相对的概念。在人的成长过程中，学校教育与家庭教育的应有功能和实有功能联袂演出，才能为孩子提供一个良好的文化氛围，才能充分发挥对人的价值引领和教育作用。人是由各种价值观建构的人，从事社会实践的个体必然受到各种价值观念的包裹，人所具有的各种价值观念，都是在社会实践中产生的。在利益主体多元、价值观念多样的今天，对于人生观、价值观尚未固定、正在成长的儿童，我们必须正视家校合作对其价值观的引领、塑造作用。

一、学校教育的内涵

(一)何谓学校教育

纵观我国的教育史,学校教育的形式自古就有,它的雏形始于奴隶社会。正如孟子所言:"设为庠、序、学、校以教之。庠者,养也;校者,教也;序者,射也。夏曰校,殷曰序,周曰庠;学则三代共之。皆所以明人伦也。"按照孟子的理论,学校最初产生时,不是专门的教育教学机构。随着社会的发展,学校几经变革,于1902年在清政府颁布的《钦定学堂章程》中被称为"学堂",并于1912年更改为"学校"。"学校"一词便由此延续下来,并逐渐产生今天所具有的功能。然而在我国古代,学校又分为官学和私学两种:官学"基本上是取士之学",常出现"生员不入学(县学、府学),监生不在监(国子监)"的现象,与今天的学校有很大区别;而被冠之养士之学的私学则与今天的学校较为一致。

学校教育是有别于家庭和社会教育的一种育人方式,是教育的核心,是一个人一生中受教育的重要组成部分。学校教育由专门人员和专门机构负责承担,以书本、活动等形式促进孩子身心成长。学校举办的各种社会实践活动组织严密、计划详细、目的明确,有利于孩子全面系统地掌握科学文化知识,提升道德素质,学习社会规范,与社会、人类共同进步。

(二)学校教育的特征

第一,职能专一。学校教育的目的很明确,就是培养人、教育人,其设置的一些活动及任务无非也是围绕着这一主题展开的。学校的教育由教师承担,总体来说他们文化知识丰富、品德高尚,是经过层层选拔、受过各方面培训、具有教书育人经验的专业人士。有经验的优秀教师懂得孩子的心理与习惯,了解孩子学习的倾向,懂得教育孩子的方法,受到广大家长和孩子的爱戴。此外,学校设备丰富,能更好地促进孩子全面发展。

第二,组织严密。学校教育结构颇多,而且组织机构完善、制度严密。学校教育虽然体系较多,如一般学校涉及思想教育、教育教学、后勤管理、娱乐文体等多个方面,但工作人员各司其职,承担着各自的职责,保证学校教育的顺利展开。

第三,内容系统。学校教育造就完整的适应社会发展的人才。与其相比,家庭教育、社会教育都缺乏连续性,内容上也缺乏系统性、长期性。而学校教育则不同,孩子们经过学校教育掌握的知识更系统,更符合认知规律。

第四，手段有效。学校中不仅各门学科有专业的教学人员，在特定的课程上还配有专门的设施、设备，如投影仪、实验室、体育场、娱乐活动中心等。正是这些设施、设备保证了教学工作的顺利展开，而这在家庭教育中很难实现。

第五，形式稳定。学校教育在整个教育界一直都是最稳定的，不仅教育场所固定，教学人员、教学对象、教学内容和教学时间、费用以及教学秩序也都很稳定，保证了教育的高度有效。

第六，作用全面。正是基于以上的特点，学校对孩子们的教育是全面的。相比学校教育，家庭教育或者是社会教育都存在片面性，存在一定的偶然性，而学校教育不仅教孩子们各方面的文化知识，促进智力的增长，还开展了一系列健身健体的体育活动，保证孩子们的健康成长。此外，学校教育注重对孩子们的思想品德教育，帮助孩子们塑造良好的道德品质。学校教育致力于培养德智体美全面发展的完整的社会人，学校教育的目的不仅是教学生学习文化知识、道德礼仪、学习方法，还帮助孩子们提升各种劳动技能、人际交往能力及社会应变能力，更教孩子们如何生活、生存。这是其他教育所无法达到的。

尽管学校教育的优点很多，但它的缺点也是不可忽视的。

首先，学校教育对孩子们的童真和兴趣关注不够。当前我国素质教育虽然实施了多年，各地也取得了良好效果，但整体教育的应试化和模式化还比较明显，更多的教育关注点被放到了分数和升学上。孩子们每天背负的是很重的学业负担和升学压力，分数、名次、奖学金往往模糊了教书育人、传授知识的初衷，由此导致学校教育对孩子们的兴趣和童真关注不够。长此以往，孩子们的精力几乎全部集中在课程学习上，孩子们失去了童真童趣，对学习之外探索的兴趣往往被扼杀和忽视了。

其次，学校教育对孩子们的个性培养关注不够。学校的应试教育容易陷入模式化教育，在这一教育模式下，孩子被教育得千篇一律、千人一面，很多孩子迥异的性格特点被忽视。只重视学业的发展却忽视了个性的发展，使得一些孩子出现不同程度的自闭、自卑、孤傲、消沉、胆怯和冷漠，甚至意志脆弱，人格被扭曲。

再次，学校教育中的体育和健康教育不足。当前，为了尽可能让孩子们多学文化知识，体育课在不同程度上被压缩，特别是农村学校由于师资和设备的不足，体育教育更得不到有效保障。由于忙于学习，课外活动少之又少，孩子们的身体得不到应有的锻炼，肥胖儿童增多，免疫力下降，给孩子们带来许多困扰。而巨大的学习压力可致使孩子们长期的心理紧张、压抑甚至是恐惧，这些不健康的心理也给他们带来失眠、头痛、焦虑、抑郁等痛苦。

最后，学校教育中的安全和心理健康教育不足。教育原本的目的是使孩子们身心全面发展，但是在当前应试教育为主导的教育模式下，孩子各方面的能力得不到全面、均衡的发展，如安全教育和心理健康教育在幼儿园和中小学普遍不健全。近年来在政府、教育界和社会各方的共同努力下，安全教育和心理健康教育虽然得到很大的关注和提升，但远没有达到支撑孩子健康成长必需的程度和应达到的专业化、系统化水准。一些学校安全事故频发，危及孩子健康和生命。一些孩子不仅生活难以自理，适应能力差，学习死记硬背，发现、解决问题的能力也较为薄弱，甚至出现沟通困难，不懂得交流与合作、分析与探索，不会生活、缺乏热情和创造等，这些都应引起我们的重视。

正因为学校教育存在着一定的缺陷，因此需要其他教育来弥补和纠正。家庭教育无疑是学校教育有效的合作教育和补偿教育。

二、家庭文化教育与学校教育的关系

作为一种社会组织，学校不是一块独立于社会其他团体的绝缘体。学校教育是家庭文化教育的延续，只是比家庭文化教育更具系统性、自觉性、集中性，更注重有效性和价值引领性。杜威强调，在学校教育形式里，"凡是最有效培养儿童分享人类所继承下来的财富以及为了社会目的而运用自己的能力的一切手段，都被集中起来"①。但是，作为家庭文化教育之延续的学校教育，必须呈现符合当下社会发展的真实而又生机勃勃的社会文化现象，如同儿童在家庭中和社区中经历的那样。不能建立在当下活生生的社会文化生活之上的教育，对于真正的现实只是贫乏的、死气沉沉的替代物。

（学校生活）应当从家庭生活中发展出来，它应当采取和继续儿童在家庭里已经熟悉的活动。学校应当把这些活动呈现给儿童，并且以各种方式把它们再现出来，使儿童逐渐了解它们的意义，并能在其中起着自己的作用……这是使儿童获得继续成长的方法，也是对学校所授的新观念赋予旧经验的背景的唯一方法……加深和扩展他的关于与家庭生活相联系的价值观念，是学校的任务。②

作为建立在学校生活之上的学校教育也应当从家庭文化教育中发展出来，在

---

① ［美］杜威：《杜威教育论著选》，25页，上海，上海师范大学出版社，1977。
② ［美］杜威：《杜威教育论著选》，25～26页，上海，上海师范大学出版社，1977。

儿童业已熟悉的旧经验的背景下传授新观点和新知识，"并且以各种方式把它们再现出来，使儿童逐渐了解它们的意义"，从而加深和拓展儿童的价值观念。

学校教育重知识的传递，以分数作为衡量一个人的指标，只不过是学校教育的实有功能；而重视对孩子的德行、礼仪、智慧和学问的教育，则是学校文化教育的应有功能。家庭文化教育对孩子的德行、礼仪、智慧和学问的教育，是家庭文化教育的实有功能；而重视对孩子知识的教育，则属于家庭文化教育的应有功能。所谓实有功能，指一个社会组织或部门实际具有的功能，具体地说是已经明显存在的、发挥着作用的，并为广大社会成员普遍希望和迫切要求的功能。所谓应有功能，指一个社会组织或部门应该具有的功能，具体地说是目前不存在，或存在但作用不明显，并为广大社会成员遗忘，或不为广大社会成员迫切要求的功能。

家庭文化教育与学校教育在不同的历史阶段，其历史使命不尽相同；即便是在相同时代，由于地域不同、孩子的年龄不同，其所扮演的角色也不尽相同。但是，它们决不能被截然分开。如果将二者截然分开，则会违背事物发展和教育本身的规律，不但不能对孩子教育起到有益的作用，甚至会带来背道而驰的结果。在市场经济条件下，它们虽各有侧重，但不可偏废，需要二者相互配合，共筑孩子成长的阶梯。

家庭文化教育与学校教育的互补关系是不容小觑的。

第一，学校教育是家庭文化教育的延续。家庭是孩子的第一所学校，父母是孩子的第一任老师，从孩子呱呱坠地开始，家庭熏陶、父母影响已经在孩子身上产生了教育意义。孩子走进学校，尤其是走进初中、高中，已经是在一定教育基础上的继续教育了。这种继续教育是将家庭文化教育中的积极方面进一步巩固、发展，对家庭文化教育中的不足予以补充。

第二，学校教育是家庭文化教育的引申。学校是专门的教育机构，它的教育方针、教育理论、教育方法、教育手段等都是家庭所不具备的，作为从教人员的老师也是家长所不能替代的。家庭文化教育是以感性教育为主的，家长通过言传身教，更多的是用自身行为来影响、感染孩子。著名教育家马卡连柯说："成年人在生活的每时每刻，甚至你们不在场时，也在教育儿童。你们怎样穿戴，怎样同别人谈话，怎样对待朋友或敌人，怎样微笑，怎样读报，这一切对孩子都有意义。"而学校教育则是以系统的理性教育为主，无论是做人的道理，还是众多学科的学习，都要引导学生既要知其然，还要知其所以然，真正把孩子们领进科学的殿堂，提高他们的思想素质、人文素质和科技素质。这种"引申"的功能必须由学校担当。

第三，学校教育是家庭文化教育的补充。这里所说的补充是指知识的宽度和广度。孩子知识面的拓展只有在学校才能实现。以初中生为例，他们在校期间开设的科目包括语文、数学、英语、物理、化学、品德、历史、地理、生物、音乐、美术、体育、劳技、计算机、心理等近 20 个，是任何一个家庭也无法独立完成的。

第四，学校教育是家庭文化教育的完善。由于家长自身知识素养储备和个性特征的差异，以及多数家长教育理论和教育方法手段的缺乏，现实生活中家庭教育的水平参差不齐，甚至时常出现家庭教育方面的失误。这时候如果能够有好的学校教育、好的专业教师对家庭文化教育中出现的偏差进行纠正、指导和完善，二力合一，教育效果将会更为理想。

三、家校协同对孩子成长的影响

作为家庭教育核心的家庭文化（成员生活方式、价值观念等）在塑造儿童健全人格、培养儿童广泛兴趣方面起着重要作用。但今天的许多家庭文化教育却并不乐观。学校教育虽有严格的教育流程、专业的师资队伍、良好的教育效果，但教育目标的偏狭、教育内容的繁难、学业竞争的激烈，迫使孩子每天想着学习、考试、分数、名次，常常对周围的一切不是无暇顾及，就是熟视无睹。这样日积月累，必然会令他们对与学习无关的东西无动于衷，进而造成感觉的麻木与钝化，成为"循规蹈矩"、无创新意识的人。因而，家庭文化教育必须与学校教育积极合作，以培养富有朝气、充满自信、身心健康的合格人才。

第一，家校协同有利于孩子学习习惯的养成。

学习习惯，是在学习过程中经过反复练习而形成的，并发展成为一种个体需要的自动学习行为方式。良好学习习惯的养成并非一日之功，需要长时间的督促、训练和坚持，而一旦养成对孩子的独立学习和终身学习有很大的帮助。这需要家长和学校共同努力。学校教育有明确的教育教学目标，并要求孩子必须在规定时间内完成。学校教育中由于有教师的监督和与同学共同学习的环境，孩子比较容易遵守规定，但一旦离开学校的环境，孩子爱玩、不愿受约束的天性便显露出来，往往有意无意地忘记或拖延学校的作业。家校合作有助于孩子在离开学校的环境之后，仍然在父母的督促和帮助下，顺利完成学校教育的目标，把规范、严格的学校教学目标落到实处，并长期坚持，逐渐变被动学习为自觉学习再到主动学习，从而养成爱学习的好习惯。这一习惯越早养成对孩子后期学习越有利：有利于激发孩子的学习积极性和主动性；有利于形成学习策略，学会制定明确的学习目标，学会把大的目标进行分解，然后分期、逐步实现，提高学习效率；有利于培养自主学习能力；有利于培养创新精神和创造能力，终身受益。

第二，家校协同有助于培养孩子的学习兴趣。

爱因斯坦说过，"兴趣是最好的老师"。浓厚的兴趣会使孩子产生积极的学习态度，推动孩子兴致勃勃地思考与钻研，这里既离不开学校教育的启发，也离不开家庭文化教育的浸染。在学校教育里，教师可以从多角度启发孩子对自然、宇宙、文明、科技、数学、历史等各方面的思考和兴趣，而在宽松的家庭文化氛围和家长耐心细致的指导下，孩子才会将枯燥、抽象的课本知识和理论说教转化为深入浅出、易于理解和消化的精神食粮。由于学校教育必须在规定的时间内完成规定的教学内容，达到规定的教学效果，所以对孩子个性的尊重和兴趣的挖掘往往不够，教学方法固定和单一。家庭文化教育中父母对孩子的了解和耐心有助于因材施教，激发孩子学习兴趣，找到适合孩子的学习方法。孩子掌握了良好的学习方法后，不再完全依赖老师单一的固定的甚至是灌输式的教学方式，家长也不再为孩子每天的学习而疲惫不堪、心力交瘁。所以，努力发现孩子的兴趣特长，加以引导、培养，是家校协同育人的一个重要内容和准则。

第三，家校协同有利于孩子品德等素质的提升。

受社会教育和社会发展的影响，家庭德育和学校德育正面临着前所未有的困境，德育的重要性虽被认识，却一直未取得应有的效果。中华传统美德如爱国家、爱故乡、爱家庭、孝道、勤俭、以德服人、天下为公、克己复礼、温良恭俭让、礼义仁智信等道德礼仪教育缺乏。孩子自杀、斗殴等校园暴力事件的时有发生，不断诘问着学校的道德教育。对父母长辈的不尊重、不孝顺，对父母辛苦的劳动、养育不感恩、不体恤，对父母的过度依赖、不独立，等等，也在拷问着家庭教育。学校教育中的德育缺失主要是应试教育的结果。中小学校为了良好的声誉和优秀的生源，在安排教学工作时不得不偏重于文化课程，本该设置的思想品德课、劳动技能课、体育课等被作为所谓"副课"对待。此外，市场经济条件下师德的降低和缺乏、社会不良文化的影响也是学校德育效果不佳的重要原因。而家庭教育中德育的缺失与家教家风和家长自身的文化素养、教育方式密切相关，放纵型、专制型、忽视型家长以及"重才轻德""先成才，后成人"的教育观念和方式都会影响家庭德育效果。

现实生活中，孩子良好品德的养成必须依靠家校合作。学校要坚持德育课程的设置并把德育当作教育学生的首要内容，家长要支持学校对德育课程的开设，学校和家长都要消除对教育的短期功利意识；学校要加大对教师德育的培养和考核，教师要严格要求自己，家长也要杜绝利用自身社会资源对教师进行影响、腐蚀。家长必须高度重视家风、家训等家庭文化对孩子成长的影响，从我做起，严格要求，以身作则，启发孩子，而不能把孩子的成长完全推给学校；学校要定期与家长沟通，明确提出对家长的希望、要求，阐明家长对孩子的责任，对家长的不当行为明确提出批评和建议，并指出其危害。

第四，家校协同有利于帮助孩子抵制社会上的负面影响。

相对于家庭文化教育和学校教育，社会教育是最为复杂的教育，无论是家庭文化教育中的父母，还是学校教育中的教师对孩子都有保护教育的色彩，所传授和教给孩子的内容都经过了理智的和情感的"净化"。而社会教育则是完全开放式的，没有所谓保护和净化，凡是社会生活的一切领域，都会原生态地对学生产生影响。因此，家庭和学校、父母和教师有必要联合起来，既要有效防止社会不良因素对孩子成长的侵害和负面影响，又要保证孩子与社会的正常接触，要形成家庭文化教育、学校教育与社会教育的有机循序衔接。主要有以下几种方式：首先，通过家庭和学校的沟通，及时掌握孩子课余时间的安排和接触交往的对象，最大限度地保证孩子的安全，并尽量减少孩子接触不良人群和不良活动的机会，减少孩子"学坏"的机会。例如，家长、老师可以通过电话、网络等途径，及时了解孩子的状况，通过共同的积极教育与引导，使孩子明辨是非，分清善恶，并能够自觉抵制社会上的不良因素。其次，在被动"防御"之外，家长可以主动与学校沟通，共同对孩子的课余活动进行设计和安排，从而有效引导和教育孩子在健康的道路上成长。例如，订购适合孩子阅读的书籍和报刊等课外读物，或与他们共同欣赏健康的电影和音乐，避免孩子盲目地接触不好的媒介，受到消极的影响而误入歧途。在条件允许的前提下，家长还可以与学校一起，组织孩子们一起旅游，这样不仅能让孩子在美丽的风光中陶冶情操，增长见识，热爱自然和祖国的河山，也能在集体活动中培养孩子的集体主义意识和团队合作精神，避免孩子在闲暇时间沉迷于网络。当然，社会教育也是人生教育中必不可少的环节和内容，我们所要做的不是隔离和拒绝孩子接受社会教育，而是在家庭文化教育、学校教育和社会教育之间搭一座坚固的桥梁，给孩子建议和保护，培养其明辨是非的能力，抵挡孩子可能受到的意外伤害，为其自然成长和循序融入社会提供保护，促进其成长。

第二节　家庭文化教育与社会教育

家庭作为社会的子系统，是社会的重要组成部分。在不同的历史时期，由于经济基础、国家政策、宗教信仰等不同，家庭与社会之间也呈现出不同的关联方式。伴随着我国经济、社会的变革与发展，家庭和社会的关系与以往奴隶社会阶段和封建社会阶段有了本质的区别，与西方资本主义国家也有很大的差异。目前我国经济社会发展已经步入新时代，国内主要矛盾发生变化，经济发展面临新常态，伴随着工业化、城镇化、信息化和农业现代化的进一步加快，宗族愈发松散并逐步退出家庭和社会领域，家庭结构趋小，家庭成员分散，传统的乡村结构进一步解体，社会结构深度演变，社会功能日趋完善，传统的由家庭承担的部分功能逐步由社会代替。孩子与社会接触的时间提前、渠道增多，其社会化进程加快，而突增的信息量、价值多元的环境给孩子的成长带来更多的选择和挑战。家长必须调整家庭教育，积极迎接这一变化，引导孩子由家庭走向学校和社会，因此，这必然也涉及家庭文化教育与社会教育的协同、合作问题。

一、社会教育的内涵

(一)何谓社会教育

广义的社会教育指一切社会生活影响于个人身心发展的教育；狭义的社会教育则指学校教育以外的一切文化教育设施对儿童、青少年和成人进行的各种教育。现代社会教育是学校教育的重要补充。不同社会制度的国家或政权，实施不同性质的社会教育。

一方面，社会教育具有提高人的社会适应能力的作用。作为社会性的主体，人和动物有着巨大的区别。动物仅仅生存在自然环境中，与自然的关系是被动的，完全遵从本能的需要去适应自然界。其本能特征基本是与生俱来的，除了学会熟练捕食之外，几乎不需要后天努力的学习。而人在社会中的生存不仅受制于本能，而且更多源于社会文化教育，因此人的形成是自觉建构的。人根据在社会实践中形成的多元文化体系塑造自身，安排自己的生活，并且随着社会的改变不断调整自己的生存状态以适应新的环境。在个体面对复杂多变的社会环境时，社会教育起着重要的调节作用，能提升个体的环境适应能力。

另一方面，社会教育具有促进社会和谐发展的作用。和家庭文化教育、学校教育相比，社会教育与社会思潮和社会变迁等有着更密切的联系。社会教育能够通过多种渠道传播多样性的知识，尤其是能够及时传播随着社会思潮和社会变迁而来的新知识和新需要。社会教育能够在新的文化环境中调整个体与社会的关系，从而提升或改变审美趣味、社会认知、社会心理、社会公德、公民意识和生活方式等。个体素养的提高有助于形成良好的社会风气，有助于社会健康、和谐、繁荣地发展。同时，稳定的社会环境也有助于社会教育的实施，有助于个体素养的提高。

综合上述内容，在我国社会教育是指：学校教育、家庭教育以外的一切社会文化机构或团体对社会成员进行的教育。当然，社会生活本身也是教育。

(二)社会教育的特征

社会教育作为教育的一部分，和学校教育一样，具有教育的普遍特征，也具有其自身的独特性。

第一，终身性与广阔性。社会教育的终身性，是指社会教育涉及一个人成长的全部过程。个体的成长过程，是从婴儿呱呱坠地开始的，到终老结束。这一过程中，个体总是有意无意地从社会中汲取营养，将自己的成长过程由一个阶段推向另一个阶段。即便是对社会某一方面的抵制，也是其成长的一部分，只不过是对这一部分的防御，同时对相反方面的接受。而我们的社会生活具有广阔性和丰富性，它遍及社会的每一个角落，涉及社会生活的方方面面。在成长过程中，个体不断受到来自社会生活的方方面面的影响，包括年龄、性别、种族、阶级、文化、地域。在一个人的成长过程中，这些因素或明或暗地参与了个体自身的构造，成为个体自身成长的必要因素。

第二，多变性与复杂性。所谓社会教育的多变性，在本质上是指社会上多元化的价值观念和文化彼此交融、交锋，不同利益群体之间合作、交流以及冲突。特别是在今天的地球村时代和信息化时代，资本在全球流动，价值与文化在全球传播和交流，先进的、落后的、高雅的、庸俗的、主流的、非主流的同台竞演。不同的地域生产着不同的文化，同一地域的不同利益群体的文化、价值观也会不同。在社会高速发展期，国家为了适应社会和经济的发展，不停地修改或变更施政方针和政策，也会导致价值观念的变化。所有这些都会推动社会教育的内容与形式不断发生变化，进而形成社会教育的复杂性。社会教育的复杂性源于社会本身的复杂性和人自身的复杂性，而归根结底是人的复杂性。人与动物的不同在于，动物的活动是从刺激到反应，而人的活动则是有目的、有计划、能动的、有信仰的。人本身的这种特性，使原本多变的社会教育更加复杂。

第三，相长性与统领性。孔子曰："三人行，必有我师焉。择其善者而从之，其不善者而改之。"即在一个共同从事劳动的群体中，一定有一个人值得我学习。选择好的去学习，改正不好的缺点。换句话说，在社会教育中，每一个人都是教育者，同时又是受教育者。在日常生活中，一个人的思想行为总是会影响到周围的人，同时一个人的思想行为也总是受到周围人的影响，这就是社会教育的彼此相长性。相长性，是对社会生活中的个体而言的，而社会教育的统领性则是就国家而言的，国家通过政府及其所设立的工作机关予以实施，充当着社会教育和文化教育的主体，影响着社会教育的质量。可见，社会教育是在个体间的相互影响以及国家的宏观调控下完成的。

（三）当代社会教育的问题

第一，多元文化给当代社会教育带来错综复杂的挑战。我国目前正处于社会主义初级阶段，也处于社会转型期阶段，各项事业蓬勃发展。20 世纪 80 年代，伴随着改革开放的潮流，我国由计划经济阶段步入市场经济阶段。进入 21 世纪，我国加入 WTO，进一步加大了对外开放的力度。在这一过程中，我们迎来的不仅有西方发达资本主义国家的先进科技，还有西方发达资本主义国家的文化。这些文化中，既有优秀文化，也有霸权文化、奢靡文化等。霸权文化、奢靡文化等严重冲击着我国的传统文化，使我国的传统文化遭遇了巨大的挑战。与此同时，国内社会结构的变化和新阶层的不断出现，使我国的文化进入了多元并起的阶段，一些人在伦理道德和理想信念面前无所适从。黄教珍等认为："党的十一届三中全会以来，特别是我国实行社会主义市场经济体制以来，代表现代文化的西方发达国家的文化进一步传播，我国传统文化进一步受到现代文化的挑战和冲击。"[①]当前，我国不仅有社会主义文化，还有封建文化以及西方资本主义文化，拜金主义、享乐主义、无政府主义、自我中心主义、色情文化、暴力文化等客观存在。各种文化的碰撞，使得一部分人的价值观发生变化，并引发一定范围内道德观念的混乱。然而，任何时代，社会的教育功能都存在，特别是在中华民族快步走向伟大复兴的今天，我们更要充分发挥社会教育的统领性，充分吸收中华优秀传统文化和世界先进文化的营养，以马克思主义为指导，培育和践行社会主义核心价值观，以高度的文化自觉、自信来开展社会教育，引领孩子健康、自信、快乐成长。

第二，社会教育对社会整体发展的侧重和对个体发展支撑的不足。长期以来，

---

① 黄教珍等：《社会转型期青少年犯罪的心理预防和教育对策》，77 页，北京，法律出版社，2007。

无论是老子的"天人合一"思想，还是孔子"修身齐家治国平天下"的家国同构理念，强调的都是国家乃至宇宙这一"大家"，个人的个性和发展往往都是服务和服从"大家"的。对集体的重视和个体对集体服从、奉献这一传统在我国得到了很好的继承和发扬，如《礼记》中的"苟利国家，不求富贵"，班固的"国耳忘家，公耳忘私"，范仲淹的"先天下之忧而忧，后天下之乐而乐"，辛弃疾的"了却君王天下事，赢得生前身后名"，等等。当然，在封建社会家天下的时代，个人对皇帝的服从有愚忠的成分，但爱国主义和集体主义传统在我国一直没有间断，社会教育也是在这样的文化氛围下展开和进行的，客观上有利于民族的发展和国家的稳定。今天，我国已经进入中国特色社会主义发展的新阶段、新时代，在这新的时代，无论是综合国力还是国际影响力都离中华民族的伟大复兴如此接近，与此同时国内主要矛盾已经变成人民日益增长的美好生活需要同不平衡不充分的发展之间的矛盾。广大人民对美好生活的需要已经不仅仅局限于吃饱穿暖、吃好穿好，而且是涉及政治、经济、文化、社会、环境等各个方面，因此社会教育理应满足和服务广大人民对美好生活的多样追求，提供多样化教育服务，为每个人的发展提供良好的社会教育环境。正如马克思所言，"每个人的自由发展是一切人自由发展的前提"。所以，当前我们在注重传统的爱国主义、集体主义等社会教育的同时，还要为个人的发展和美好生活追求提供更多的服务和支撑。在通过社会教育不断服务和提升人们的综合生活水平的同时，还要促进公民有序参与社会事务和公共事务，培养其法治思维、审美判断能力、独立思考和解决问题的能力，从而培养与现代法治、文明中国相适应的现代公民。

此外，社会教育还具有以下问题：社会教育的普及程度较低，且资源分布不均，公益性不够；社会教育工作者和社会教育机构匮乏，未能形成高质量的、系统的社会教育，等等。对此，和讯新闻网上刊登的《上海两会集中关注青少年社会教育》一文颇能说明问题。

团组织通过调研发现的青少年社会教育存在的问题令人关注：一是现有社会教育的普及程度不够。城区与郊区社会教育的人力、场地资源分布不平衡，覆盖面和普及度有待提高。二是社会教育的专业人才缺乏。社会教育作为社会工作与教育的专业交叉领域，具有特殊性，急需大量专业人才和专业机构的介入。三是社会教育的交流平台匮乏。有些热门的社会教育场所需要排队预约，有些冷门的活动场馆则存在遇冷的现象，需要搭建合适的交流平台，让学校、社区、社会组织、职能部门能加强沟通，更好地配置现有资源。四是现有社会教育的内容设计欠佳。青少年对自上而下设计开展的如打扫卫生、维护交通秩序等社会实践活动往往兴趣不大，他们希望参加更符合他们爱好的、互动性更强的社会教育活动。

进入 21 世纪，随着市场经济的深入发展，民主与法治日益完善，中国治理体系和治理能力日益现代化，社会扮演的角色日趋重要，人们越来越认识到，对孩子的培养不仅仅是家庭和学校的责任，社会同样负有不可推卸的责任。

二、家庭文化教育与社会教育的关系

家庭是社会的重要组成部分，在不同的历史时期，社会与家庭之间会由于经济基础、国家政策、宗教信仰等因素的不同而出现不同的关联方式。在中国封建社会，由于治理形式上的中央集权和现实社会生产力的低下、重农抑商、交通困难等原因，现代意义上的社会组织几乎没有。社会与国家统一，家与社会的关系相对松散。正如王继华所说："传统的中国社会是以家族的形式，组成家庭精神追求与生活消费的。家，是国的缩影，没有国自然就没有家，要想有报国的胸怀与境界，先要从齐家持家开始……家庭的'孝'，演变为社会的'德'，又演变为'平天下'的胸襟……也正是在这种对家的文化规范形成对国家责任的同时，出现'君臣有义、父子有亲、夫妻有别、长幼有序、朋友有信'的道德秩序。"[①]在这种自然经济环境中，由于生产力和经济模式的限制，个体被限制在土地之上，生活在狭窄的空间里。个体的生存主要建立在家庭或者家族的基础上，家庭或者家族自身提供了个体物质生活和精神生活的原料，一个人的成长主要受制于家庭或者家族文化的影响。因此个体的生存更主要的是依赖家庭或家族这个社会的子系统。家庭文化教育发挥着最重要的作用，甚至家庭文化教育在某些时刻发挥着社会文化教育的作用。

中华人民共和国成立后，伴随着我国经济体制和社会制度的发展变化，家庭与社会的关系发生了质的改变，家庭文化教育的功能和社会教育的功能也在发生改变。在新时期，家庭作为自给自足的基本单位的地位被削弱，但是个体的生理、安全、爱与归属、尊重以及自我实现的需要并没有减弱，而是向更大的社会转移。正如王继华所说："家庭文化是现代社会文化的组成部分，如果说社会文化体现的是一个民族和国家的意志，而国家文化则是表达社会文化存在的生长体。当家庭逐渐失去对家族的依赖，则把更多的希望寄托于社会……家庭与社会联系的紧密

---

① 王继华：《家庭文化学》，45 页，北京，人民出版社，2010。

显得更为紧迫。"①

家庭是以血缘关系为纽带结成的共同体，是个体最初的生活场所，为个体提供基本的物质生活和精神生活资料。这样，家庭对孩子的生理和心理的影响尤为重要。但是，自20世纪80年代以来，"我国以年轻家长为中心的'核心家庭'越来越多。在这种家庭中，父母都在各自的工作岗位上忙碌，而且工作竞争日益激烈，对子女的教育在时间和精力上往往不足，情感和思想的交流越来越少，从而大大削弱了家庭教育的功能"②。进入21世纪以来，独生子女家庭越来越多。由于一个家庭只有一个孩子，父母对他们的要求给予最大程度的满足，一个个"小皇帝""小公主"如雨后春笋般产生。同时，由于地区发展不均衡等因素，外出务工的人越来越多，由此产生的隔代抚养的家庭也越来越多。这些家庭的父母由于长期在外谋生，很少和孩子在一起，感到愧对孩子，便产生了要弥补孩子的想法。于是，他们对孩子的要求百依百顺。这样，家庭虽然突出了其物质给予的功能，却逐渐弱化了精神给予的功能，而且将物质给予的功能过度化，从而使家庭功能畸形发展，使家庭文化教育功能逐渐式微。在这样的时代背景下，社会教育的功能凸显出来，对个体的影响逐渐超过了家庭文化教育。

当家庭文化教育功能式微时，个体被抛向社会，但社会文化教育却未能承担起相应的职责，主要在于法制尚不健全，社会监管不严，一些糟粕文化迅速滋生蔓延，使社会的文化教育功能偏离了应有的轨道，部分社会文化甚至起到了相反的作用。

正如雷通群所说："无论是学校教育或家庭教育，均须藉社会教育的补助，方能完全收功……唯是学校与家庭的教育是有意识的，具有几分强迫性质，社会教育是无意识的，略具放任的性质。"③社会教育是无意识的，而这无意识恰是社会教育的优点。社会教育可以通过无意识的暗示，使主体接受其所宣扬的价值，使主体在不知不觉中受到影响。正如有人说，戏剧可以影响人的心志，崇高的戏剧可以使坏人变好。在剧院里，没有好人和坏人之分，所有的人都会为遭受苦难的人流泪，都会为那遭受苦难的人投去怜悯之情。

社会教育不像学校教育那样具有系统性，也不像家庭文化教育那样具有现实性，这使得它对孩子的教育极易流于表面化。在社会文化的多元时期，我们应正

---

① 王继华：《家庭文化学》，46页，北京，人民出版社，2010。

② 黄教珍等：《社会转型期青少年犯罪的心理预防和教育对策》，78页，北京，法律出版社，2007。

③ 雷通群：《教育社会学》，170页，福州，福建教育出版社，2008。

视社会教育的功能，避免不健康的文化给孩子带来价值和信仰的混乱，避免孩子因受到不健康的文化影响走上犯罪的道路。如果社会教育未能起到很好的教育作用，那么家庭文化教育和学校教育就不能发挥应有的效用；如果家庭文化教育和学校教育未能起到很好的教育作用，那么社会教育也会徒劳无功。对子女的教育，应当三管齐下。

三、家社融合对孩子成长的影响

尽管在整个教育体系中社会教育还处于辅助和补偿地位，但它越来越显示出了不可替代的作用。现代的社会教育具有其他教育形态不可比拟的特殊作用，主要表现在下述几个方面：第一，社会教育直接面向全社会，又以社会政治经济为背景，它比学校教育、家庭教育具有更广阔的活动余地，影响面更为广泛，更能有效地对整个社会产生积极作用。第二，社会教育不仅面对学校，面对儿童、青少年，更面对社会的成人劳动者。这不仅可以弥补学校教育的不足，满足成年人继续学习的需求，有效促进经济发展，还可以通过政治、道德教育，促进社会安定与进步。第三，社会教育形式灵活多样，没有制度化教育的严格约束性。它很少受阶层、地位、年龄、资历限制，能很好地体现教育的民主性。第四，现代人的成长已不完全局限于学校，必须同社会实践相结合。接受社会教育更有利于人的社会化。综上所述，社会教育在现代社会愈加重要，是现代教育体系中不可忽略的部分。

然而，正如前文所说，社会教育也存在着教育观念滞后、教育渠道狭窄、公共教育设施匮乏、教育内容片面等不足与缺陷。社会教育的重要性和它的缺陷提醒我们，要找到一种补偿方式来继续推进社会教育的优越性，尽可能减少它的不足。相比较而言，家庭文化教育无疑是最好的选择。家社合作能更好地突出家庭文化教育和社会教育的长处，在促进人的健康成长中发挥举足轻重的作用。

第一，家社融合教育能夯实孩子的道德基础和价值观。家庭教育和社会教育虽是两种完全不同的教育，但这两种教育在孩子的成长过程中同等重要，无法割裂。家庭教育的先期性、基础性与社会教育的后期性、复杂性是有机衔接和融会贯通的。道德教育和价值观教育事关一个人的一生，对人的成长起着决定作用。孩子能否树立正确的世界观、人生观、价值观，关系到孩子的未来，也关系到中华民族的整体素质，关系到国家的前途和命运。当前在青少年中出现的不良现象，如追求名牌的攀比之风、校园暴力的恃强凌弱、自私自利等，让我们看到一些孩子道德的缺失、思想的滑坡，也让我们看到了加强道德教育和价值观教育的严峻性和紧迫性。家庭作为社会的最基本单位，负有对孩子最基本的道德教育和价值观教育责任，因此，打造好家庭这个道德教育阵地，对加强公民道德教育起着至关重要的作用。然而，任何孩子最终都必须从家庭走向社会，从父母的保护引导下走向独立思考和判断。因此，仅仅在家庭环境中对孩子进行道德情操教育和价值观培育是远远不够的。虽然父母的出发点和初衷都是好的，但是局限于父母自身道德水准和价值观念，很难保证父母所开展的道德教育和价值观教育与社会主流价值观完全吻合；而出于对孩子的保护和溺爱，有些父母的德育和价值观教育往往有自私自利的倾向；此外，即使父母的德育和价值观教育是好的，但是如果仅局限于家庭这一狭小的空间，不与社会融合，不让孩子在社会大环境中去实践、感悟、辨别、分析和磨炼，这种德育和价值观教育也如温室中的花朵经不起风雨的洗礼与考验。社会是一个大舞台，也是一个"大染缸"，任何人都会受到社会的影响，或多或少改变自己的想法和对人生、社会的看法。社会又是真正考验一个人道德素质的检验站，意志不坚定者很容易被社会中的低级情趣所迷惑。因此，家庭教育中强调的道德教育和价值观教育必须放到社会这个大环境中接受检验。社会教育中要加强德育建设，也必须依靠一个个家庭的道德建设。单个家庭的道德建设、价值观教育汇聚成了整个社会的良好道德风貌和核心价值观，而全社会形成的健康积极的道德风貌和核心价值为家庭道德建设和价值观教育提供了良好的大环境和时代风向标。

第二，家社融合教育有利于加速孩子社会化，使孩子顺利踏入社会。从婴儿到成人不断成长的过程就是一个人不断由自然人转向社会人的过程。在这一转换过程中，家庭教育起着先期性、基础性的作用。但家庭不是社会，家庭教育也代替不了社会教育，一个人最终的社会化必须在社会的大环境和社会生活中完成。家庭是人类社会的一个细胞，是育人的起点，所以良好的家庭教育对孩子顺利走向社会有着重要的基础和铺垫作用。如果没有良好的正确的家庭教育做基础，一个人在面对社会时，往往就会遇到很多困难甚至挫折。例如，家庭教育中的重要内容之一的"爱"的教育，家庭因爱产生，家庭中父母、孩子等家庭成员彼此相爱，正是这种对爱感受、领悟和接受的过程，让孩子有归属感和安全感，同时愿意为爱去付出甚至牺牲。孩子也正是先感受到父母深深的爱，才会去爱自己、爱父母，然后去爱亲戚、同学和朋友。如果孩子从小在家庭教育中感受不到父母的爱，或者这种爱变成溺爱等其他不正确的爱，都会影响孩子将来对爱的感受和表达，影响孩子将来在社会中与他人之间的关系。而即使有良好的家庭教育，如果不注重家庭教育与社会教育的有机融合，出于"保护"孩子的考虑，推迟孩子正常的社会教育，或人为割裂家庭教育与社会教育，那么培养的孩子就如同温室里的花朵一样，经受不起风霜雨雪的洗礼，也无法适应社会的需要。实际上，无论是家庭教育中爱的教育、责任的教育，还是对错是非观念的形成、信任的产生，等等，都是孩子日后独自走向社会必需的情感、心理和认知基础。良好的家庭教育以及家庭教育和社会教育的有机融合，有利于孩子顺利走向社会，抵制社会上不良风气的影响。可见，只有良好的家社合作，才能帮助孩子顺利由家庭走向社会，最终由自然人变成社会人。

董某就读于南京一所省级重点高中，在校期间是一位大门不出二门不迈只知读书学习的品学兼优的学生。高考结束后，为缓解高考紧张情绪，父母放心地让他玩起了读书期间从没碰过的电脑游戏，并不再与他一起制定未来的学习、生活目标。起先，董某进入网吧对玩网络游戏并没有多大兴趣，后来他玩游戏的兴趣越来越大。从此，进网吧打"升级""过关"便成为董某日常生活的目标。随着董某去网吧上网次数、时间的增加，父母给他的零花钱不够上网打游戏的开销。于是，董某找借口骗父母。当父母得知董某拿这些钱上网时，便不准他外出。董某一气之下拿了家中400元钱，跑到网吧待了两个星期，并放弃了上大学的机会。董某很快将钱花光了，为了筹钱上网，董某便开始了偷窃生活。3月13日，董某行窃时被警方抓获。经查，从2004年8月至2005年3月董某共盗窃13次，盗窃金额达9500元，全部用于上网。当办案人员询问董某为何走上犯罪道路时，董某悔恨地说：都是网络游戏害了他。

上述案例就是家社合作教育失败的例子。在家庭教育中，父母也注重对董某的教育，但出于保护，人为推迟甚至割裂了家庭教育与社会教育的关系，限制他走出家门接触社会，因而董某如温室的花朵，既没有多少社会经验，也缺乏基本的辨别是非和抵制社会消极影响的能力。走出家门的董某，在复杂的社会面前，很快迷失了自我。

第三，家社融合教育能引导个人树立远大理想。家庭教育是孩子最初的教育，具有基础性的重要作用，但家庭教育只是起点，必须与学校教育、社会教育融通衔接，不能封闭固守。无论是修身齐家治国平天下，还是家事国事天下事事事关心，说的都是由小家到大家，由接受家庭教育逐渐接受社会教育，由关心身边亲人到关心天下百姓。对孩子的教育是一个始终延续和开放的过程，在家庭教育的基础上，广泛接触社会，接受环境熏陶，有助于孩子开阔视野，胸怀国家、天下，逐渐达到老吾老以及人之老、幼吾幼以及人之幼的人生境界。

　　家社合作能让孩子积极主动地接触社会、认识社会、了解社会，关心国家大事，有助于打破家庭和校园孤芳自赏的宁静，使孩子在参与社会大环境中得到锻炼，形成现代公民意识。父母与孩子共同讨论国家大事、时事政治，交换对社会热点、难点问题的看法，探讨解决问题的方法，对违反、践踏社会公德的不良行为进行谴责和制止，对尊老爱幼、助人为乐的良好行为给予赞赏，都能教会孩子明辨是非、辨别美丑、判断善恶；家社合作能引导孩子积极参加社会实践活动，如参观爱国主义教育基地、科技博物馆等，让孩子接受传统美德和时代精神的教育；家社合作能引导孩子积极参加社会公益活动，争当环保卫士，参与志愿者行动，等等，使他们的思想情感得到熏陶，精神生活得到充实，道德境界得到升华。良好的家社合作教育会使孩子自觉地从国家高度、社会整体、他人角度去考虑问题，有利于孩子树立远大的目标与理想。

第三节　家庭、学校、社会的融合教育

　　众所周知，个体自诞生之时，便处在复杂的环境之中，受到家庭、学校、社会等文化的包围。如果主体在不同环境中的教育是割裂的，无疑会使主体的自我同一性发生危机。理论上来说，主体前一阶段接受教育所形成的文化、伦理等观念，为后一阶段人格的形成提供主要的构成要素和基础。如果后一阶段的教育环境不利于前一阶段受教育者业已形成的观念、心理、行为的延续、丰富和拓展，或者与其相冲突，主体内心便会产生极度焦虑与不安。这种焦虑与不安裹挟着主体并使主体产生混乱，使主体出现自我认同的同一性危机。因此，主体需要在一个连贯统一的、系统连续的环境中成长。对孩童教育而言，这就要求家庭、学校和社会提供一个一致的情感、道德和规则环境，建立起连贯的文化氛围，培养主体自我认同的同一性。因此，家庭文化、学校文化、社会文化三者之间融合教育体系的建构十分必要。

一、家庭文化教育与学校、社会教育融合体系的建构

(一)融合体系建构的必要性

　　家庭教育对人的发展具有先导性、感染性、权威性、针对性、终身性等优点，特别是它的启蒙性更具奠基作用。但受制于家长自身的知识文化水平、经济社会地位等诸多复杂因素，各个家长对家庭教育的认识不同，不同家庭开展教育的条

件、方式差距很大，等等，这些方面都影响了家庭教育的实际效果。而不少问题家庭甚至存在导致问题孩子的危险。正如俗话说的幸福的家庭都一样，而不幸的家庭却各有各的不幸，问题孩子的发展就需要更多地依赖发挥主导作用的学校教育。

学校教育具有职能的专门性、组织的严密性、作用的全面性、内容的系统性、手段的有效性及形式的稳定性等诸多优势。然而久盛不衰、积重难返的应试教育思想和模式严重影响了学校教育的效果，而教育资源的不均衡又是影响学校教育质量的另一重要因素。学校教育的知识本位倾向和以书面考试为主要形式的教育评价制度，不仅影响学生个性和创造性的培育，而且在学习压力下，学生主要生活在以书本为载体的文字符号的世界中，很少接触感性的物质世界和活生生的真实自然、社会环境。学校教育的不足，需要社会教育去弥补。

社会教育具有开放性、群众性、多样性、补偿性、融合性等特点和优势。然而社会环境的复杂多样性使社会教育难以集中与系统化；社会教育的自发性、零散性削弱了其明确的目的性、严密的计划性和统一性；社会教育的趋利性使一些人和教育机构唯利是图，违背基本的育人底线。此外，社会教育机构的匮乏，也使社会教育势单力薄、难成气候，使社会教育的应有功能未能充分发挥，而社会的不良风气、道德滑坡或违法事件更是对青少年产生了极坏的腐蚀作用。所有这些都大大削弱了社会教育的正面效应。社会教育的不足需要家庭教育和学校教育去补位。

综上所述，家庭教育、学校教育、社会教育这三种教育虽各有优点，但它们的缺点也很明显。为了促进人的全面发展，我们必须尽量避免各种教育形态的缺点，综合三者的优点，打造综合一体的长效教育结构体系，使三种教育力量有机整合，以求整体教育效益的最大化、最优化。

第一，三种教育力量的融合有利于时空上的相互衔接。

一个人的生活环境，在时空上包括家庭、学校和社会。一般情况下，一个孩子是逐渐由家庭走向学校，由学校走向社会的。就一天具体的时间分配来说，孩子在校约6小时，在社会上活动3～4小时，其他时间在家里，当然，这一时间分配随着孩子年龄的不同会有所差异，不同家庭的生活习惯也会造成差异。由于孩子缺乏社会生活经验、是非判断能力和自我监控能力，无论从孩子成长实际出发还是从法律角度来讲，家长和老师都应负起监护的责任。家庭、社会和学校三个方面中的任何一方失控，都会导致整个教育在时间或空间上出现断裂。这样就使本应相互衔接的教育的整体性遭到破坏，由此，社会上的不良分子、不良影响就有机可乘。据统计，近年来我国青少年犯罪率居高不下，电视里、报纸上不断报道的一些不满 16 周岁的未成年人犯罪案例，已经给我们教育者以惨痛的教训，并已构成一个严峻而迫在眉睫的社会问题。现实生活中，不少"问题"少年、"问题"学生，其"问题"都可在家庭教育不当方面找到原因，而学校教育的失误或转化引导不利，再加上社会教育的负面影响，又使这些孩子在错误的道路上越走越远，难以自拔。

第二，三种教育力量的融合有利于整个教育在方向上高度一致。

生活中常有这样的事，孩子在校接受正面的思想教育，满怀进取愿望，回家后家长或亲戚来几句"世态炎凉，人生真谛"，顿使孩子困惑不已；而有时家长的谆谆教诲又抵不过社会上朋友的几句"肺腑之言"，也使孩子不知所措。这说明，三种形态的教育如果方向不一致，其教育作用势必相互抵消，或引起思想混乱。目前，我国三种教育方向不一致的问题还比较突出。这是家庭、学校、社会自身功能分工的不同使然，但背后更深层的原因则是伴随着工业化、信息化、城镇化和农业现代化的推进，我国由传统家国社会走向现代法治社会的深度转型和我国文化由传统走向现代、由中国走向世界的复杂演变。而越是在这样复杂的背景和环境下，我们越要增强社会、学校、家庭教育者的教育责任感，建立一种整合三方教育力量的教育模式，统一教育方向，既要组织好社会教育，又要强化学校教育的育人功能，同时提高家长的教育素养和参与意识，使三种教育在同一方向上协调一致。

第三，三种教育力量的融合有利于加强各种教育的互补作用。

三种教育形态的优势是显而易见的，三种教育形态的弊端与不足也是客观存在的，三种教育形态的融合有利于促进各种教育优势的互补。如家庭文化教育的教育者与受教育者具有亲密的血缘关系，使家庭教育独具丰富的感情色彩。年龄越小，家庭教育的先导性、启蒙性作用越大，甚至影响孩子一生的发展。而学校教育的统一性、组织性、系统性、集体教育等特点，对学生的智能发展和品德养成具有不可替代的主导作用。学生是否成人成才，对国家的贡献大小，与学校给予的系统而坚实的基础教育是分不开的。同时，融洽的师生关系和丰富多彩的集体生活对学生的社会性发展、社会规范的内化和社会公德的形成也是十分有利的。社会教育在内容上具有多样性、实用性、及时性、灵活性，且形式上灵活多样，有利于学生在接受家庭文化教育、学校教育的同时或之后，开阔眼界，及时了解和适应社会生活，更好地发展其个性品质和创造才能。许多孩子在校并无出色表现，但在少年宫、俱乐部、业余艺校体校、科技馆等社会教育机构所组织的教育活动中，却显示了他们在书法、美术、音乐、体育及小发明、小创造等方面的超常才干和巨大潜能。由于三种教育各具特点与优势，对于特定的教育目标，家庭文化教育与社会教育难以完成的，而学校教育却可以顺利完成；反之，学校教育力不从心的，家庭教育或社会教育都具有得天独厚的优势。有时，单靠一种教育途径难以完成某一教育目标，必须通过几种教育途径共同作用才能完成。这是因为，由于学生的遗传素质、生活环境、成长道路各不相同，他们对家长、老师、同学、朋友的信任程度也会不同，因而对不同的教育活动会产生不同程度的认同或排斥情绪。一般来说，受教育者对教育者的信任程度越高，对教育活动的认同程度也越高，其教育效果也就越好；反之亦然。教育者总是以追求最大教育价值为目标，所以不同教育形态或途径所发挥的作用就会有差别。三种教育力量的有机整合，可以使各种教育最充分地协调一致，取长补短，优势互补，产生各种教育优势和多渠道一致影响的叠加效应，获得最佳整体文化教育效益。

（二）融合体系的建构策略

在促进三种教育形态有机结合、构建"三位一体"的融合教育体系过程中，我们需要把握好融合体系建构的基本原则。

第一，全面发展与培养特长相结合的原则。现代社会需要的人才应是德、智、体、美、劳全面发展的人才。而人的德、智、体、美、劳这几个方面素质是互相联系、相互促进的。某一方面的发展，有可能带动其他几方面的发展；同样，某一方面滞后，也可能妨碍其他方面的进步。因此，无论是家庭文化教育，还是学校和社会教育，一定要树立全面发展的人才观，关心和培养孩子德、智、体、美、劳各方面素质全面发展，而不能顾此失彼。当然，全面发展不等于平均发展。由于遗传因素和生活环境的差异，每个孩子的身心发展水平不同。在教育中我们不仅要正视孩子之间的差别，而且要善于发现孩子的特点（如某种兴趣、爱好、技能以及个性等），引导和鼓励孩子将这种特点发展成某一方面的特长。一个全面发展的人能更好地应对各种社会需要，因而获得社会选择的机会也就更多；有特长的人，能在竞争中以一技之长脱颖而出，从而实现自我选择和自我发展。因此，全面发展与培养特长相结合的原则，无论是出于国家需要还是家庭发展，都应该被放在首位，成为实现培养目标的方向性原则。

第二，家庭文化教育与学校教育相结合的原则。这个原则是指家庭与学校在教育目标和方向上要保持一致，过程中保持沟通，应互相支持、互相配合，共同承担起培养教育孩子的任务。对于孩子的成长来说，无论是学校教育还是家庭文化教育，都是不可或缺的。而学校教育和家庭文化教育，虽然在教育目标和方向上是大致相同的，但是在教育内容和形式上有一定的差别。学校教育侧重智力因素的养成，主要形式是课堂教学；而家庭文化教育则侧重各种非智力素质的培养，主要形式是生活教育。学校教育和家庭文化教育，都有一定的局限性，都无法单独完成培养教育孩子全面发展的任务。因此，我们应当使家庭文化教育与学校教育保持协调一致，并在具体的教育过程中加强互动和沟通，达到彼此理解、认同、支持，从而形成育人合力。

第三，家庭文化教育与社会教育相结合的原则。人是社会关系的总和，家庭是社会的基本组织，个人和家庭的存在与发展都同社会紧密相关。社会教育是家庭文化教育、学校教育的延伸和发展，具有强烈的渗透性和潜移默化的教育功能。社会是个大家庭，是所大学校，是位无形的指导老师，它一方面给孩子提供丰富的教育资源和形式多样的活动场所，另一方面又不可避免地带来一些不利影响。因此，家长应充分利用社会的积极因素，使社会教育、家庭文化教育和学校教育相互衔接，形成社会化、开放性的教育格局；要树立为国教子的教子观，把家庭利益和子女的发展前途纳入国家利益之中，把为社会服务确定为培养子女的方向。如果一味考虑自己家庭的利益，而不顾国家利益和社会需要，势必脱离实际，难以把孩子培养成社会需要的合格人才，甚至陷入个人主义的泥坑而贻误孩子的前途。坚持家庭文化教育与社会教育相结合的原则，要做到以下三点：一是引导孩子积极主动接触社会、认识社会、了解社会，与孩子共同讨论国家大事、时事政治，交换对社会热点、难点问题的看法，探讨解决问题的方法，引导孩子跳出个人和家庭的小圈子，做到家事国事天下事事事关心；对献身和服务祖国和公众事业的行为给予赞扬，对违反、践踏社会公德的不良行为进行谴责和制止，教会孩子明辨是非、辨别美丑、判断善恶。二是引导孩子积极参加社会实践活动，让孩子接受传统美德和时代精神的教育。三是引导孩子积极参加社会公益活动，使他们的思想情感得到熏陶，精神生活得到充实，道德境界得到升华，从而提高其人生境界和文化品位。

基于融合体系构建原则的分析，在融合体系构建中我们应该做好以下三方面工作。

第一，要夯实家庭文化教育基础。家庭是儿童成长的摇篮，儿童教育是从家庭教育开始的，它在儿童的成长中起着奠基的作用。儿童独立之前有 2/3 的时间是在父母身边度过的，儿童的成长无时无刻不受家庭的熏陶，父母的生活习惯、兴趣爱好、个性品质等无时无刻不在潜移默化地影响着子女，家庭文化教育的作用不容忽视。在家庭文化教育中，父母应该立足长远，注重孩子身心健康教育和全面发展，要及时主动地与学校联系，调整教育手段，以适应学校教育的要求。同时，家庭教育中我们还应该注意让孩子走出家门、走向社会，将家庭文化与社会环境进行比较，将家庭文化教育的成果放在社会现实中进行检验，以便及时调整与时代不相符的教育手段、内容，塑造和建设紧跟时代步伐的家庭文化教育环境。

第二，要充分发挥学校教育的主导作用。学校是社会环境的一个特殊成分，学生在学校中所受到的影响有正规和非正规之分，在人的发展中起主导作用的是学校教育中的正规因素。所谓教育的正规因素，主要包括教师的教育、班主任工作、学校团队活动、校园文化建设、学校组织的报告会等，即学校组织的有明确的目的性、严密的计划性的教育教学活动和课外活动。学生只要参与了这些活动就会在思想品德、技能、体力、智力等方面受到一定的影响，获得一定发展。所谓非正规因素是指非学校组织的，但客观存在的，包括学生因兴趣相近或由于空间距离近所组成的小团体、学生日常交往以及社团活动等，也会对学生产生影响，但影响的结果比较复杂。由于正规教育因素主导着学生的发展方向，决定着学生的发展速度，非正规教育因素对学生有一定的影响，因此学校教育中我们应充分挖掘和利用正规教育因素的正面影响作用，建立优良的教师队伍，加强班主任工作，提高教师、班主任的责任感，建立良好的校园文化，开展丰富多彩的文体活动，等等；同时要认真研究和关注非正规因素对孩子成长的影响，加大引导。此外，学校教育应从实践出发，做好学校、家庭、社会三结合的教育，主要做法和途径有：开办"家长学校"，做到经常召开家长会；成立家长委员会，随时进行家访以及开展"家长开放日"活动；开通家、校沟通的网络平台，与家长做到教育过程的全面互动、沟通；建立学校网站，面向学生家长和社会开放，并广泛宣传社会知识；组织社会实践活动，邀请家长和社会相关人士参加；聘请校外辅导员，定期为孩子举办各种讲座等。多管齐下，可以使学校教育与家庭文化教育、社会教育有机衔接、有效互动。

第三，要规范和健全社会教育力量。社会教育对家庭文化教育和学校教育起着重要的辅助和制约作用。社会教育内容广泛，影响面广，与社会现实联系紧密。社会教育可直接影响社会舆论，对改变社会风气起直接的促进作用。良好的社会教育能提高学校的社会功能，但是社会教育的一些消极因素会削弱学校与家庭教育的力量。比如学校德育的时效差，其中很重要的原因就是社会上的消极影响，如拜金主义、公德意识差、法制观念淡薄等现象对青少年的影响，色情书刊、不健康音像制品对青少年的毒害等。这些消极因素无时无刻不在影响儿童的成长，侵蚀儿童的灵魂。目前社会上有这样的说法："5＋2＝0""学校三年抵不过社会十分钟"。也就是说，一星期七天，五天学校积极的教育加上两天家庭和社会消极的教育，教育效果就等于零。这种观点似乎有些片面，但从另一角度说明家庭和社会的消极影响对学校教育的巨大冲击。但社会教育能培养受教育者自我教育的能力，学校教育可以结合社会现实使学生分清是非、辨别美丑，受教育者可以根据自己的思维和判断，自己选择教育内容和形式并按照自己的愿望参加社会教育活动，在活动中培养认知能力和自我教育能力。另外，社会教育能够扩大学生的人际交往，丰富课余生活。它对开阔学生视野，增强社会能力，发展智力都有促进作用。因此，为了尽最大可能消弭社会教育的不良影响，教师和家长应该主动走出家庭、走出校园，让国防教育、环保教育、交通法规教育等社会正能量教育走进家庭和校园，实现教育资源共享，增强教育实效。

二、建立全新的父母教育课程

家庭教育是所有教育的基础，父母是家庭文化教育的核心。一个人所有教育的源头都在家庭。家庭的施教者主要是父母。因而，父母需紧跟时代步伐，加快自己的知识更新，以便在家庭文化教育中更出色地完成教育子女的使命。对父母加以培训、教育和引导，使其能更好地适应父母这一重要的角色，从而实施良好的家庭教育的课程，我们统称为父母教育课程。父母教育课程的开授者往往是学校和一些专门的社会教育机构，尽管效果并不理想，但是随着对孩子教育的重视，诸如"家长学校""家长工作室""家长之友"等父母教育机构发展迅速。

(一)教育是一种话语

所谓话语是指在具体的社会语境中人与人之间进行沟通的言语实践。当前对父母加以培训、教育和引导，使其更好地胜任家庭文化教育这一全新的父母教育课程就处于这种话语实践之中。话语一般包括六个要素，即说话人、受话人、文本、沟通、语境、媒介。说话人与受话人是话语实践这一社会活动的两个主体，即说话人在一定的社会语境中通过语言、文字、声音、图片等媒介将所要表达的文本内容传递给受话人达到沟通的目的。但在话语实践过程中，说话人和受话人不是完全自由的、随心所欲的，也不是能够完全按照自己的意志进行表达与接受的。说话人在传达信息时，不仅要受到传递媒介，诸如语言文字、声音图片等的影响，还要受到整个社会和当下沟通环境的影响，尤为重要的是要受到受话人的制约，包括受话人的年龄、性别、种族、阶级、文化背景、社会背景等。受话人也不是像玻璃容器一样，面对着媒介带来的批量信息毫无选择地接受，而是像说话人一样，始终是积极主动地甚至与先前的说话人进行角色互换。教育就是这种话语实践，教育者和受教育者作为两个主体通过教育媒介在特定的教育环境中就德行、礼仪、学问和智慧进行平等的对话和交流。这种交流不仅受到当前文化环境的影响，也受到传统文化的影响。其中两个主体在进行交流之前，都有自己的思想和观点，都是自觉能动地进行每次的教育活动。

教育者与受教育者的这种平等互动式交流，可以使沟通尽可能达到完美的境界，使教育达到应有的效果。众所周知，从结果来看，沟通可以分为三种：一是完全认同；二是完全不认同；三是部分认同，部分不认同。所谓完全认同式沟通是指说话人所传递的信息内容完全被受话人理解或接受，这种交流状态是在理想状态下进行的，例如流传至今的俞伯牙与钟子期的佳话，通过一曲《高山流水》达到了完美沟通，但这种沟通在世俗的日常生活中很难实现。所谓完全不认同式沟通是指说话人所传递的信息内容完全不被受话人理解或接受，这种沟通实际上是一种失败的沟通，其原因主要源于两种主体的世界观、人生观、价值观的不同。具体来说，则是由两种主体的性别、年龄、种族、阶级、文化、经历等的重大差异造成的。所谓部分认同部分不认同式沟通，则是指说话人所传递的信息内容部分被受话人理解或接受。由于每个人都是存在于社会中的独立的个体，因此不可能有一个共同的大脑支配着两个或更多的人。

无论是教育者还是受教育者，作为社会中的一员，他们都会具有这个社会的某些特征。也正是这些特征，使得主体之间的沟通成为可能。但由于生活经历、家庭背景、文化储备、年龄性别等不同，每个主体又是独一无二的。正是这种独一无二性，使得沟通出现了障碍，这也是教育面临的主要问题，尤其是父母教育课程面临的主要问题。因为在父母教育课程中，受教育者是父母，他们自身已经拥有丰富的教育知识，甚至拥有相当程度的成功经验。另一方面，作为成人，他们的社会化程度已相当高，并拥有较强的判断能力和思维能力。因此，教育，尤其是对父母的教育，要想达到完美的境界，有赖于话语实践中的两大主体的互动式交流。

（二）传统的父母教育课程

正如韦尔纳·劳夫所言："按照传统的教育模式标准来评判，父母教育课程就是：参与课程的父母是学生，课程内容就是父母对子女的教育，还有数量众多的教师，他们都认为自己十分清楚父母的需求。"①在传统的父母教育课程中，父母的主体性也没有得到应有的重视，因此他们并没有获得应有的尊重，而是被当作接受知识的客体，是被动接受对子女教育的内容的对象。而父母教育课程的教师——学校和一些专门的社会教育机构则认为自己十分了解父母的需求，并能满足父母的需求，是一种无所不能的、全知全能的角色。部分父母教育课程的教师甚至自以为是地认为，只要父母按照自己的要求教育子女便会取得好的成绩，而忽视了父母以及子女的特殊性。此外，目前存在的父母教育课程的内容也不是无所不包的，而是有选择的，但是对父母教育课程的教师来说，父母教育课程的选择性仅仅"意味着普遍的社会行为、交流训练、处理问题、权威冲突、危机管理"②等，却忽视了教育的本质。父母教育课程的教师来自各行各业，甚至并没有成功的教育子女的经验，有的仅仅是空想的理论知识或者片面的知识。教育者的复杂性，使得这一领域的理论指导书籍繁多，甚至相互抵触，所探讨的也多是非父母教育所带来的负面影响以及不切实际地开药方。

目前社会中存在各种各样的正式或非正式的父母教育机构，但"不管是家长学校、家长沙龙、家长工作室、家长培训、家长之友、家长指导或者叫其他什么名字，父母们都没有享有父母应该享有的尊重，而是被当作学生"③。这些课程仅仅把父母当作学徒工，而且是没有任何教育经验和知识的学徒工，忽视了父母之所以作为父母的实际情况。首先，哺育的能力是人与生俱来的能力，是人类代代相传的知识，是沉淀在人类潜意识中的原始经验。其次，大部分步入父母教育课堂的父母都有着实际的教育子女的经验，即便没有直接的、实际的经验，也从其他父母教育子女的案例中或父母教育的书籍中获得了间接的知识。最后，由于每个人都是一个独特的个体，每个父母的子女也不是千篇一律的，各有各的特点，"根源当然在于每一个父亲—母亲—孩子—家庭的独一性，没有一个是和另外一个相同的"④。而大部分家庭教育课程或书籍则是针对一般孩子的特点开出的药方，并没有考虑孩子及父母自身的特点。

(三)全新的父母教育课程

正如韦尔纳·劳夫所言："今天所有的父母教育课程在思想上都犯了一个至关重要的错误。老师们认为，父母来到课堂，像一张空白DVD光盘一样可以由老师

---

① ［德］韦尔纳·劳夫：《理解教育》，刘丽等译，216～217页，北京，龙门书局，2011。
② ［德］韦尔纳·劳夫：《理解教育》，刘丽等译，218页，北京，龙门书局，2011。
③ ［德］韦尔纳·劳夫：《理解教育》，刘丽等译，218～219页，北京，龙门书局，2011。
④ ［德］韦尔纳·劳夫：《理解教育》，刘丽等译，234页，北京，龙门书局，2011。

灌输一些关于教育的内容。然而实际情况应该是，在接受老师的指导前，父母就一直在对子女进行教育了。他们早就是教育者了，他们需要的不是指导，而是在教育这座大厦中给他们自己一个定位。"①父母教育课程应当给予父母的，并不是危机管理、问题处理以及沟通交流等具体能力，因为父母在来到课堂之前已具备这些能力——它是人类祖先一代代传承积淀下来的原始经验，甚至在个体幼年时代已经开始觉醒。从父母那儿获得的教育经历，不断激发个体唤醒自身的原始经验。因此，每个人天生就是教育者，有着对子女教育的欲望与能力。

但是在今天，随着市场就业压力的不断增大以及市场竞争的日趋激烈，人们的生活节奏也越来越快。在个体心中，工作和应酬占据了大部分空间，与孩子之间的爱和快乐只占据很小的空间。尤其是单亲妈妈、职场妈妈等，在教育孩子方面，更是感觉力不从心。在这种压力下，越来越多的成人选择不生孩子；另有一部分成人选择将孩子送进托儿所、寄宿学校等。这些现象的深层原因之一就是，由于当代社会的压力，教育理性越来越被边缘化。但教育理性始终存在于人们的头脑中，因此父母教育课程的重要性并不在于向父母灌输教育孩子的技能，而是要激起父母心中的教育理性，"使他们相信自己为人父母的能力……唤醒他们为人父母的意识"②。

家长希望通过父母教育课程感受作为父母的自己，并学习什么是教育理性。目标是将存在于潜意识中的对于教育的记忆和有意识地从父母教育课程中获得的知识相结合。父母教育课程首先要让父母对新生命感到喜悦，并让父母感到，他们越来越能胜任教育孩子的任务。作为父母，他们应该首先为子女教育着想，然后才能对生活中至关重要的事情做出决定，如离婚等……父母教育课程的一个特殊的质量标准也就是，父母逐渐不再依赖于其他的咨询和教育机构。掌握了"父母自我研究法"，他们逐渐成为这样的父母：虽然他们每天教育孩子的方式都不相同，但是在潜意识与教育理性层面上，他们发挥的作用总是相同的。通过这样的自我研究，有意识的和潜意识中的教育知识融合为不可分的一体。父母首先要相信自己能够成为好的父母，之后自我之爱和对孩子的爱让他们在与孩子的共处中获得快乐。③

对于全新的父母教育课程来说，重点不是让父母从这一门课程中学得教育孩子的技能，而是要让父母重拾自信，确信自己能够胜任教育孩子的任务，并且能

---

① ［德］韦尔纳·劳夫：《理解教育》，刘丽等译，225页，北京，龙门书局，2011。

② ［德］韦尔纳·劳夫：《理解教育》，刘丽等译，224页，北京，龙门书局，2011。

③ ［德］韦尔纳·劳夫：《理解教育》，刘丽等译，237～238页，北京，龙门书局，2011。

够将自己作为对象进行客观的分析，找出自我的问题之所在，进而提升教育子女的质量。

三、典型案例分析

改革开放以来，伴随着科技的发展和经济的繁荣，一方面我国人民的物质生活水平有了极大的提高，另一方面却是社会犯罪率的提升，尤其是未成年人犯罪已成为社会关注的焦点，有关未成年人问题的研究也成为社会的焦点话题。未成年人犯罪问题，实际上就是孩子的成长问题，而孩子的成长问题就是教育问题，以文化人问题。以文化人、开展教育是个体整个成长过程中的关键。这一过程要求教育思想内容和文化传播的一致性、系统性，即教育和文化传播的诸主体（家庭、学校、社会等）的有机配合。

目前，个体成长过程中的一致性、系统性原则正面临着巨大的挑战。从社会学的视角看，随着改革开放的深入推进，我国在输入西方科技的同时，也迎来了西方资本主义文化，其中既有民主自由等优秀的文化因子，也不乏霸权文化、剥削文化、享乐文化等消极腐朽文化。这些消极腐朽文化严重冲击着我国传统文化中的仁义礼智信、温良恭俭让等传统美德，使我国进入了多元文化时期，增加了我国传统文化现代化和全球化的挑战。在多元文化的冲击下，一些青少年的价值观逐渐偏离轨道，甚至发生扭曲，对美与丑、善与恶也逐渐失去明确的是非标准。一方面，拜金主义、享乐主义、无政府主义等不断挑战着仁义礼智信等传统文化中所蕴含的美德；另一方面，在多元文化激荡的时代，个体的成长过程遭受巨大的冲击，个体的人格发展频繁面临着断裂的危险，诸如社会角色错位以及价值观和人生观扭曲等。

从传播学的视角看，我国城镇居民电脑拥有量由 2000 年每百人 11 台到 2015 年每百人 78.5 台，乡镇居民手机拥有量由 2000 年每百户 4 部升至 2012 年每百户 73.6 部。2015 年年末，地级以上城市互联网用户数达 25510 万户，比 2012 年增长 28.9%。以上数据显示，新媒体已遍布整个社会，各种文化凭借新媒体进行着如火如荼的斗争。有些新媒体为了获取利润，放弃了自己的社会责任，宣扬拜金主义、享乐主义、无政府主义等，严重冲击着我国的传统美德和社会秩序。

从心理学的视角看，21 世纪以来我国外出务工家庭、独生子女家庭、单亲家庭、暴富家庭的数量明显上升，同时市场竞争加剧，人们的生活节奏明显加快，温馨和睦的家庭图景逐渐淡出人们的视野，出现了空虚、孤独、迷茫的一代。传统家庭结构的破坏和社会竞争的加剧等造成了人们内心的空虚，人们只能用新媒体来弥补这种缺失，并且认为这个由新媒体制造的图像世界比现实世界更真实。由于社会大环境问题，教育和文化传播主体，即家庭、学校、社会等，不仅不能实现有效配合，而且可能出现教育的缺位、错位、抵消等现象。这就很难保证个体的成长始终在一个有利的环境中进行，使得这一成长过程可能出现断裂，使主体处于焦虑、彷徨、恐惧之中，甚至使个体形成扭曲、变形的人格。

课间，一位同学与小宇开个小玩笑，小宇遂与该同学发生口角，一怒之下，竟搬起一把椅子砸向同学，所幸没有造成人身伤害。开学没几天，小宇便与班上几乎所有同学都发生了摩擦……

（来源于家庭的攻击性行为）小宇的家庭成员均只有初中文化水平，他的父亲在某娱乐场所任部门经理，他的母亲因不堪忍受他父亲的暴虐性格，在他4岁时与他父亲离了婚，并很少来看望他。他的爷爷奶奶经营着生意不错的小饭店，他的生活起居由爷爷奶奶照料。小宇父亲的暴躁是我第一次见到他时就体会到的。那天，因为小宇和同学打架的事我约见了他，没想到的是，他特别容易激动，没说两句话，就表示小宇没救了，并对小宇拳打脚踢……他（小宇）小时候经历了父母吵架、打骂以至于最后离异的生活。父母的不良言行影响了小宇，使他产生了暴躁、攻击、复仇的心理。父母离异后，小宇缺乏母爱，父亲管教方法单一，爷爷奶奶仅注重在物质生活上满足他，小宇对家庭缺乏归属感，所以他也有自卑、苦闷、消极等悲观心理。

（不多的人生经历让他崇尚暴力）通过对小宇家庭的走访，我发现小宇家的VCD几乎都是有关枪战、爆炸、打斗的。小宇告诉我，由于自己"爱打人"，所以不仅在班上没有朋友，就是邻居家的孩子也不愿与他做朋友，家里人没有时间陪他，他只好在闲暇的时间看电视。小宇最喜欢看暴力电视节目，而这些节目又教会了他新的暴力手段，他用这些手段去对付别人，别人就更不喜欢他了。人的行为有"趋利避害"的特点，选择某种行为，主要是因为这种行为能给当事人带来某种利益。其实小宇在幼儿园时，就有了攻击性行为的倾向。幼儿园老师曾让小宇站在墙角10分钟以示惩罚，小宇的奶奶得知后，赶到幼儿园与老师理论，老师还因此向小宇道歉。以后，小宇又多次出现攻击性行为。老师为了避免他惹事，尽可能把他带在身边，甚至带到其他班上去让他讲故事。小宇没有受到惩罚反被"重用"，让他认为这种行为是可行的，"胜利"的体验是令人开心的。①

从学校环境来说，由于受市场原则的影响，大部分学校把升学率视为一个学校的最高目标和根本追寻，评价一个学校好与坏的关键也是升学率的高与低。一个学校的升学率越高越能为它赢得声誉，其生源也会越来越充足。因此，学校对教师的评价体系也在改变。一个教师是否优秀，不仅仅在于他是否有良好的道德情操，而且要看他所教学生的分数、升学率。这样，教师个体的价值观也在改变，教师把目光更多地集中在分数和升学率上，进而忽视了道德教育和情感教育，甚至安全教育。学校教育的任务在于传授科学文化知识和育人，在于传道授业解惑。但是在现实的评价体系下，往往文化成绩才是重要的。由于情感道德教育的效果是很难看得见的，因此容易被忽视，有的教育者甚至认为情感道德教育是家庭教育的任务。确实，情感道德的提升是一个潜在的过程，不像学业成绩那样，是可以量化的、看得见的。但情感道德的提升，一方面有助于培养学生的自尊自爱和尊重他人的精神品质；另一方面有助于学生自我意识的觉醒和学业的提高。因为道德情感教育可以帮助一个人树立正确的世界观、人生观和价值观，进而使个体以正确的态度面对科学文化知识，面对自身、他人与社会。只有这样，学校教育才能发挥应有的作用。

从社会环境来说，今天我们迎来了大众文化的传媒时代。所谓大众文化，是一种娱乐性、商业性文化，以现代媒体为传播手段，用海量的信息迎合大量受众的文化。为了追求商业利润，大众文化必须追求最多的受众；为了追求最多的受众，大众文化必须提供娱乐性的内容，甚至为了吸引受众，掺杂一些暴力、凶杀、血腥的内容和场面。同时，由于科技的发展，传媒的触角已经伸进社会的各个角落。因此，今天的人们始终在大众文化的笼罩之下，接受着各色文化的影响。例如现在有些电视、电影、网络游戏等媒体将暴力场面描写得淋漓尽致。有时有些媒体刻意展示暴力执行者的魅力，诸如强健、机智、义气等，既吸引了生理心理尚未成熟的儿童，也极易为他们所模仿。这些不健康的内容破坏着个体的健康成长和全面发展。

人的成长过程应该是一个系统的、连续的过程。如果这一过程发生断裂，人自身的发展也将扭曲变形。对于孩子的培养，无论是家庭，还是学校和社会，都应该有一个规划，并且以文化育人的融合体系为指导，引导孩子树立正确的世界

---

① 刘国永等：《学校道德生活的亚文化探寻》，48～50 页，镇江，江苏大学出版社，2009。

观、人生观和价值观。在孩子的成长过程中，任何一环出了问题，都将对孩子的健康成长产生不利影响。在市场经济条件下，最大限度地生产产品，追求效益和利润是不争的事实，家庭、学校和社会都不可避免地受市场经济环境的影响。但是育人是极其复杂的系统工程，片面地追求经济利益，追求实用性知识，极易导致孩子发展的片面化，甚至出现破坏家庭、扰乱社会的犯罪行为，也将影响家庭、学校和社会的最终发展。经济基础决定上层建筑，但上层建筑也不是完全被动的，它也反作用于经济基础。如果上层建筑与经济基础不协调，就会破坏经济基础，阻碍生产力的发展。在某种程度上，我们可以把对人的培养看作上层建筑的综合运用。在人的成长过程中，上层建筑中的任何一个要素注入不当，都会对人的健康成长产生负面影响。因此，作为文化育人的三大组织——家庭、学校和社会，必须发挥好各自的实有功能和应有功能，注意组织间的协调，同时要以德育为核心进行融合体系的构建和指导。

本章小结

　　本章主要围绕人的成长过程探讨了家庭文化教育与学校教育、社会教育的异同；分析了家校合作在引领人的成长和价值观形成方面的作用以及家社融合在人的成长过程中的作用；简要论述了"家庭文化、学校文化和社会文化"——三种教育融合体系建构的必要性以及新型父母教育课程的内涵。成长过程是主体在各种人类文化文明的浸染下，由自然人演变为社会人的过程。在这一过程中，人逐渐脱离了野蛮愚昧的动物状态，成长为自由文明的社会人。个体为了生存，在社会中习得各种生存技能、文化知识、角色认知、思想观念和行为规范等，并内化为自身的品格，无论是生理还是心理方面都获得了巨大的超越。这一超越并不随着个体的成年而消失，反而伴随人的一生，直至终老。同时个体前期接受的文化对后来文化的接受有着重大的影响，这就决定并要求主体接受文化的内在连续性和同一性，否则，将会给主体人格的建立带来潜在的危险。而人的一生无不经历家庭、学校和社会三个生活与文化场景，并且这三个场景并不是按顺序依次出现并依次退隐的，而是相互叠加的，因此家庭文化教育、学校教育和社会教育融合体系的建构任重道远而又势在必行。

文献链接

　　《儿童的人格教育》（[奥]阿尔弗雷德·阿德勒，上海人民出版社，2011年）。

作为弗洛伊德的弟子之一，阿德勒在这本书中首先承认了童年生活经历对个体的影响，但并没有陷入弗洛伊德的本能理论的怪圈，而是认为人格的形成是由社会决定的，尤其是父母的养育风格对孩子人格的形成有着重要的作用。同时，他指出个体行为的动力源于自卑感，在孩子人格的形成中应注重对自卑的超越。他注重人格的整体性，注重对自卑感的超越，注重对优越感的追求，注重父母的养育风格，其目的在于发展儿童健全的人格。

《理解教育》（[德]韦尔纳·劳夫，龙门书局，2011年）。该书是龙门文化亲子教育系列丛书之一，是目前有关家庭教育的译著中通俗而又实用的一本译著。该书共分为八章，由于是以已经有着教育经验的父母为对象的一本书，其目的不在开药方式的传授技术，而在于介绍相关教育理念和教育意识，以期改变当下理解父母教育的误区，提升父母教育的信心。

思考与练习

1. 试述童年经验与个体成长的辩证关系。
2. 如何建构家庭文化、学校文化和社会文化之教育融合体系？

实践与拓展

下面这则材料选自刘国永主编的《学校道德生活的亚文化探寻》（江苏大学出版社，2009年，第87~88页）。请结合小傅的案例分析新媒体对孩子成长的影响，以及家庭、学校和社会如何建立沟通的桥梁以尽可能地避免孩子成长过程中的不利影响。

小傅本质不坏，可就是似乎对什么都提不起兴趣。在他身上几乎看不到一个高中生应有的热情，总见他无精打采地坐在教室最后面，上课时遇到不喜欢的科目就不好好听讲，作业常常丢三落四；他不合群，总是独来独往，仿佛生活在自己的世界里。在我的记忆中，他从没有积极主动地参加任何一项集体活动：做值日生，他能逃则逃；班里排练团体操，总要班干部好说歹说他才勉强参与，到时还常常不见人影，非得满世界找才能拉他回来。总之，他对什么都无所谓，对外力加之于身上的任何事都不感兴趣，包括高考。有一次小傅课文没有背出，英语老师没办法，把他交给我这个班主任。放学后我把他留了下来，告诉他今天必须把课文背出来才能回家。才一会工夫，小傅就跑来了，我还以为他背好了，结果他竟说要回家，理由是他每天必看的动画片马上要开始了，背书的事明天再说。这番话把当时还在办公室里的几位老师全逗乐了，我也是哭笑不得。看着他真诚地和我说理由的样儿，我一时哑然。事后我走访了小傅的家庭，发现小傅的家庭条件比较优越，父母对这个独生子宠爱有加，什么事都顺着他，从不对他提要求，学习能学成什么样就什么样，一切由着他。另外，小傅的父母由于生意繁忙，平时陪伴小傅的时间很少，家庭成员之间缺少沟通和交流，这或许也直接导致了小傅不合群的性格。孤单的家庭氛围让小傅把兴趣转向电视和电脑，尤其迷上了网络下棋。

　　……面对他在英语课上呼呼大睡的样子和他那低得可怜的考分，我心急如焚，于是我第二次走进了小傅家。小傅的父母一听这种情况也着急了，可他们说出的只有一句话："老师，您想想办法吧！"我知道父母的说教对于放任惯了的小傅已无济于事。思量再三，我和他进行了一次开诚布公的谈心。谈话时，他正在电视机前看足球赛，为了不让小傅感到有压力，我没有要求他把电视机关掉，而是很自然地从球赛谈起，谈到了目标，谈到了奋斗，谈到了意志。由于话题贴切，小傅似乎比以往更能接受我的观点。在倾听的过程中，他也不时地提出一些问题，包括学习上的困难，即将面临的高考等。我也借机对他提出了希望，要他抓住这最后的冲刺机会拼搏一下，考上一所较好的大学，他接受了；于是我提出进一步的要求，要他在高考前的一段时间里和电脑"绝缘"，全身心地投入考前复习，他也答应了。这以后，小傅在学习上的确主动了许多，由于天资聪明，他的学习成绩上升得很快。最终小傅以较大的考分优势考入南京某大学。

参考文献

1. 柏凤岐. 现代家庭教育实践与研究[M]. 兰州：甘肃教育出版社，2012.

2. 毕诚. 中国古代家庭教育[M]. 北京：商务印书馆，1997.

3. 陈鹤琴. 家庭教育[M]. 北京：教育科学出版社，1982，1994.

4. 陈鹤琴. 家庭教育与父母教育[M]. 上海：上海人民出版社，2013.

5. 陈显威. 论家庭文化的教育功能[J]. 重庆教育学院学报，2005(2).

6. 陈汉才. 中国古代幼儿教育史[M]. 广州：广东高等教育出版社，1996.

7. 陈桂蓉. 单亲家庭文化建设的缺损与修复[J]. 福建论坛（人文社会科学版），2004(4).

8. 陈培娟. 家庭教养方式与学业成就相关研究——以上海 S 初中农民工子女为例[D]. 上海：上海师范大学，2012.

9. [美]杜威. 杜威教育论著选[M]. 上海：上海师范大学出版社，1977.

10. 邓佐君. 家庭教育学[M]. 福州：福建教育出版社，2013.

11. 丁红. 试论家庭礼仪教育[J]. 湖南教育学院学报，1997(1).

12. 杜正胜. 中国式家庭与社会[M]. 合肥：黄山书社，2012.

13. 段成荣，吕利丹，王宗萍. 城市化背景下农村留守儿童的家庭教育与学校教育[J]. 北京大学教育评论，2014(3).

14. 段成荣，周福林. 我国留守儿童状况研究[J]. 人口研究，2005(1).

15. 恩格斯. 家庭、私有制和国家的起源[M]. 北京：人民出版社，1972.

16. 费孝通. 乡土中国·生育制度[M]. 北京：北京大学出版社，1998.

17. 冯友兰. 中国哲学简史[M]. 北京：北京大学出版社，1996.

18. 付红梅，徐保风. 和谐社会视野的家庭礼仪教育[J]. 中南林业科技大学学报(社会科学版)，2012(2).

19. 关颖. 家庭教育社会学[M]. 北京：教育科学出版社，2014.

20. 郭永刚. 陕西农村留守儿童社会化问题研究[D]. 西安：西北大学，2008.

21. 黄河清. 家庭教育学[M]. 上海：华东师范大学出版社，2014.

22. 黄教珍，等. 社会转型期青少年犯罪的心理预防和教育对策[M]. 北京：法律出版社，2007.

23. 蒋平. 农村留守儿童家庭教育基本缺失的问题及对策[J]. 理论观察，2005(4).

24. 康有为. 康有为全集(第1集)[M]. 北京：中国人民大学出版社，2007.

25. [捷]夸美纽斯. 大教学论[M]. 北京：人民教育出版社，1979.

26. 雷依群，施铁靖，等. 中国古代史[M]. 北京：高等教育出版社，1999.

27. 雷通群. 教育社会学[M]. 福州：福建教育出版社，2008.

28. 李泽厚. 中国近代思想史论[M]. 天津：天津社会科学院出版社，2003.

29. 李君. 关于儿童家庭性教育现状的审视与思考[J]. 中华女子学院山东分院学报，2006(2).

30. 李琳. 谈谈家庭劳动教育对形成孩子优良品德的意义[J]. 江西教育科研，1997(6).

31. 李梦娟. 中国高离婚率调查：6成少年犯来自离异家庭[N]. 民主与法制时报，2008-04-27.

32. 李天燕. 家庭教育学[M]. 上海：复旦大学出版社，2013.

33. 梁志燊. 中国学前教育百科全书·教育理论卷[M]. 沈阳：沈阳出版社，1995.

34. 缪建东. 家庭教育[M]. 北京：北京师范大学出版社，2015.

35. [法]列维-布留尔. 原始思维[M]. 丁由，译. 北京：商务印书馆，1994.

36. 林崇德. 心理学大辞典[M]. 上海：上海教育出版社，2003.

37. 刘艳妮. 家庭教育应对网络负面影响的举措[J]. 河南科技学院学报，2011(12).

38. 刘国永，等. 学校道德生活的亚文化探寻[M]. 镇江：江苏大学出版社，2009.

39. 路书红，乔资萍. 中外家庭教育经典案例评析100篇[M]. 济南：山东人民出版社，2010.

40. [法]卢梭. 爱弥儿[M]. 北京：人民教育出版社，1985.

41. 马镛. 中国家庭教育史[M]. 长沙：湖南教育出版社，1997.

42. [意]玛利亚·蒙台梭利. 童年的秘密[M]. 马荣根，译. 北京：人民教育出版社，1990.

43. [美]奥古斯都·纳皮尔，卡尔·惠特克. 热锅上的家庭——家庭问题背后的心理真相[M]. 李瑞玲, 译. 北京: 北京联合出版公司, 2015.

44. 庞海波. 家庭教育心理学[M]. 广州: 暨南大学出版社, 2011.

45. 全国妇联儿童工作部. 全国家庭教育调查报告[M]. 北京: 社会科学文献出版社, 2011.

46. [美]S. E. 佛罗斯特. 西方教育的历史和哲学基础[M]. 吴元训, 等译. 北京: 华夏出版社, 1987.

47. 单中惠, 杨汉麟. 西方教育学名著提要[M]. 南昌: 江西人民出版社, 2000.

48. 史凤仪. 中国古代婚姻与家庭[M]. 武汉: 湖北人民出版社, 1987.

49. [美]特里萨·M. 麦克德维特, 珍妮·埃利斯·奥姆罗德. 儿童发展与教育[M]. 李琪, 等译. 北京: 教育科学出版社, 2007.

50. 滕大春. 外国教育通史(一)[M]. 济南: 山东教育出版社, 1990.

51. 王秉, 吴超. 家庭安全文化的建构研究[J]. 中国安全科学学报, 2016(1).

52. 王乃正, 王冬兰, 张小永. 学前儿童家庭教育[M]. 北京: 北京师范大学出版社, 2013.

53. 王勍, 程利国. 父母教养方式研究综述[J]. 当代教育论坛, 2007(7).

54. 王继华. 家庭文化学[M]. 北京: 人民出版社, 2010.

55. [德]韦尔纳·劳夫. 理解教育[M]. 刘丽, 等译. 北京: 龙门书局, 2011.

56. 吴建忠. 3-12 岁儿童家庭性教育的现状及对策研究[D]. 重庆: 西南师范大学, 2005.

57. 吴霓. 农村留守儿童问题调研报告[J]. 教育研究, 2004(10).

58. 吴奇程, 袁元. 家庭教育学[M]. 广州: 广东高等教育出版社, 2012.

59. 新东方家庭教育研究与指导中心. 多元文化下的家庭教育[M]. 杭州: 浙江教育出版社, 2013.

60. 徐少锦, 陈延斌. 中国家训史[M]. 西安: 陕西人民出版社, 2003.

61. 许步曾. 西方思想家论教育[M]. 北京: 人民教育出版社, 1985.

62. 闫旭蕾, 杨萍. 家庭教育新论[M]. 北京: 北京大学出版社, 2014.

63. 严可均. 全汉文[M]. 北京: 中华书局, 1985.

64. 杨汉麟, 周采. 外国幼儿教育史[M]. 南宁, 广西教育出版社, 1993.

65. 杨雄. 家庭教育十人谈[M]. 上海: 上海人民出版社, 2015.

66. 叶敬忠，等．对留守儿童问题的研究综述[J]．农业经济问题，2005(10).

67. 易杏，等．家庭教育：在缔结中华民族的未来？[J].《瞭望》新闻周刊，1996(5).

68. 俞念远，编译．新家庭教育[M]．北京：文化图书公司，1935.

69. [英]约翰·洛克．教育漫话[M]．北京：教育科学出版社，1979.

70. 张翼．中国当前的婚姻态势及变化趋势[J]．河北学刊，2008(3).

71. 张丽丽，焦扬．上海家庭文化建设蓝皮书(2012)[M]．上海：上海人民出版社，2012.

72. 赵忠心．家庭教育学——教育子女的科学与艺术[M]．北京：人民教育出版社，2001.

73. [日]筑波大学教育学研究会．现代教育学基础[M]．钟启泉，译．上海：上海教育出版社，1986.

74. 朱绍侯．中国古代史[M]．北京：高等教育出版社，1990.

75. 朱桃英．对家庭劳动教育中存在问题的调查及思考[J]．当代教育科学，2003(17).